国家社会科学基金重大项目：
我国社会诚信制度体系建设研究（批准号为11&ZD030）

本项目得到中国人寿资产管理有限公司资助；
得到中信建设有限责任公司资助；
得到深圳市晟大生物有限公司资助。

"十二五"国家重点图书出版规划

法学译丛·法治诚信系列

主　编　曹义孙
副主编　李士林　缪建民

法律人与法律忠诚

[美] W·布拉德利·温德尔
(W. Bradley Wendel)　著
尹超　译

Lawyers and Fidelity to Law

中国人民大学出版社
·北京·

法学译丛·法治诚信系列

编 委 会

主任：王淑芹
委员：曹义孙　李士林　缪建民
　　　方　明　刘坤轮　尹　超
　　　罗礼平　宋晨翔　郭　虹

诚：实与信（代序）

要回答"诚信是什么"，首先应该了解"诚"这个字的含义。"诚"这个字的意思很丰富，用得也很广泛，然而就其本意而言，却只是"实"，以及由实而生的"信"，用词来表达就是"诚实"与"诚信"。而"诚信"主要有两个方面，即"信仰"与"规范"。

诚是人类探寻的道德实在

翻开任何字典，我们都能发现"诚"这个字的意思就是实在。所谓"实在"，就是真实的存在，是由"实"来形容"在"的偏正结构。从理论上看，所谓"实在"，是指不以人的意志为转移的客观存在。诚之实在，不仅是客观的，而且是本质的。因为在哲人看来，仅仅从主观与客观的区分来判别实在的意义是远远不够的，还需要从现象与本质相区别的角度来理解。现象意义的存在叫做存在者，只有本质或根据意义上的存在才是哲学意义上的存在。因而，真实的存在不是指存在者，而是指存在本身。

在中国古人看来，这种作为存在本身的诚之实在，只有在天、地与圣人那里才得以完全的显现。于是，中国古人认为诚只是天、地与圣人共有的本性。在《中庸》和《孟子》中都说，"诚者，天之道也"。宋明理学家张载说，"性与天道，合一存乎诚"。实际上，诚就是我们哲学所讲的客观实在性。那么，在我们人的世界里，诚之实在与诚之德性、诚之规则以及诚之行为之间是一种什么关系呢？

诚之德性、规则虽然相对于各种具体的诚之行为来说，是抽象的，是理由与依据，但相对诚之实在来说，却是存在者，是派生的。诚之实在不依赖于诚之种类而存在，而诚之种类却依赖诚之实在，诚这种实在是诚之种类的根据和本源。这种思考与我们哲学所说的物质第一性具有相似性。宋明理学家周敦颐在《通书·诚》中说，诚是"五常之本，百行之源"，不仅是诚之行为的根据，也是各种德性与规范的理由，从而非常直接地肯定了诚实的第一性。这种第一性的诚，我们称之为"至诚"，也就是最高的实在。由于诚作为实在不仅是天、地、圣人之本性，而且是万物之根源和规律，所以有人说中国文化中的"诚"是中国人所追求的道德本体，具有西方基督教的"上帝"之意义与地位。至诚作为宇宙之实在、道德之本体，是整体，是"一"，具有不可见、不动无息、永恒与无限的特征。

诚是人类追求的道德信仰

如果说诚实即诚之实在，具有永恒与无限的特征，那么，从生存论看，作为最高存在的诚实，就是道德的信仰。其内容不仅是真，而且是善，是全真完善的存在。所谓诚之真，就是说诚没有虚假，没有被他者所遮蔽，是事物如其本性的存在。天就拥有这种实在，昼夜交替、四季循环就是其表征。作为实在的诚，也是人类所追求的知识层面的绝对真理，是人类解释一切事情存在与变化的知识与智慧。所谓诚之善，就是说诚不仅是万物生存的内在的动力与原因，而且是万物自我成长与完善的目的，当然更是人类自觉追求的道德信仰。

实际上，诚之信仰是人类最大的美德，朱熹说，"凡人所以立身行己，应事接物，莫大于诚敬"。人类对诚实本体应该心怀敬意、敬畏和信仰之心。这就是宗教所提倡的虔诚美德，在基督教中也叫信德。中国古人说，诚者，信也。对人来说，诚实作为美德就是相信。正如宋明理学家张载在《正蒙》中所说："天不言而信，神不怒而威；诚故信，无私故威。"

在诚实本体与人类存在者之间的关系问题上，我们人类要担当宇宙完善的责任，要与至诚相融合。一方面，我们要相信，诚实真实存在，因而视诚实为自己的信仰，同时视诚实为自己的真正本性；另一方面，我们要相信，人类良善定能战胜邪恶，既行大善也不弃小善，这就是我们的诚实美德。因而，诚就是信仰，是人类对至诚的渴望与信守。人类只有以诚信为美德，才能真正成其为人。正如朱熹所说，"道之浩浩，惟立诚才有可居之处"。

诚是人类趋善避恶的道德规范

诚是人类追求的道德实在，是人类的道德信仰，这是诚信的一个方面。诚信的另一个方面，就是要相信他人，即人与人之间要相互信任。人由于自身的弱点不仅无法完全认识与把握诚实这种永恒之本体，而且难于完全认识他人之本性、随时把握他人的全部变化。因而，处理自我与他人的关系时，应该持有一种基本的信任态度。不仅如此，人对自己的认识与把握也不可能是完全的，实际上存在着许多自己都不认识的领域与方面，因而，人对自己也应该持有信任的态度，这就是自信。无论是人与人之间相互的信任关系，还是人对自己的信任关系，都需要有一套道德原则和规范来保障。所以，诚实除信仰性之外，还存在规范性。

从诚实原理来看，趋善避恶的良善原则应该为道德的第一原则，正当应为第二原则，趋利避苦的功利是道德的第三原则。这种原则秩序有着其内在的逻辑联系，不能任意地中断或颠倒。如果顺其秩序而支配人的性情欲望，主宰人的决定，那么诚实就可以显现；反之，自欺与欺人的行为就会发生。

我们要坚持趋善避恶的良善原则的首要地位，无论是道德规则还是道德行为都必须从良善原则出发，正本清源，明确诚实是善，虚伪是恶，以诚实良善为安身立命之所、养性修业之基，努力光大自己原有的趋善避恶的自然倾向，反对以利害和乐苦的功利原则为道德第一原则的人生选择，更反对趋炎附势的小人做法。

以诚实良善原则为基础的道德规则，有五个方面的道德要求：第一，做人要诚实，要表里如一，不要伪善。"诚，谓之诚实也"。"诚者何？不自欺，不妄之谓也。"第二，心意要自信，不欺心。《礼记·大学》中说："所谓诚其意者，毋自欺也。"意思是说，要自己相信自己，不要自己欺骗自己。苏格拉底说，自欺是把骗子留在家里，与自己整天待在一起。因而，自欺是首要的恶；同时，要懂得诚心诚意是修身之本，不仅观察思考要求实存真，而且意志决定要真诚善良。第三，言谈要真诚，不欺人。不撒谎、说实话，这是人与人相互沟通、取得相互信任的重要渠道和重要保障。第四，行为要守诺，讲信用，不要欺诈。《尚书·孔传》说："鬼神不保一人，能诚信者则享其祀。"第五，做错事要坦白，承担责任，接受应该受到的惩罚，这比躲避惩罚要幸福。

综上所述，"诚"具有客观"实在性"及其派生的人生"信仰性"与道德"规范性"，是实在、信仰与规范的统合体。

曹义孙

Preface

I am delighted that Dr. Chao's translation of *Lawyers and Fidelity to Law* is appearing in China, and in this preface I hope to provide some context for the book. I am most familiar with the debate in philosophical legal ethics in countries that share roots in the English common law, including the United States, Canada, the United Kingdom, Australia, and New Zealand. Perhaps not coincidentally, these countries share a similar ethical tradition of political liberalism, individual autonomy, and the rule of law, deriving from thinkers such as Kant, Locke, Rousseau, Montesquieu, and Mill. My own work is very much grounded in the social contract theory of Hobbes, along with modern political philosophers who emphasize the pluralism of conceptions of the good, such as Isaiah Berlin and the later work of John Rawls. The book takes as its point of departure a tradition in legal ethics that takes individual autonomy and rights as foundational, and which also regards rights as an essential bulwark against the power of the state. The argument seeks to ground the lawyer's duty of fidelity to law on collective self-governance, with due respect for the inherent dignity and equality of all citizens.

In short, the book is very Western in its orientation. I am embarrassed to say that I know less than I should about the Confucian tradition in ethics, beyond the undoubtedly crude distinction that it takes the community, not the individual, as the fundamental unit of analysis. Individual dignity depends on the individual having a role to play within the community, not on some metaphysical property of the individual that is prior to, and independent from the community. Some Western philosophers with whom I am sympathetic, including Alasdair MacIntyre and Charles Taylor, have similarly questioned the priority of the individual over the community. Because of the dominance of liberalism in academic political philosophy in the U. S. and its centrality to the legal ethics literature, I wanted to give a liberal argument for the duty of fidelity to law. For that reason, the principal philosophical support comes from political liberals like Rawls, Joseph Raz, and Jeremy Waldron. I suspect it would have been an easier task to defend fidelity to law on communitarian grounds, but doing so would require a very different account of the legitimacy and authority of law.

Perhaps Chinese readers will end up in the same place I did, with a view that lawyers should provide loyal and competent service to clients, but always with reference to the rights and duties that are granted by positive law, interpreted in good faith. Chinese lawyers may arrive at that destination via a different route, beginning with a conception of ethics that is less individualistic and suspicious of state power. While I do not believe that the arguments in the book are necessarily limited to lawyers in a Western, liberal, common law system, some modification will undoubtedly be necessary to make them fit within a very different legal system, which presupposes a distinctive ethical foundation. I look forward to seeing what Chinese philosophers and lawyers think of *Lawyers and Fidelity to Law*.

序　言

尹超博士翻译的《法律人与法律忠诚》中文本在中国出版我感到很高兴。

我希望在这篇序言中为本书提供一些背景知识。我最熟悉英国普通法同根同源的国家在哲学法律伦理方面的讨论，这些国家包括美国、加拿大、英国、澳大利亚和新西兰等。也许并非巧合，这些国家有着类似的政治自由主义、个人自治和法治的道德传统，这些传统源于像康德、洛克、卢梭、孟德斯鸠以及穆勒这样的思想家。我的这本书大量根据霍布斯的社会契约理论，以及强调善的概念多元化的现代政治哲学家，比如艾赛亚·柏林（Isaiah Berlin）的理论，还有约翰·罗尔斯（John Rawls）的后期著作。在法律伦理方面，本书采用背离传统的观点，以个人自治和权利为基础，把权利作为反对政府权力的一个必要保障。在尊重所有公民固有尊严和平等的基础上，其论点试图将律师对法律忠诚的义务建立在集体自治的基础上。

简言之，本书在定位上是很西方的。有些尴尬地说，我对儒家的伦理传统了解不够，它把社会而不是个体作为基本的分析单位，这显然超出了简单的差别。个人尊严取决于个人在社会扮演的角色，而不是取决于个人先于并独立于社会的一些形而上学的属性。一些与我意气相投的西方哲学家，包括阿拉斯代尔·麦金泰尔（Alasdair MacIntyre）和查尔斯·泰勒（Charles Taylor），同样地质疑个人对社会的优先权。由于自由主义在美国学术政治哲学的统治地位，及其对法律伦理文学的主导地位，我打算给予法律忠诚的义务一个自由的辩论。鉴于此，本书的哲学支持主要来自像罗尔斯（Rawls）、约瑟夫·拉兹（Joseph Raz）和杰里米·沃尔德伦（Jeremy Waldron）等政治自由主义者。我猜想，以社群主义的理由捍卫对法律的忠诚，可能是一个更简单的任务，但这样做需要对法律的合法性和权威性采用非常不同的解释。

也许，中国的读者最终会与我的观点达成一致，认为律师应当为客户提供忠诚而称职的服务，但这总要根据由善意解释制定法而产生的权利和义务。中国的律师以一个更少的个人主义和怀疑政府权力的伦理概念开始，可能通过一条不同的路径达到了目的地。虽然我不认为书中的论点仅限于西方国家自由主义的普通法律师，但为使其适合一个迥然不同的法律制度，对本书观点的修正无疑是必要的，因为这个法律制度预设了一个独特的道德基础。我期待看到中国的哲学家和律师对《法律人与法律忠诚》一书提出批评指正。

布拉德利·温德尔

致　　谢

这本书中的许多想法，可以追溯到我在哥伦比亚大学攻读法学博士（J. S. D.）学位的时光，当时我潜心研究法律哲学。在那里，我非常荣幸有肯特·格林沃尔特（Kent Greenawalt）、杰里米·沃尔德伦（Jeremy Waldron）和比尔·沙加（Bill Sage）作为我的导师。他们睿智的指导和支持，让我在哥伦比亚的时光成为我作为学者发展的转折点。在此提出的一些论点，可以追溯到我的博士论文，但本著作的主要轮廓还是后来发展的。不过可以肯定地说，如果没有他们的建议和批评，我是不可能用同样的方法来思考这些问题的；因此，我非常感谢他们对我的论文草稿提出反馈意见。

早在撰写这本书的过程中，我就决定，通过在法学院教师工作进展研讨会介绍草稿章节来完成。这导致书中大部分内容是在旅馆、机场候机室、飞机上（谢天谢地我具有精英飞行常客身份），以及各个学校的来宾接待室里完成的。我要好好地感谢我的家人，在我为这个课题而奔波的时候，他们能够容忍我经常不着家。更实质地说，这本书的写作过程真正得益于一个学者团体。我提炼了早期版本的论点，提出了不完整的想法，并在各种场合吸取专家与非专家的批评建议。当我在写这本书的时候，我把一条智者名言贴在我电脑上方的墙上；这句话取自安妮·拉莫特（Anne Lamott）关于给作家建议的精彩著作《鸟类禽流》（Bird by Bird），她说："对于我和我所知道的大多数其他作家来说，写作不是令人欢天喜地的事情。事实上，我能把任何事情写下来的唯一方法是，写出确确实实差劲的初稿。"总的来说，我对那些容忍并帮助我改进这些草稿的研讨会组织者和参与者，都抱有很大的感恩之情；这些研讨会曾在阿克伦城（Akron）、亚利桑那州（Arizona）、波士顿大学（Boston College）、康乃尔（Cornell）、丹佛（Denver）、杜克（Duke）、乔治城（Georgetown）、休斯敦（Houston）、圣约翰（St. John's）、圣路易斯（St. Louis）、圣迭戈（San Diego）、得克萨斯州（Texas）、维拉诺瓦（Villanova）、华盛顿和李（Washington and Lee）、华盛顿大学（Washington University）、威拉米特（Willamette），以及澳大利亚国立大学社会科学研究院（Australian National University Research School of Social Sciences）举办。在这本书最后的许多论点，也曾以独立的论文提交在达尔豪斯（Dalhousie）、内华达州的拉斯维加斯（Nevada—Las Vegas）、女王的（安大略）［Queen's（Ontario）］、康奈尔大学法学院（Cornell Law School）员工休息室、耶鲁大学法学理论研讨会（the Yale Legal Theory Workshop）、奥克兰大学（the Universities of Auckland）法律伦理大会、坎特伯雷（新西兰）［Canterbury（New Zealand）］、埃克塞特（英国）［Exeter（UK）］、福德汉姆和霍夫斯特拉法学院（Fordham and Hofstra Law Schools）、阿尔伯塔省法学会（Law Society of Alberta）100周年庆典举办的研讨会，以及福德汉姆法学院（Fordham Law School）举办的第一届"法律伦理座谈会"（legal ethics shmooze）。我还曾在澳大利亚黄金海岸第三次法律伦理年会（the Third Annual Legal Ethics Conference on the Gold Coast in Australia），对这本书论点的概述做了主题演讲，非常感谢年会组织者的盛情邀请，感谢德博拉·罗德（Deborah Rhode）和大卫·鲁班（David Luban）在大会上充满活力的公开辩论。

尽管策划过程总体上对于这本书论点的演进是必要的，但我还是不得不挑选出许多人以作特殊的感谢。这些学者提出了特别有价值的建议和解释，对这些观点进行了广泛的讨论，排除了异议，坚持让我处理一系列问题，杜绝我去说些愚蠢的话。虽然任何枚举都有遗漏的风险，但我还是能回忆起那些特别有价值的贡献。这些贡献者包括格雷格·亚历山大（Greg Alexander）、约翰·博格特（John Bogert）、朱尔斯·科尔曼（Jules Coleman）、罗杰·克拉姆顿（Roger Cramton）、萨拉·奎文（Sarah Cravens）、戴夫·考迪尔（Dave Caudill）、蒂姆·戴尔（Tim Dare）、马克·卓姆鲍（Mark Drumbl）、鲍勃·戈登（Bob Gordon）、吉姆·亨德森（Jim Henderson）、凯特·克鲁斯（Kate Kruse）、道格·凯泽（Doug Kysar）、大卫·鲁班（David Luban）、大卫·麦高恩（David McGowan）、康友·森际（Yasutomo Morigiwa）、特雷夫·莫里森（Trevor Morrison）、唐纳德·尼克尔森（Donald Nicolson）、克里斯蒂娜·帕克（Christine Parker）、杰拉尔德·波斯特玛（Gerald Postema）、杰夫·瑞林斯卡（Jeff Rachlinski）、德博拉·罗德（Deborah Rhode）、塔尼纳·罗斯坦（Tanina Rostain）、泰德·施尼尔（Ted Schneyer）、艾米丽·舍温（Emily Sherwin）、派特·申恩（Pat Shin）、比尔·西蒙（Bill Simon）、M.B.E.史密斯（M.B.E. Smith）、简·斯泰普顿（Jane Stapleton）、马克·舒奇曼（Mark Suchman）、丹尼斯·塔克勒（Dennis Tuchler）、邓肯·韦伯（Duncan Webb）、克里斯·惠兰（Chirs Whelan）、杰克·威尔逊（Jack Wilson）、大卫·扎林

（David Zaring）和本·兹珀斯盖（Ben Zipursky）。在此要特别感谢斯蒂夫·佩珀（Steve Pepper），他对有关法律解释的材料和对这个问题开展激烈的对话提供了详细的书面意见。爱丽丝·伍利（Alice Woolley）也是我额外要特别感谢的，她苦读了初稿定稿前的每一个章节，提出了不容妥协却有建设性的批评，并坚持让我对草稿的许多观点进行完善。试图回应这些同事所提出的反对意见的愿望在此变成了漫长的讨论，但是我坚信如果这些反对观点没有得到有效的压缩，我将不会欣赏到它们的重要性。当然，这些观点没有一个能对遗留的错误承担责任，而这些错误毫无疑问是不胜枚举的。

我欠我的朋友也是以前的同事及国际计划同行雷格·库珀（Greg Cooper）大量的知识债务，而这个债务从这项工作一开始就启动了。我和他在华盛顿和李大学（Washington and Lee）共同开设了一个法律伦理研讨课，我们合作了四年之久。可以毫不夸张地说，要不是我们在一起从事这么多有趣的研讨课教学，参加在华盛顿和李大学（W & L）一年一度的法律伦理研究会，并思考探讨这些相关问题，这本书是不会写出来的。这本书的许多中心思想，都来源于研讨课的读书和班级讨论；有时是在课前的准备阶段，有时是在列克星敦（Lexington）的棕榈酒店或者是在某个外国的酒馆，一边喝着质量上乘的当地啤酒，一边进行着数小时的讨论，最终提炼加工而成。我还从这个研讨课的学生中学到了许多东西，他们有一种专注于争论的薄弱环节的本领，而拒绝接受一些过于简单的答案。最后，我还要感谢杰出学者——威廉·西蒙（William Simon）、大卫·鲁班（David Luban）、亚瑟·阿普尔鲍姆（Arthur Applbaum）、斯蒂芬·卢贝特（Steven Lubet）、丹尼尔·马可维兹（Daniel Markovits）、蒂姆·戴尔（Tim Dare）、杰拉尔德·波斯特玛（Gerald Postema）和鲍勃·戈登（Bob Gordon），这些年来他们曾答应充当法律伦理研究会的主讲人。这个研究会确实是一个独特的经验，它把执业律师、法官、学者、肄业生和法律专业学生聚集在一起，成立一个集中的周末研讨会，我对法律伦理的思考就受到我参与其中的活动的深刻影响。在康奈尔大学参加我的法律伦理研讨课的学生们，对我也同样很有帮助，他们对一些法律伦理经典论文和我自己著作中的观点一直提出问题。

我非常幸运地得到了来自康奈尔法学院管理机构的支持，尤其是斯图尔特·施瓦布（Stewart Schwab）院长的支持。为了完成这本书的初稿，他除了允许我在2007年的秋天请假搞研究之外，还特别慷慨地提供了旅行经费，让我能够在世界各地的学术大会上展现书中的许多观点。对于来自康奈尔法学院图书馆的著名图书管理员克莱尔·日耳曼（Claire Germain）、图书馆的联络员马特·莫里森（Matt Morrison）以及所有员工所给予的研究协助，我也表示感谢。

我也对普林斯顿大学出版社（Princeton University Press）的许多员工表示感谢，正是他们的帮助才使得这本书成为现实。伊恩·马尔科姆（Ian Malcolm）早期的热情和持之以恒的耐心以及良好的幽默感，对这项工作的开展带来了无价的财富。迈克·麦基（Mike McGee）提供了极好的编者建议，希思·兰弗罗（Heath Renfroe）熟练地管理了出版流程。按照惯例，我还得感谢那些匿名鉴定人。但是在这种情况下，丹尼尔·马可维兹（Daniel Markovits）和亚瑟·阿普尔鲍姆（Arthur Applbaum）显得特别出众。对于他们所提出的广泛的反馈意见，我表示深深的谢意，因为这使得本书与倒数第二次手稿相比有了不可估量的改进。亚瑟·阿普尔鲍姆（Arthur Applbaum）的报告尤其含有大量的这种同情而又严格的强硬批评，以激励最终的修订，导致更紧凑、更缜密的成品问世。所有的作者应该有如此好的运气来结识具有这种奉献精神的读者。我知道两位审阅人一直反对书中的大部分观点，但我希望这些争论的焦点不会掩盖由于他们的批评而有所裨益的范围。

所有人情债中，最重要的应属我对妻子伊丽莎白·派克（Elizabeth Peck）所欠下的。她总是鼓励并信任我，不仅在这个课题的工作中，而且可以追溯到当我还是一个卑微的研究生的时候。在那之前，我是一名具有疯狂的想法进入法律学术界的律师。没有妻子持续的陪伴、支持和爱，在过去的18年当中我很难想象能有任何的成就。这本书不过是莉兹（Liz）在我生命中重要性的一个小小标志，把它奉献给她是一件很光荣的事情。

著　者

目 录

导 言 ··· 1

第一章 标准概念：支持和反对 ·· 15
  第一节 概述：法律、道德、伦理和法律伦理 ·················· 15
  第二节 普通道德与职业道德 ··· 18
  第三节 标准概念 ··· 25
  第四节 标准概念的传统理由和道德批评 ························ 27
  第五节 西蒙对标准概念的法学家批判 ··························· 37

第二章 从党派性到法律权利：把法律还给律师 ············· 41
  第一节 律师作为代理人 ·· 41
  第二节 作为解释的法律伦理 ··· 55

第三章 从中立到公共理性：道德冲突与法律 ················· 71
  第一节 合法性与合理性 ·· 71
  第二节 政治环境 ··· 74
  第三节 道德理由与法律义务 ··· 86

第四章 法律权利与实践中的公共理性 ···························· 100
  第一节 不服从和废弃 ··· 101
  第二节 基于道德的客户咨询 ··· 111

第三节　道德驱使的客户选择 ·· 117

第五章　从非问责制到悲剧：其余的道德要求 ······················· 128
　　第一节　清白的理想 ·· 128
　　第二节　协调角色和个人的要求—诚信："社团主义"解决方案 ········ 131
　　第三节　脏手问题 ··· 138

第六章　作为工艺的法律伦理 ·· 144
　　第一节　酷刑备忘录的情况 ·· 145
　　第二节　解释性判断 ·· 151
　　第三节　律师法理学 ·· 158
　　第四节　一些法律解释的难题 ··· 163

结　语 ··· 170

注　释 ··· 173
参考书目 ··· 238
索　引 ··· 258

导 言

在美国，如果没有律师的参与，从事大规模的犯罪活动是很困难的。诚然，你能够抢劫银行或者射击某人，但是真正的大事要事——使用会计伎俩导致"财富"50强公司破产，设计骗局诈骗国库数十亿美元的税收收入，"911恐怖袭击事件"后美国表现出的人权蔑视——几乎一直都伴随着聪明、成熟、优秀律师的积极参与或者默认。当这些丑事被公开时，评论家就会在新闻专栏、电视节目或者网络博客上用或真或假的惊讶问道："律师在哪里？"[1] 答案当然是，在最前沿的领域他们是正确的，那么下一个问题就不可避免地会是"律师伦理到底怎么了？"经常引起这个问题的一个心照不宣的假设是，律师的职业道德是普通、日常道德的一个分支，是人之为人的道德，而非拥有特定社会角色的人的道德。律师的辩护者偶尔会争辩说律师的伦理是不同的，但这里有一种冒充精英的方法，仿佛律师界需要获得一种特权，可以侵犯他人权利却不用承担道德批判。当两名法学教授为由行政部门的律师提出的有关被关押者待遇的建议进行辩护时，而这种建议明显会影响在某些情况下允许酷刑，他们把简述酷刑法律案件的备忘录称作"标准状况，常规律师的东西"[2]。毫不奇怪，这不能得到那些认为律师伦理应当紧随普通民众道德的人们的赞同。因为我们知道，即使作为普通的正派人，酷刑也会被看作是一种严重的道德邪恶；所以，一个职业伦理体系把建议允许酷刑视为常规，这一定存在一些可怕的错误。

得出这个结论的一种方法是依赖于恐怖的酷刑，在相同的道德层面任何明智的人都会认可。如果对一个无助的人施以刑罚之苦，是最高位的道德失败，那么向政府提供考虑适用酷刑的法律建议，至少是一个严重的第二位错误。如果律师未基于道德试图劝阻客户适用酷刑，而是向其客户建议酷刑是法律允许的，那么该律师会受到指责。另外，他们还会因为得出明显违反道德的事情可能会为法律所允许这样的结论而受到指责。类似的论点可能反对律师，他们帮助安然公司的交易机构隐瞒公司真实的财务状况，导致该公司破产，使得成千上万员工失业，以及投资者损失数亿美元的财富。对于任何高调的法律伦理丑闻，似乎都有一种在道德上直接描述律师道德行为的方法，这不可避免地得出这样的结论：律师应得"说谎者"、"骗子"甚至"刽子手"的称号。这即使是在一种专业角色范围内工作亦不可宽恕——律师即使是在职业身份中行为，也可能因为协助危害而备受指责，因为他们终属于受普通道德约束的人。因此，法律职业的评论家敦促律师强化其行为的个人道德责任，或者直接在诉讼、交易或建议事项中代表客户时，以实现正义为目标。[3]

本书用一种非常不同的方法探讨这个问题。它关乎政治合法性，而非正义或者普通道德。政治合法性，是政治安排在受到公民尊重或拥护时所具有的属性，即使公民不同意特定的法律或者认为他们是不公正的。合法性是一个必须处理国家权力与公民关系的规范性概念。本书的目的是，要在考虑有关民主立法和法治方面建立律师的职责，以便把律师的道德价值置于政治领域而非普通道德之中。本书具有某种重要的特色，维护一种应该为执业律师所熟识的道德立场。执业律师以及许多法律学者声称，尽管非客户的利益可能另外给人一种以另一种方式行为的理由，但是律师按照其客户的法律利益行为是有良好的道德理由的。在此，我要提出的法律伦理理论，要把对法律的忠诚而非对客户利益的追逐，置于律师义务的中心。法律因为能够确保原始力量与合法权力之间的区别而应受到尊重，如此，众所周知的小人物站出来对大人物说"嗨！你不能这样对我！"就成为可能。法律能够提供一种独立于权力或偏好的特殊理由。公民可以诉诸不同于纯粹的利益或欲望的法律权利，因为这些法律权利是由整个社会以某种公平的方式，以政治共同体的名义共同被授予的。这是一个对权利的政治合法性的诉求，这种诉求仅是间接及于道德，因为公民是出于道德原因，而接受通过公正程序制定的法律的合法性。不像学术法律伦理（academic legal ethics）中的优势传统，它不是一个直接有助于普通道德、正义或公共利益的诉求。[4]

如果在司法服务中这样做，关于法律的大众话语将包括赞成违法作为一个重要组成部分。这甚至适用于律师，律师在小说和电影中经常被描绘为，道德沦丧到呆板地遵守法律的程度，或者英勇到愿意在追求实质正义中屈服于法律的程度。[5]律师认识到，处理法律的人们经常把法律视为客户非常喜欢做的事情的刺激物或者障碍物。业务律师尤其被习惯地批评为交易杀手，阻碍开发一些赚钱的机会。"所以如果法律在技术上说我们不能做某某事"，客户有时会说，"你的工作就是指出我们去做某某事的方法。"[6] 隐含于这一立场的是这样的观念，法律不应受到如此尊重，它不过具有公民的工具价值。如果可能被抓住和惩罚，那么谨慎的人会遵守法律，但如果聪明的律师可以提出掩人耳目的方法，使执法程序陷于瘫痪，或者用别的方式避免法律惩罚，那么，合法性本身就不能提供不去规避法律的充足理由。

在被指控为非法的律师，为布什政府所谓反恐战争行为进行辩护的过程中，对律师和合法性的一个类似态度已经很明显。当作为政府反应的重要法律缔造者之一的约翰·柳（Joho Yoo）说，美国最高法院所作出的哈姆丹（Hamdan）判决，"使法律体系成为挑战反对恐怖主义战争问题的一部分，而非解决问题方法的一部分"[7]，他表达了法律仅仅具有利用价值的观点。如果法律妨碍实现某些重要的政策目标，那么它将被宣布无效。约翰·柳实际上对此相当坦诚，他说"法律并不是一个问题的结束，事实上它往往是问题的开始。"[8] 在他看来，律师应当因制造合法性迷信而受到指责——"依赖法律仿佛它是一个宗教或者道德准则……把我们从选择的困难中解脱出来。"[9]

法律没有结束关于一件事在道德上的争论，尽管这是事实，但是人们还是可能进行公开批评、抗议、非暴力反抗，或者其他旨在改变法律的行为。柳的立场不代表律师的道德。如果说合法性的概念意味着什么，作为一项政策、道德、审慎或常识，那就是法律与某人（公民、法官和律师）认为应当如何做某事之间存在区别。虽然公民可能会憎恨法律，并在某些情况下会抵制法律的适用，但是律师被赋予尊重法律的义务，而非仅仅把法律看作被安排在周围的一个麻烦的障碍。某人可以制造一个合法性迷信的评论易于引起共鸣，因为它可能在呼吁律师尊重法律时出现。我正在捍卫一个道德体系，这个道德体系仅适宜于缺乏主见的人，而不适宜于会为自己行为负责的独立自主的道德代理人。然而，在一个合理的、运转良好的民主政治秩序中，法律并不是一些外力的强制实行，而是人们的一种集体成就，他们对在相对和平、稳定的条件下一起生活具有共同利益。它是能使公民解决分歧的程序产物，否则分歧将保持棘手，使得公民在共同的事业中不能共事。用约翰·柳的例子，"911恐怖袭击事件"引起了对主要决策的大量质疑，例如，隐私问题应该如何被权衡，以对执法人员获取信息不利（反映在《爱国者法案》和《美国国家安全局的窃听装置方案》）；据称是基地组织同伙的被拘留者，是否应被当作适用于《日内瓦公约》的战俘人员；尤其是在可能获取阻止未来恐怖袭击信息的地方，什么样的审讯技术可能被军队、中央情报局和执法人员起诉。正如我将讨论的，最重要的事情是，这些问题将通过大众来解决，可接近的合理程序使公民临时解决这些争论，使大家能够为了一些集体需要而协作行动。① 依靠自主的道德和自发的审慎，只会延续棘手的争论。这种说法与假设律师伦理必须基于追求实体正义义务（有时是明确的，有时是未申明的）形成鲜明的对比。本书的目的之一是，修复合法性的观念作为律师的一个规范理想，并指导律师在一个系统内工作，这个系统在很大程度上设计用以消除对实体正义需要什么的分歧。

评价的参考框架从普通道德和正义转移到政治合法性考量，其效果就是要改变律师规范性批评的条款。在律师对法律规制酷刑提出建议的案件，从把酷刑的重大邪恶作为首要考量的普通道德视角，转变到一个政治视角，其中我们可以把适用的法律，理解为国内和国际立法者的尝试，以平衡在人道主义价值观和国家安全需要中的竞争利益。因此，对布什政府律师建议允许酷刑合法化的批评，不是因为他们是酷刑的道德过失的帮凶，而是因为他们对滥用法律的不道德行为应负主要责任。如果对构成法律体系的制度、程序和职业角色没有尊重的道德理由，那么这将是空洞的批评。因此，这本书的中心任务之一，就是建立值得我们尊重的法律体系。[10]

这样做的策略是，依靠在一个自由民主国家与公民道德有关的政治规范性考量。在此基础上，该论点建于约翰·罗尔斯（John Rawls）所称的判决负担——即，鉴于经验的不确定性和道德的多元化，我们评价概念在实践中的不确定性。[11]在法律伦理中，判决负担的认识是早已完成的，它倾向于假设在道德推理中存在毫无根据的清晰，以及避免面对多元化和分歧的问题。

道德多元主义是与怀疑论或相对主义不同的，相反，它涉及价值结构，是一个关于什么是客观真理的主张。[12]道德理由不是任意的或主观的。它们与各种利益、能力、人的需求，以及人们努力避免的不良结果和寻求的目标有关。[13]这些利益、能力和目标是多种多样的，并且不容易被简化为某种首要的总价值，能指出一种有意义的道德生活意味着什么。价值冲突可能出现在幸福生活的单一概念内，或者它们可能代表竞争对手关于人类繁荣的愿景之间的对

---

① 全社会或者相对较多的地方规范性争议的解决，与诉讼纠纷解决方式是不同的。不管是通过审判，还是通过当事人的协议（其中有些让人困惑，美国律师称其为诉讼"和解"），法律的功能之一是，通过特定司法或行政诉讼解决当事人之间的争议。两个公民可能对是否交付烤鸡或者炖鸡的合同产生争议，或者一家驳船公司在一次事故中因没有使用附加船板而负有责任，或者雇主的行为是否构成性骚扰。在此，我要呼吁的解决功能是一个大规模的现象。它通过用共享的社会地位，代替公民有争议的个人道德和政治信仰，来取代规范性问题的漫射分歧。

立。整个文化可能会根据人们如何在竞争的价值中优先考虑，而在某种程度上加以区分。¹⁴这些不同的价值排序是使文化与众不同的因素之一，尽管它们可能在一个高层次的抽象性上牵涉相同种类的规范性考量，比如生活、健康、诚实、忠诚等等。（也请大家注意，不同文化可以在一个单一的整体内共存，就像在当代美国。）在一个具有价值多元化特征的社会，有理性的公民在一个民主国家必须准备提议和接受公平合作的条件，但是他们在综合的道德理论水平方面，可能会有重大而棘手的分歧。人们可能会希望，如罗尔斯所做的，对某些公共理性达成一个重叠共识¹⁵，但是这里提出的一个主要论点是，我们能指望非常少的共识，除了同意某一立法和适用的法律程序是过得去的公平，并且因此合法化。

但是，凭借公平民主的程序进行的管理是非常值得尊重的，并且律师通过在一个系统内工作来做有价值的事情，维护合法程序，以建立一个共存与合作的稳定基础。

本书的目的是，为一个通常被称作法律伦理标准概念的说法，提供道德和政治论据。¹⁶正如我们将看到的，此处所辩护的说法，可能与标准概念具有很大的不同，它代表这一概念与其竞争对手之间的一种第三条道路。① 标准概念由指导律师行为的两个原则组成，还有第三个原则应该是说明律师行为的规范性评价：

1. 党派性原则（Principle of Partisanship）：律师应力求在法律范围内促进客户的利益。

2. 中立原则（Principle of Neutrality）：律师不应考虑客户事业的道德性，也不考虑采取以促进客户事业的特定行为的道德性，只要这两者都是合法的。

3. 非问责原则（Principle of Nonaccountability）：如果律师坚持前两个原则，那么无论是第三方观察者还是律师自己，都不应该在道德上把律师视为作恶者。

正如平常所理解的，标准概念之间的差异，以及本书中所辩护的立场是，我主张律师应当采取行动去维护客户的合法权益，而不是推进他们的利益。法律不能仅在律师为了客户的利益而获准可能做的事情上划分范围，相反，应该授权律师为客户做任何事情。法律创建律师—客户关系，给予律师一定的权力

---

① 在此，我不是致力于这里辩护的立场的名称，或者甚至需要一个标签的观念，而是因为对法律而不是对客户利益的忠诚，这是这个观点与标准概念之间的一个主要差异，此处的立场可能会被称为对法律概念的忠诚、权利的观点或者类似的东西。

为对方行为，同时也为合法使用这些权力设置界限。例如，律师作为律师可以绑定与其客户的联系，必须保守客户的机密，同时不能建议他们违反法律。普通人，比如说朋友或家庭成员，在相同的范围内既没有这些权力，也没有这些限制。然而，作为一个描述性的问题，问题仍然存在：为什么法律体系，以及其中的律师—客户关系，给予律师做一些可能违反普通道德的事情的理由？这里给出的论据因而必须表明，为什么法律体系应受公民的效忠，因此律师就可以被看做在社会上扮演一个合理的角色。

本书是一次在应用道德和政治哲学的演习，但我希望它也将谈论，搞清执业律师构思其职业道德价值的方式的意义。接下来的章节将详细阐述这些观点；它们大致围绕组成标准概念的三个原则，以及我认为必要的修改，组织起来，为哲学上健全的法律伦理理论进行辩护，其中对法律的忠诚是律师的核心义务。

第一章是法律伦理学术争论情况的一个关键概述。本书处理的核心问题经常根据角色分化（role-differentiated）的道德创设——即，正如普通道德标准所认为的，宣称占据一个社会角色，为原本是不道德的行为提供了一个制度性借口。这种看待事物的方法引起的问题是，它假设有可能构建一个与所有道德相关方法相似的基础情况。普通道德的观念及其与政治机构和角色的关系，最后证明比普遍认为的更难确定，因为普通道德中的义务易受背景的影响，并且一个背景因素可能会在职业角色中起作用。因此，角色（包括职业角色）似乎都是虚幻的，或者它们更多的是作为总结一系列普通道德权利和义务的一种简略方法。本书的主要观点之一恰恰相反，是角色通过排除角色外的人必须考虑的理由考量，做真正的规范工作，这不意味着扮演一个角色就像有时被称谓的一样，是"不道德的伦理"[17]。律师在一套制度角色和实践中工作，这需要道德证成，但是在更高层次的普遍性上，律师在道德上的正当理由，不是逐项给予的，而是在本质上是系统性和制度性的。

更广泛地说，这里的论点是，律师角色的伦理需要尊重一套独特的价值观——它们都是在复杂的多元社会中公民权的一个方面，其中人们的生活被政治机构全面管理，而且理由非常充分。律师也是人，但是在他们的专业能力范围内，在维护这些机构处于良好工作秩序的过程中，他们最好被理解为扮演一个很小却很重要的角色。这一章创设了本书的整体论点，与律师角色相关的规范，具有重要的道德权重，它们源于公共生活的一个独立道德。[18]理论法律伦理作出了一个概念性错误转变，试图通过使用普通道德工具来处理律师的问题，他们可以更好地类比政治官员，而非普通的道德代理人。一个包括律师道德的公共伦理制度，不能简单地从像自治或人类尊严这样的普通道德价值开始，并直接进行建立在这些价值基础上的职责衍生。相反，预示律师以代表身份行为的道德考量，实际上是法律为什么值得所有公民尊重的理由，以及律师与合法性价值之间特殊关系的一个功能。

党派性原则（the Principle of Partisanship）是第二章的主题，美国的律师喜欢党派性原则。询问任何关于他们职业道德的律师聚会，你将听到所有关于"积极辩护"的义务。（律师有时确实愿意完成那个小格言，"……在法律的范围内"，最后一点其实是很重要的。）本章的主要论点是，法律不仅仅设置允许辩护的限制，而且应构建律师的角色。无论是他们在诉讼中声明立场，根据法律考量安排交易，还是建议其客户遵守法律，客户的法律权利无论如何都会准许赋予律师做任何事情。客户可能拥有法外的利益，但这些并不是对代理人表达权力，可以代表客户以一个独特的法律方式行为。按照"独特的法律方式"，在此我的意思是，合法权利都是权利主张，有别于利益主张，以及使用权力、诡计或影响获取某物的能力。标准概念作为一般理解不会有这种区别。律师的工作是，使用合法手段极力保护客户的利益，但是这与保护客户合法权利的指令不同。

根据这里辩护的权利观，律师所熟悉的广泛实践将受到批判。除了作为客户利益称职而勤奋的代表，律师还必须清晰地认识到法律是合理的——换句话说，法律是值得认真对待的，并值得适当考虑善意地解释其含义，而不只是简单地把它视为一个阻碍客户实现其目标的障碍。律师错误地认为他们被允许或要求去利用法律漏洞、对方律师或法院的错误，或者其他制度性故障。相比之下，我的主张是，律师必须根据真正的合法权利建议客户，并仅在诉讼中或作为有充分依据的事务代表时，维护或信赖那些权利。[19] 很自然，在许多情况下，把漏洞或故障与真正的法律权利区分开是困难的。本章的目的是，为在特殊情况下什么是法律允许的这一问题，提供明确的答案，尽管我将考虑一些像斯波尔丁诉齐默尔曼（Spaulding v. Zimmerman）这样的典型案例。相反，关键的是要表明，这就是我应该进行的争论。如果一个律师通过操纵法律来达到一个不公正的结果，那么伦理批评的真正基础是，不能表现出对法律的忠诚，而不是由此产生的不公正。以推翻律师为正义或公共利益承担直接责任的要求，来开始一本关于法律伦理的书，这可能看起来像一个奇怪的决定。然而，如果法律伦理是根据对法律的忠诚来最好地理解，那么律师独特的职业义务是与尊重法律和法律体系的价值紧密联系在一起的。

为了让这一批评作为一种道德立场，对法律的忠诚必须是一个有吸引力的道德理想。法律必须代表某种值得公民和律师忠诚的社会成就。第三章指出，迄今为止，它关乎以代表身份行为的律师，法律的功能是对经验的不确定性和规范的争论提供一个合理的解决办法，还提供一个合作活动的基础，其中杰里米·沃尔德伦（Jeremy Waldron）称之为"政治环境"[20]。政治环境的初始条件是：（1）在建立一个合作行动的通用框架时，社会或群体成员之间具有共享利益；（2）尽管对框架应当是什么还存在分歧，但是（3）承认任何用以解决异议的程序，必须允许竞争的立场存在，并以平等尊重对待参与者，这种平等尊重与至少达到一个适度稳定的临时解决之需要相匹配。满足公平的门槛标准的程序，允许人们对原本棘手的分歧，实现合理的解决。因此，法律在一定程度上是合法的，它充分回应政治环境中公民的需要。

然而，在合法性和权威性之间好像存在一个缺口（即创建义务的正当主张）。合法的法律可能是不公正的。尽管不那么明显，但不难想到这样的例子，合法的法律只不过代表一些强大的游说团成功的寻租行为，对一些代表的家乡国会拨款的结果，或者对青睐的行业无偿的财政援助。要求忠诚于像"桑尼·博诺著作权期限延长法案（the Sonny Bono Copyright Extension Term Act）"[21]这样无价值的东西，似乎完全遗漏了道德观点，该法案对像迪士尼（Disney）这样的公司，追溯授予加强知识产权保护，这些公司据推测具有足够的事前激励措施去制造作品。当然，法律的价值仅是有所帮助，重要的是别的东西，比如客户免受干扰地追求自己事业的自由，或客户一方的实体性正义。

以这种方法把职业责任视为直接瞄准正义，或者像效率或自治这样的其他道德观念，将会本质上破坏法律体系取代这些价值分歧的能力。法律的要点是，要创建一个有或多或少的自主权的理性范围，根植于解决冲突和确定一个共同行动过程的社会程序。为了使法律以这种方式运行，律师的职责必须被理解为根植于"法律的人为理性"，而不是普通的道德理性或者实体性正义的考量。法律体系和制度角色以及与之相联系的实践，促进社会团结和相互尊重。我并不是说道德生活全部是由遵守法律组成的，或者甚至一个具有法治特征的社会，在道德方面必然比不遵守法律的社会更好。相反，关键是法律在某种程度上具有道德价值，而且合法性的价值也以这种方式被理解，律师的角色是一个道德高尚的人。律师做些好事，在一定程度上是，他们支持一个复杂的制度安排的功能，这个制度安排使稳定、共存与合作在一个多元社会成为可能。合法性虽不是唯一的善，但它是一种善。然而，为了促进这个社会公益的实现，律师有必要把法律体系和其客户的合法权利看作创造理由，推翻否则将适用于在不同职业身份中行事的人的考量。

这种立场的含义在第四章得到发展。一个是律师在决定如何代表客户行为时，不应当回顾普通道德考量。回到"著作权期限延长法案"的例子，它被我看作是愚蠢的法律，客户代理律师试图利用受著作权保护的资料，将不能仅仅因为这个法案是给予一些实力强大的公司赤裸裸的恩惠，而被授权去解释法案为无效，或者是应该被计划和规避的东西。公民对正义、效率和公共利益的需要存在分歧，所以允许或要求律师把这些道德考量考虑在内，将会有废除法律解决的效果，而这种分歧的存在从一开始就是必要的。此外，因为不可能去设计任何一组程序，免于被一些工业集团或高度组织的少数选民获得，即使一般被视为愚蠢和浪费的法律也有权受到尊重。如果公民和律师可能拒绝遵守这些法律，那么它将打开一个分歧的全新领域，其中包括这一套程序是否足够具有代表性，是否透明，是否对所有公民开放，等等。在这种情况下，法律对律师的尊重具有与明智的法律同样多的要求，或者打击竞争利益中的一个更公平的平衡。这并不是说律师不应该使用法律体系所建立的程序，自由地挑战不公正、荒芜或者乏味的法律。法律认可民权诉讼、影响性诉讼、集体诉讼、宪法侵权索赔、游说和一些敦促法律变迁的辩论等其他手段。使用法律体系去挑战不公正的法律是律师所做的最高尚的事情之一。然而，使用法律程序挑战不公正的法律，与颠覆法律之间存在一个显著的差异。对法律忠诚的义务，与一些法律伦理学者的态度形成鲜明的对比，他们的立场是，道德的律师在行为时直接考虑道德和正义，而不是客户的合法权利。

对法律忠诚的义务的另一个含义是，当一个律师以代表的身份行为时，普通的道德自由裁量权的行使空间应当被理解为有点狭窄。律师管理法允许律师根据普通道德考量为客户咨询，甚至接受或拒绝客户。[22]然而，这不意味着律师的角色应当首先在普通道德层面被理解。律师最好不是被理解为客户的朋友或明智的顾问，而是作为半政治化的行动者，他们以职业代表的身份应对国家强制力。律师—客户关系最好不是被类推为友谊或咨询关系，而是被看做公民围绕合法权利学习、维护、保护和构造自身事务的方式。因此，构建律师角色中的道德自由裁量权，应当伴随着尊重政治和法律价值来行使。一些法律伦理学者担心，这将对律师不友好或者不人道，但目前尚不清楚，为何律师的角色应当承受应对客户带给他们的全方位的人类问题。除了充当专家法律顾问，律师偶尔可能会是朋友或顾问，但是那些额外的角色，从律师角色的政治正当理由的立场中是可选择的。合法性从根本上来说是一种政治价值，这取决于一个复杂的制度体系，这个制度体系是由在指定的角色中行为的人们来维持的。尽自己的职责去支持一个对社会有价值的制度，是有道德价值的，但这是一种非常独特的价值,而不是一种像友谊或忠诚一样能够轻易被类推到普通道德观念中的价值。

因此,在人们以其作为道德代理人的身份看重的事情,与支撑律师角色的道德价值之间,存在一个潜在的距离。威廉·西蒙带着挑衅性的断言开始创作《司法的实践》,"没有哪种社会角色鼓励像律师这样的道德抱负,也没有哪种社会角色如此一贯地对它所鼓励的抱负失望"[23]。然而,在律师角色的辩护中,政治考量的优先权并不意味着普通道德完全被抹去。因此,第五章考虑法律伦理中的悲剧理念——不可避免的道德犯罪。这被称为听起来有点夸张的"脏手"问题,但是基本的观点是,这里有"即使在政治上正当,也保持道德上的不合意"的行为。[24]例如,律师对法律忠诚的义务,可能要求其保守信息的秘密,这个秘密如果公之于众,可能避免伤害另一个人。或者他可能被要求去劝告客户遵守他认为不公正的法律,或者去帮助客户做一些违背其他人道德权利的事情。在这些情况下,律师可能会面对被称为道德残余(moral remainder)的东西,它产生于次要的但不能被抹杀的普通道德要求。[25]

道德残余的可能性不是一个绝望的理由,因为其余的道德主张不只会导致一个良心危机,或者一种挥之不去的内疚或羞愧情绪。相反,当以政治正当的角色行事时,感觉到普通道德影响力的律师,也许更可能仔细推敲,良好的律师真的需要一些有害的行为。[26]有人可能还认为,道德残余会引起一种以某种方式来赎罪的追溯责任[27],也许通过在不影响客户表示的范围内,反对系统内的不公正。就个人而言,为其工作在一些有意义和有价值的事情上缺少基础而感到烦恼的律师,可能会寻求围绕一个对他们特别突出的价值或承诺,来定位他们的职业生涯。无论如何,尽管这不是一些律师实践的一个流行特征,但是"脏手"的可能性和道德残余,是法律伦理应该得到其应有的一个方面,而且如果我们认真对待律师特殊的政治道德观念,这必须是被考虑到的。我提出,与现有的非问责原则相比,纳入法律伦理理论是一个更好的选择,它主张消除普通道德代理的看法。另一方面,"脏手"观点是必要的。确保应对道德代理的持久性,并不是去否认对法律忠诚的义务,并试图用直接根据普通道德考量行事的指令,来取代这个职责。

本书中的最后一个实质性论点将会在第六章中被发现。这一章将讨论一个徘徊于所有前面讨论过的背景中,但最终必须去直接面对的问题。这个问题就是,法律如何能够在特定情况下可以说具有确定的含义。这里辩护的观点是,律师有义务为客户的合法权益提供建议,在诉讼和交易中根据客户权利而不是其利益采取立场。此外,当律师以代理人的身份行事时,忠于法律的义务超过普通道德考量。然而，大多数读者都会有一种直觉，认为这太整洁，对于那些认为法律材料（案例、法规、规章和解释公约）留下很多灵活性的人，这回避了重要问题；律师可以利用这些灵活性推进其客户的利益，而无须越过法律的界限。事实上，标准概念的批评者呼吁普通道德考量的一个原因可能是，他们担心法律可能太具有可操作性，以致忠于法律的义务与生俱来就行不通。如果一个足够智慧的律师，能够把几乎最清晰的法律解释为不适用于其客户（或者其自己）的情况，那么在追求其客户目标方面，法律就不能有效地限制律师。[28]因此，批评者认为，如果普通道德也没有约束，那么除了无限制地追求客户的利益作为律师职责的基础之外，我们将一无所有。

对书中通篇所讨论的这个问题的一个回应，就是律师职责的情境化。这个回应假定，法律具有适度的不确定性——也就是说，可能会有一系列解释被视为合理，有一些会被看作是创造性的、激进的或有倾向性的。在此方面，律师可能怎样对待这个适度的不确定性，是律师代表客户而设置的一个功能。法律伦理中的争论常常围绕通过法庭审判和审前诉讼解决争端。事实上，在对抗制中，律师为其行为交易转移道德指责提供通常的辩论，这就是说，为原本是道德上的不法行为提供一个制度借口。[29]然而，在我看来诉讼是一种特殊情况，因为律师可以维护客户有争议的法律权利，通过对抗制的原理，来评估律师的立场是否合理。[30]在交易和建议语境中，相比对手简报、口头辩论和上诉，没有制度机制能够确保律师提出的法律解释是正确的。因此，律师拥有更小的范围去依靠法律适用勉强的或有争议的解释。诉讼与咨询服务语境的差别在于，在诉讼中律师与其他机构参与者分担责任，以确保法律不被扭曲或误用。因此，在非诉讼代理中，律师仿佛觉得对法律忠诚的义务有一个提高，但是在现实中，这种义务是相同的——它只是不能与协调机构参与者共享。

这个语境方法将不会对那些批评者作出反应，他们认为法律中的根本问题是极端的不确定性。如果法律真的能表达任何东西，那么促进律师对法律忠诚将是徒劳的。但是没有人相信法律是完全模糊的，至少在法律体系中，没有明智的参与者表现得好像法律是完全模糊的。[31]律师向法庭提出辩论，因为法官在适用法律的过程中犯错而批评他们，就客户潜在的法律责任向他们提出建议，以及敦促改变法律。法官撰写批评其同僚对法律产生误解的不同意见，而不仅仅把错误作为一项政策。参议员向联邦法院法官盘问被提名者关于他们适用"书面"法律的意愿，而不是强加他们自己的政策偏好。法学教授通过对法律的理解评估学生，并且有理由相信他们的考试成绩不是随意的。所有这些实践意味着，法律能够承担一些客观的意义，这可以用作一个对法律产生误解的行为者的批评立场。[32]

换句话说，这里有一个制作和评价法律论证的技艺。该技艺是律师在法学院学习，并在其获得经验的过程中继续提炼的东西。尽管律师可以说明它是如何运作的，如果非要说，尤其是制作和评价这类论证，恰恰将是律师所做的。可以说，如果我们想知道一种解释是否合理，这里确实没有办法避免挽起我们的袖子，挖掘到法律推理。尽管法律论证的制作和批判不会产生完美的确定性，并且在疑难案件中只有一个正确答案，但是它们会缩小合理解释的范围，并排除把许多潜在的法律解读为扭曲的、侮辱性的、有偏见的或者是不合法的。

在某种程度上，在非技艺条件中抵制被理论化，是技艺的属性。举一个为所有英美法理学学生所熟悉的典型例子，即禁止"车辆"进入公园的一条城市法令。它适用于救护车、自行车、滑板和安装作为战争纪念物的陆军坦克吗？[33]只有当某人进一步问"我们归类某物为车辆与否，是为了什么目的？"，"什么是车辆"这个问题才能被回答。然而，诉诸目的只会加重其含糊不清。一些法律规则和标准适用于多个有时是相互冲突的目的。"禁止车辆"的法令可能是为了降低噪音，保护行人的安全或者防止污染。目的不是一条法令含义的唯一关键，这使问题进一步复杂化——法令的表达语言可能会与其目的相冲突，而且可能还有其他比如立法历史和语境这样的迹象，会减少由明显的目的表明的解释，即使该目的只有一个。如果有人讨论坦克在有关方面像或不像一辆小汽车或卡车，类比推理可以提供帮助；然而，有关相似性的判断是非常难以形式化的，因为"相关性和紧密相似性的标准依赖于……归因于规则的目标或目的"[34]。

不过，我想声明，道德的律师意味着恰恰在这一类事情上做得好。这里有更好或更坏的方法解释或适用法律。比如，虽然我们可能不确定，这一禁止车辆进入公园的法令，是否适用于婴儿手推车、在战争纪念馆的吉普车，或者赶来帮助公园中心脏病患者的救护车，但是我们知道，如果法令意味着什么，它将意味着你不能驾驶一辆改装跑车（souped-up sports car）穿过公园。同样地，一名起草酷刑备忘录的布什政府律师、著名评论家认为，如果法律禁止酷刑意味着什么，那么它们必须适用于禁止已知的被称作"水刑"的技术，在这个酷刑中，被拘留者遭受到一个骇人的濒死溺水经历。[35]水刑是禁止酷刑中加以改装的跑车。如果一个人的法律结论是：导致某人经历濒临死亡的生理感觉不是酷刑，那么这一论点已经脱离了轨道。现在是时候放弃导致你有此结论的任何解释原则了，根据明显的目的和禁止酷刑的总体合理性基础，这个结论不可能是正确的。这种道德批评方法高度重视参与制作和评价法律论证的律师的内在观点。根据在普通道德上酷刑的不合法性，这不是一个外在的批评。这是对法律忠诚伦理的独特视角。

这本书旨在弥合学院哲学（道德、政治和法律）之间的差距，因为它可能适用于律师的职业道德和实际执业律师的境况。精明老练的律师一直都渴望一个"律师法理学"，把有关法律本质和内容的理论与法律伦理整合起来。[36] 从方法论上说，本书中的观点是，试图保护被尽责的律师在其职业生涯中追随的理论思考与实际规范之间"广泛的反思平衡"[37]。大体上，反思平衡理论竭诚在人们考虑的道德直觉和一套道德原则之间提供一致性。简言之，"广泛的反思平衡"是从关于一个人相对自信的判断（即在平静的反射心境中制造的那些反思），以及符合这些直觉的替代性道德原则的考虑开始的。它计划选定最好的原则作为一个道德理论，考虑支持这些道德原则的不同背景理论（包括人性的概念、政治正义原则等）。[38]

大多数法律伦理学术报告都从道德理论以及这些理论推导出的原则开始，并把它们适用于执业律师的现状。哲学家被"在法律范围内积极辩护"的机械咒语挫败，该咒语为那些似乎显而易见的不道德行为提供一个万能的理由。基于哲学家自上而下的分析，律师的角色义务从道德的观点看通常是欠缺的。另一方面，律师从他们的角色是合理的这一直觉出发，而且他们具有良好的道德理由去尊重角色义务，比如保持自信和为其客户的立场积极辩护。这些直觉倾于持久，当律师得知似乎暗示他们正从事道德犯罪行为的理论时，他们的普遍反应是这些理论一定是错误的。冒着模仿理论法律伦理盛行的立场的风险，它有时候看起来好像是一个巨大的谜，为什么社会能容忍实际上是其中的一个犯罪集团。结果是一个律师与理论家之间的僵局，律师认为他们是值得尊重的实践参与者，理论家则在一个基础水平上发现实践的欠缺。广泛的反思平衡方法论试图认真对待这两种观点。

自以为，我着手处理这个课题，是作为一名在执业律师工作中发现很多价值和满意度的前诉讼律师，也是作为某个受过哲学研究生训练，现在对法律实践采取一种更超然的视角，并以此为生的人。一些律师可能把哲学和法理学的讨论看作是，与执业律师的现状没有多少关联的一些令人眼花缭乱的东西。耐心的读者或许会被说服，经院哲学在现实世界中很重要，而且事实上理论法律伦理学者和执业律师之间有相互学习的东西。至少，对与其职业有关的深层次道德问题感兴趣的律师——我们作为律师，反对普通道德的要求所做事情的正当理由——将可能导致询问在此考虑的关于合法性与道德代理之间关系的问题。同样，有哲学思想的读者可能会对在实践中适用法律的复杂性萌生一些欣赏，律师直观地感知到这是法律伦理的核心部分。只有通过整合实践的和理论的两种观点，才可能理解法律伦理的独特性质。从这样的双重视角，接下来的目标是，建立所有律师以对法律忠诚的方式行为的基本职责。

第一章　标准概念：支持和反对

第一节　概述：法律、道德、伦理和法律伦理

作为人类，我们都受到道德需要的支配。对于"道德"，我并不认为是什么神秘的东西。道德仅仅指的是关于对与错的标准，我们在生活中把它作为决策基础和行为正当理由来理解并应用。当我们试图解释和捍卫我们的行动对正当理由的需求时，尤其是在我们的行动对他人的利益和关心的事产生影响的情况下，我们呼吁道德。已经以某种方式受伤害的人可能会问，"你为什么这样做呢"？"因为这是我的利益，并且我有权力这么做"。这样的答案通常被视为一个不充分的理由，因此这不是一个道德理由。（如果你认为道德实际上仅仅可以归结为他们强烈想要做的任何事，那么我们会有一个元伦理学分歧，这已超出了这本书的范围。）试图对自己的行为在道德上进行辩护，必须诉诸为那些利益受影响的人们所共享的理由。尽管道德调查的主题可以比这更广泛，涵盖诸如品质、诚实和人应如何过上好的生活等事项，道德在根本上是关于人应如何正确行为的直接实践问题，它基于充分的理由，并考虑到他人的利益受到威胁。[1]从观察者的角度来看，道德是关于我们归于他人赞美和责备的证明，在他们的行为或品质的基础上，一个人对其行为没有道德理由会受到他人的道德批评。这可能需要一些具体形式，比如回避或排斥，但它通常表现为不赞成的态度。当发现他人说谎、利用他人或逃避责任时，那些说"真是一个蠢货！"的人，都是以暗示方式进行道德批评。

法律伦理是对律师寻求其行为理由的关注，这诉诸对与错的标准，这个标

准为其利益受到律师和法律体系影响的人们所共享。它也是那些律师错误行为批评者的参考点。[2]没有什么比对律师是相当肮脏的一群人的指控更常见的。这种批评以各种形式出现，从报纸上的评论文章，到政治家的竞选演讲，再到无休止地重复律师的笑话。[3]除此之外，律师或法学院学生没有被聚会上的熟人或长途飞行的邻座高谈阔论法律专业，这是罕见的。针对律师的批评，包括各种令人眼花缭乱的主题：贪婪，包括与滥敲客户竹杠密切相关的主题；牺牲小伙计以服务于大富豪；祈祷他人受到不幸；为了客户利益有说谎和欺骗的倾向，并且有时也对客户说谎；在诉讼中过于具有进攻性，或者用无聊的纠纷堵塞法律系统；阻碍生产活动——狭义上讲，律师作为交易的中间商，这是常见的批评；广义上讲，这是感叹律师把成本强加于生产活动，而不是自己生产任何有价值的东西；当然还有常见的说法（很多律师会欣然承认的），刑事辩护律师有时通过在庭审中混淆真相，帮助有罪的人逃避惩罚，其他时候则利用程序技术确保犯人获得无罪。简单地概括，公众似乎相信"律师的技能是正义被击败的手段；或者，如果正义获胜，这是因为律师的狡诈而不是因为一个受尊重的理由"。[4]

学术法律伦理（academic legal ethics）的论题，只不过是试图在缜密的程度上以一个严格的方式回应这些指控。正如我们所理解的，在本书中展开的观点是，律师职责的最好辩护理由理智地建立在合法性价值或法治中。即，法律伦理根本上不是普通伦理在特定背景中的应用；相反，尽管对道德和其他事项存在深刻而又持久的分歧，但它是一个政治规范体系，这个体系是由法律使得人们平等相待、一起生活与合作的能力所赋予的。政治道德的观念是复杂的，但基本的观念是，为我们提供对于这个系统以一种特定的方式行为的理由，这可能是政治或法律体系的属性。我们可能有理由尊重、支持、维护甚至遵守，用来维持我们在社区中与他人一起生活的一系列制度和程序的指令。在赋予人类生活的所有价值、美德和理想的意义上，政治道德显然必须是道德的一部分。然而，与此同时，它在重要的方面与普通生活的道德是不同的。政治道德的原则可能不是以一种相对简单的方法，从一般道德考虑中派生的，相反，它可能被独特地适用于社会生活的环境。[5]依赖于像公民和社会这样的价值和理想，我在此将要辩护的法律伦理概念是政治道德的一部分。[6]这不意味着法律伦理脱离了普通道德，只不过从根本上说，它关注的是社会冲突如何被解决，以及通过法律程序和制度使合作成为可能。

律师经常使用"法律伦理"术语来指称由公共机构颁布和实施的职业行为规则。[7]哲学家会莫名其妙地听律师说"这可能是不道德的，但它不是错误的"。

第一章 标准概念：支持和反对

然而，这个措辞可以通过使用道德术语，表示律师实践下的职业行为。在美国，最高法院在每个州都有固有的权力，去规范在州领土管辖权范围内的法律实践；这些法庭问题规则管辖像费用、广告、利益冲突和保密等这样的事项。这些规则相应地由经常被松散地称为州律师协会的某种行政机构实施。[8]律师也受普遍适用的代理法、侵权法、合同法、证据法、程序法、刑法和宪法规制，以及如果适用的话，还受比如税法和证券法这样的专门法律管理。总之，规制律师的整个法律有时也被称作法律伦理，尤其在美国，有关"历史、目标、结构、价值、规则和法律职业及其成员责任"方面的教学，在全国认可的法学院都是强制性的。[9]

在这个意义上，虽然法律伦理明显对有兴趣保持其执业许可证或者取消客户或第三方责任的律师来说是重要的，但这不是本书的主题。相反，这里的重点是，律师有时候称之为"超越规则的道德"或者"真正的道德"，而不是有关法律职业的规定。为了避免混淆，我将永远不会使用道德术语去指称职业行为规则，或规制律师的其他方面的法律。[10]相反，在必须经由证明某人行为来给出理由的意义上，这本书将侧重于法律伦理，反对其利益受到影响的另一个人的正当理由的需求。

这种对正当理由的需求被查尔斯·福雷德（Charles Fried）绝妙清晰地予以说明，他问道："一个好律师可能是一个好人吗？"[11]福雷德的问题凸显，律师角色的要求可能与普通道德产生冲突。隐含在这种构架问题的方式中的是，假设职业角色能够创建真正的义务，而不仅仅是惯例或者务实的合理规范。[12]比如礼仪规则这样的惯例确实有一些强制力。然而，声称不管什么情况下都对代理人有约束力的惯例，没有道德义务的分量。在回应一个行为违反他人道德利益的主张中，这不是说某事是"事情一直在此完成的方式"。惯例充其量是作出全面考虑的判断需要考虑的东西。当另一方面利益在道德上意义重大的时候，一个务实规范的重要性就会消失。福雷德的问题假定，职业角色创建真正的职责，且除特殊情况外都应该遵守，而不只是在实践推理中考虑的考量。这样理解，职业义务需要律师"把如果不是决定性的也会是相关性的各种不同种类的考量放在一起——尤其是各种道德考量"[13]。正是律师角色的这种排他性，创建了真正的责任，但是这也导致律师受到这样的指责，没有正当理由地栖居于一个简单的道德世界。[14]本书的目的是维护职业角色的观念，排除普通道德考量，但它以适当的方式与一般道德相联系。

第二节　普通道德与职业道德

谈论职业道德的排他性特征，当然需要我们明确普通道德的底线，据称这为特定于职业角色的职责所排除。道德的修饰语"普通"，旨在捕捉道德原则的这一观念，它仅仅适用于我们作为人，作为全程的道德代理人，而不是作为社会角色的人员或机构。① 普通道德与可能产生的社会角色成员的义务，形成鲜明的对比。因此，学术法律伦理的基本问题，经常被描述为角色分化的道德问题。社会角色是由涉及社会角色的义务表征的，其中它规定的行为可能与普通道德的要求相反。然而，如此描述这个问题，冒着以这样或那样的方式循环论证的风险，我们必须清楚，普通道德以及角色和角色职责观念的意义是什么。有些与直觉相反，通过首先考虑角色可以在道德推理中起作用的方式，来更好地理解普通道德观念是可能的。

在规范条款中，理解角色的一种途径是作为一种速记方式，借助处于与他人的一种特殊关系，来描述适用的一系列义务、权限和抱负。[15] 上午，我为我的孩子们做午餐，把我的吹雪机借给邻居，担任法学院委员会委员，周日去教堂做礼拜，等等，原因对熟悉相关社会机构（家庭、邻居、工作场所、宗教团体等等）性质的任何人是显而易见的。正如约瑟夫·拉兹（Joseph Raz）所说："特定的部门带有特定的责任，以及……这些建立什么算是'像一个[……]一样思考'。"[16] 详细阐明这些原因是可能的，但是除了证明某人对通过对"像一个[……]一样思考"的速记概括起来的道德要求的理解，这在运用中没有什么意义。角色以及具体的角色义务（可能是以规则的形式），都仅仅是脱离角色存在的义务的总结。角色义务相应地对道德分析是透明的。在学术法律伦理中，正如反对法律职业的自我理解，占主导地位的理论范式是一个相当高程度的角色透明。律师提出的为自己行为辩护的理由，被转化为普通道德理由，并被以此分析。在前面的情况下，争论将在普通道德考量的基础上继续，比如公平、互惠和守诺义务（在第一种情况）；人类生命和健康，公平和矫正正义（在第二种情况）；以及尊严、隐私（在第三种情况）。

然而，一些社会角色似乎并不是围绕一个普通道德理由的连结，而是围绕不同种类的具体义务，并且与原本将适用于不同定位的人的道德要求，存在潜

---

① 我在此使用"普通"道德术语，但是"一般"、"普通"和"个人"道德在理论法律伦理的文献中也是盛行的。参见，e.g..Dare（2009）；Luban（1988）；Postema（1980）。

在冲突。¹⁷这些具体的角色考虑都提出一种主张，就是在律师的行为是对是错的分析中，其他理由将不会优先考虑。他们要么排除其他可适用的道德理由，要么至少被认为在多数情况下超过它们。¹⁸任何一个使用排斥、击败、抵消等隐喻的想法是，与角色相关的理由不是对其他理由起作用的理由，那些将适用于一个相似位置的代理，而不是在那个角色中行动。① 它们是拉兹所谓的二阶理由——换句话说是不采取行动的理由。¹⁹弄清普通道德考量和与社会角色相关的职责之间的关系是困难的，原因是某人需要理由去遵守声称强加义务的任何原则，并且如果这些义务影响他人的利益，一个道德理由就成为必要。真正继续角色道德和角色不透明性观念的是，主张有一些二阶道德理由追随角色义务，排除原本是在角色缺乏时应用的道德理由。

可以肯定的是，律师经常以回避问题的方式制造这种争论。仅仅列举一个人的职业角色义务，并不足以应对在这些义务之后的指责，而这些义务从道德的角度看是错误的。²⁰通过与律师角色比较，考虑一个公认的社会角色，产生强大的具体角色的义务——例如，在一个有组织的犯罪家庭中的特警。正如尼古拉斯·派勒吉（Nicholas Pileggi）所描述的（并由马丁·斯科塞斯翻译成难忘的电影），任职特警角色意味着栖居于一个繁密的规范世界，受规则和标准约束，通过社会化转移到实践，并加强了制裁。²¹特警从不出卖自己的朋友，他们向其组织的上级成员致敬，并避免伤害受保护的成员，他们可以有女朋友，只要他们继续扮演表面像家里的男人，等等。毫无疑问，这些职责是作为特警的真正义务。然而，显而易见，这些具体角色义务不创建作为道德代理人的义务，足以为不能被普通道德允许的行为方式辩护。在特警的规则系统内，如果一个人"受挫、被否认、被冒犯、以任何方式被阻挠或者甚至被轻微惹恼，报复是被需要的"²²但是暴力报复的需要是特警规范世界的一部分，它不会创建一个道德许可，去殴打或者杀死另一个人，来回应一个微不足道的侮辱。这些具体角色的职责不能创建道德义务的原因是，特警的角色与人类价值和利益更广泛的规范世界缺乏联系，这个规范世界要求在道德上为角色本身辩护。

律师和特警之间这个被公认的陈腐的比较是为了说明，当角色和与之相关的职责在更多的实践中形成，这些实践在实践取得的一些道德情操的基础上必

---

① 正如我们将在第三章看到的，职业角色可以最好地被理解为，替没有严格排除在外的行动创造非常重要且难以超控的理由。现在，重要的想法是，职业角色创建的原因不是将不然是（一阶）理由适用于一个相似位置的外行。

须是正当的。[23] 接下来的问题是，为什么这不是前面所描述的简单的"连结"观点，即认为角色的概念仅仅是关于其他现有道德义务的一个速记方式，因为在特定的社会语境中它们是确定的。正如所适用于法律伦理的，连结观点的问题是，它可能对律师实践中的制度或政治语境不够敏感。理解普通道德之"普通"的一种方式是，它从根本上是非制度性的。[24] 当我们说，人们在彼此的关系中应当尊重比如尊严和真理这样的价值，我们可以想象这些关系是没有政府机构作为中介的，无论是国家政府或是更加非正式的属于公民社会机构的东西。当人们的利益发生冲突时，道德提供资源来分辨谁的利益应当优先考虑，但是设置一个一般的只是某种小规模的互动，这样人们的想象可能通过推理和对话来解决。就大规模的分歧而言，制度在一定程度上提供了处理冲突的方法，不直接依赖岌岌可危的普通道德价值。法制尤其具有与公平、处理冲突的程序正义、以平等的尊严和尊重待人的能力相联系的优点。一旦人与人之间的关系由一些更正式的东西治理，依靠那些制度作为价值和理由的来源是很自然的。

学术法律伦理的一个核心问题是，应当施加分析的道德概念的工具包（toolkit），是否与道德哲学其他地方使用的工具包相同，或者它是否与职业角色、制度或者价值以一些独特的方式有联系。本书中的一个主要论点是，法律伦理是政治道德独立的一部分，它从在社区遵守道德的情况中获得其结构和强制力。这并不意味着这些价值与普通道德无关，只是它们不可能以一种简单的方式简化为普通道德考量。相反，随着普通道德价值走进一套制度、实践和相关规范理想的正当理由，这种关系将是间接的。[25] 比如，个人作为一个公民的政治道德，表明一个人被国家行为者和制度以互惠和大概平等的方式对待。约翰·罗尔斯（John Rawls）的政治理论开始于这种独特的政治理念："人的哲学概念，"罗尔斯写道，"在政治自由主义中为公民自由与平等的政治概念所取代。"[26] 政治自由反过来可以被理解为一种特殊的自由，即集体自治。[27] 同样，合法性（或法治）提出一些评价标准，包括受普遍适用规则约束的公正和政府承诺。[28] 对理解法治的这种方式，这里有一个公共性的不可简化的方面。因此，即使所有像正义、平等、说明理由等等栩栩如生的观念，在普通道德中是可以认知的。目前，尚不清楚它是否可以没有明显变形地转化成普通道德。此外，它可能是政治制度和实践结构的一部分，参与其中必然需要排除普通道德理由的考量。[29] 这个排他性理由的观念，对这里所辩护的角色道德的观念是根本性的，特别是在第三章。

道德与角色道德的关系，可以用一个建立在一个著名案例基础上的假设来

第一章 标准概念：支持和反对

说明。XYZ公司生产一种宫内避孕器，据称导致成千上万的用户受伤，包括导致子宫切除的感染、不育和死亡。[30]制造商已经被毫无根据的索赔和有价值的索赔围攻。总的来说，其做法曾经解决了相当数量有法律效力的索赔，但也有力地辩驳了可疑案例。毫无疑问，该产品的不安全设计可能会导致产品用户在某些情况下受伤。然而，正如制造商所指出的，伤害在某些情况下可能因某些性活动加重。因此，在统一的全国产品责任行动中，只要问题是"相当可能导致发现可接受的证据"，监督审前诉讼的法官曾经允许调查申请人的性史。在美国民事程序中，这些问题发生在宣誓作证中，这是在法庭书记官面前但法官不在场时做的宣誓检查。在他对原告的保护令请求的判决中，法官表示不愿密切监督宣誓作证，期望被告的律师将"尊重发现规则的文字和精神"，并相信"律师会道德地处身持己"。

在为这些做法辩护的过程中，制造商已经注意到，妇女关于她们性实践的攻击性质询，趋向于促使许多原告为了小钱提早结案。因此，在他认为没有价值的情况下，制造商已经指示其律师去调查维持索赔的妇女的性史。进行宣誓作证的律师已经领悟到，他们可以长期慢慢地进行这个主题，问许多不同种类的同样问题，使用明确的术语，并专注于比如婚外情这样特别尴尬的细节。代表妇女的律师可能会反对，但是在没有冒着制裁风险的情况下，是不会终止宣誓作证的。辩护律师甚至有他们私下称作"肮脏的问题清单"的东西，其中包括关于原告卫生和性行为的具体图解问题。这个审问模式的结果通常是羞辱证人，有时威胁证人以少于通过和解或判决的方法所能获得的赔偿来处理案件。在道德上，我们应该如何评价代表XYZ公司的律师的行为？[31]案件似乎容易在普通道德方面进行分析。

毫无疑问，没有人会主张允许与妇女几乎不认识的男人询问，关于她们性实践的尴尬的、侵入性和侮辱性的问题。但是这似乎像评估行为的一种不自然的抽象方式。[32]当然，人们可能要问这些男人和女人是谁，男人问侵入性问题的目的是什么。如果双方都是社会熟人，男人去问女人性实践的问题，这将至少是毛骨悚然的。如果男人打算用他的提问羞辱女人，我们会在道德上批评他攻击他人的尊严。然而，在假设的案例中，男人是在诉讼中代表产品制造商的一名律师，其间原告的行为可能会是责任抗辩。至少在对抗制纠纷解决方式中，争执各方的律师被允许提问问题、宣誓，确定律师对案例"事实"的指称。发现事实可能会涉及侵入性的质疑，但是如果调查被设计来发现相关信息,那么人们将很难责怪律师继续质疑,尽管它可能导致原告不适。①

向一个陌生人询问其性生活这样令人尴尬的问题,是粗鲁的和侵入性的,但是在一个产品责任诉讼中原告的宣誓作证,并不仅仅是陌生人之间的相遇。在日常生活中,女人可以自由地结束谈话,但是在这种情况下,她们被传唤要求参加宣誓作证并回答问题。尽管这个证据事实可以证明,一个讯问者应该更加谨慎地不去侮辱妇女(因为她们不能自愿地终止讯问)的结论,宣誓作证是强制性的理由,这与起诉的原告的自愿行为有关。他们当然知道诉讼是令人讨厌的,而且为了取得从 XYZ 找回损失的机会,而承担一些不愉快的风险。如哈里·杜鲁门(Harry Truman)的格言所说:"如果你受不了这种热,就远离厨房"。当然,如果把过程称作"自愿",就忽略了 XYZ 先前所做的不道德行为。公司销售有缺陷的产品,依其申述,据说这对许多人造成了严重伤害,这无疑导致了矫正正义的道德责任。这种责任至少要求,把对所谓的受害者平等对待,作为一个确定是否赔偿的有序过程的一部分。这种平等对待的责任,产生一套公正解决纠纷的程序的特定语境作为一个结果。它与公平的普通道德观念有关,但它在我们已经接受的调解纠纷的程序中,有一个特定的来源。

这就是所谓的独立价值。这不是主张它们与普通道德无关[33],而是它们在如此大的程度上依赖制度背景,一些政治考量对同源的普通道德观念,承担着只是一个家族的相似性。在普通道德生活中,可容许的蒙羞范围与我们对一个旨在建立原告受伤赔偿支付义务的法律程序所愿意容忍的范围相去甚远。本书中的主要观点是,在大多数情况下,一个对律师应该做什么的完全固有的道德分析,将得出这样的结论:律师具有对法律忠诚的义务,排除了根据普通的非制度性道德价值的推理。其结果是,合理的社会角色对道德分析相对不透

---

① 请注意,即使对抗制和诉前发现程序总的来说是合理的,这个实例中的审讯仍然是错误的。联邦民事诉讼规则和大多数州规定,提供双方可能获得仅是有关他们的主张或辩护的显示证据。Fed. R. Civ. P. 26 (b) (1). 因此,如果在原告的行为和他们的伤害之间没有可以想象的连结,审讯将超出允许发现的范围。此外,法庭可能禁止发现"从烦恼、尴尬、压迫或过度的负担或费用中,来保护一个政党或个人。"Fed. R. Civ. P. 26 (c). 法庭考虑一方这样一个保护令请求,将考虑调查的可能意义,并把它的证据价值与政党遭受的危害(尴尬、过度的负担,等等)相比较。指出民事诉讼规则的这个特性是重要的。因为似乎提出不同角色的道德问题的很多情况,实际上不会造成法律与道德的冲突。所说的行为可能会断然被法律禁止。如果是这种情况,就不会有这样的主张,好的律师应该参与其中,更何况一个好人将会做什么。参见 Dare (2004),Schneyer (1984). 我自己对这个案例的看法是,不管怎样,被告在多数情况下(缺少一个具体的理由去认为,审讯将通过不安全的性实践发展产品问题的证据)没有真正的权利来问原告最耻辱的问题。律师通过积极的宣誓作证表现得不道德,不是因为问题是恐怖的和羞辱的,而是因为这里没有完全是为了恐吓妇女而去提问问题的法律权利。

明。³⁴ 这并不意味着社会角色的成员会免于批评。角色的不透明和特定于角色的行动理由的优先次序，只是在某些方面引导允许的规范性评论。例如，它可能的情况是，整个社会角色并不享有道德尊重。特警的例子是一个夸张讽刺的描述，但其目的是突出强调，角色的建构性规则必须拥有每个角色道德义务应有的敏感性。一个因为微不足道的损害而指示暴力报复的角色，与道德对任何社会容忍的活动的需要截然相反，以至于它不应该被认为是道德义务的一个来源。因此，律师实务可能以参与角色不创建取代道德义务的这样一种方式被构建，这是可以想象的。然而，如果法律制度值得我们尊重，律师可能会诉诸法律制度，作为原本被视为是不正当行为的一个借口。

威廉·西蒙（William Simon）反对这样看待职业角色，他认为即使在总体合理的法律体系内，职业角色也重视从长远看的正义而轻视可能导致的短期不正义。不同角色法律伦理的捍卫者主张，"断言在总体和长远来看，它产生一个更高层次的正义"，并描述特定的不正义是"为了避免更大的不正义而必须作出的牺牲"³⁵。正如我们在本书中将会看到的，法律伦理中的一个标准的修辞举措是，把在一个特殊情况下遵守法律导致的明显不正义（在道德上），与抗命导致的对整个司法行政系统相对不明显的损害进行对比。正如大卫·鲁班（David Luban）观察到的：

> 整体来看，来自对特别危险和令人厌恶的刑事被告人积极代理的偶尔失误，将不会对刑事辩护产生多少损害，并可能做很多好事……在单个案例中，违背一个人的专业职责对系统的边际损害，通常是轻微的。另一方面，遵守［普通］道德而非专业职责的边际收益，可能是巨大的。³⁶

学术法律伦理中的默认观点是，重视特定案件的正义分析而轻视制度和程序正义，被认为具有高水平的普遍性。因此，理解这本书的总体目标的一种方式是，捍卫法律伦理的一个概念，对事情无可非议地保持一个长远的或者制度化的视角，并抵制被卷入逐案分析在特定情况下道德或正义需要什么。

这是来自法律伦理的一个经典案例的另一个例子，来说明法律伦理是否采取一个普通的或制度的视角而导致的不同。借款人开了一个小公司。³⁷ 需要贷款来渡过他的现金短缺难关，他从出借人即他的邻居那借了5 000美元。借款人制作了一个简单的期票，同意在一个特定的日期开始偿还出借人。还款日期已过而借款人却未要求还款。七年过去了，双方的经济形势发生了急剧逆转。借款人的小公司蓬勃发展，还被一个更大的公司收购；他现在是该公司的一个高薪主管。出借人却陷入困境——他失去了自己的工作，他的住宅被银行取消抵押赎回权,现在是急需资金来满足医疗费用。出借人的一个朋友是一名律师,同意免费为他代理,力图要回借款人欠他的5 000美元加上利息。借款人可以开一张5 000美元的支票,并几乎注意不到其银行账户余额的变化,却指示他的律师使用"任何合法的手段"反对出借人的主张。可适用的时效法规定,恢复债务的行动必须在债务人不履行的6年内作出。(该法规的目的之一是防止诉讼当事人不公平地利用时间的流逝,通过等待提起索赔,直到证据已经丢失、见证人的记忆变得陈旧。)按照程序,时效法的影响是为支付债务的要求充当完全的辩护。借款人的律师因此提交因已失时效而驳回诉讼的动议,这一点得到审判法官同意。

考虑到在普通道德上的分析。如果你得知A从B借了钱,但是后来拒绝还钱,你的反应将可能是A做错了事情。为什么?因为在我们的日常生活中,我们承认承诺可以创建义务,当他们如果没有充分理由而违背承诺时,他们就做错了。假如你进一步得知,A后来已经变得很富有,并且能很容易地担负得起偿还债务给B,而B此时非常需要钱,你将很可能对A表达更强烈的谴责——"真是一个混蛋!"这种强烈的负面评价的原因会是,除了由A的承诺所创建的义务外,双方当事人的财富悬殊产生了一种额外的公平责任,或者与未能偿还拥有很多钱的债权人的债务相比,A未能履行承诺的后果会更严重。把这种普通的道德理由用来分析借款人的律师所作出的时效法辩护决定,似乎很难避免这样的结论,借款人在设法作弊——回避他对出借人的合法义务——并且借款人的律师也在帮助他作弊。[38]

这一分析忽略了制度语境的独特性。当然,未能偿还合法债务属于欺骗或者诈骗,但是时效法辩护就感觉有些不同,因为主张归还的辩护本身就是系统的一部分,它成立用来宣判义务的合法性。通过假设欠下债务是公正的,将借款人的义务称作"公正的",并因此在道德上批评其律师,这可能是本末倒置,此时,这正是法律体系所需要确定的。在这个案例中义务的法律正义,不仅是借款人同意偿还贷款的一个功能,而且是出借人遵循一定的正式程序,建立一个合法的强制偿还要求的功能。本书其余的大多数章节要建立的目标是,律师在以其专业身份行为时,应当只需关心客户情况的法律正义。这不意味着这里可能没有借款人偿还债务的良好道德理由,只是这些道德理由仅仅限制律师为了客户的利益,被允许或需要做的相关事情。律师以专业身份行为的道德标准不同于普通人的道德标准。

第三节 标准概念

说到法律职业伦理，大多数批评家的观点会依赖普通道德考量。然而，律师自己对道德允许什么的看法，非常不同于这种观点，他们应当只是像普通道德反思的人们那样去做。这个适用中的伦理理论，已被称为法律伦理"标准概念"或者"主流观点"（这里我将使用前面的术语），以强调其作为默认立场的地位。[39]标准概念的元素总体被理解为：

1. 党派性原则。律师必须对客户的合法利益付诸排他性专注。如果这样做将是客户的利益，并且如果法律允许违反所谈的第三方或公共利益，那么律师被允许不顾受影响的第三方利益和公共利益。尽管律师可能会建议客户，不顾他人的利益在道德上是错误的，如果客户坚持采取这项行动（再次说明，如果它是法律允许的），并且能够在不损害客户利益的情况下退出，那么律师有义务去做或者退出客户代理。

2. 中立原则。如果客户指示他去这样做，律师也不可能让自己的道德信念，阻碍他去做自己认为是错误的事情。普通道德价值被律师自己或他人排除在律师的实践推理和对律师行为有追溯力的评估之外。公民不应仅仅因为律师发现那个人的目标是不公正的，而被剥夺法律制度所保护的权利。律师可能——事实上在很多情况下必须——拒绝追求非法的目标，但可能在内在法律考量的基础上作出这个判断，而不是超越道德理由。

3. 非问责原则。第三个原则不是一个真正由律师遵守的规则，而是第三方观察者应当尊重的推理规则。非问责原则意味着，只要律师在法律范围内行为，他的行为可能不会在普通道德上被评估。[40]人们不应该仅仅因为律师代理低劣的客户，或者为了委托人的利益做肮脏的事情，而认为律师是低劣的。作为律师技艺问题，评估客户代理律师行为的观察者，应当被限于赞成或不赞成律师的行为。超出律师实务并诉诸不属于专业规范领域的标准是不允许的。

一个经常讨论的案例说明了标准概念在实践中的工作原理：一名律师在一个小镇上从其客户那里得知隐藏两名青少年尸体的位置，这两名青少年消失在露营旅行中，后来发现是被律师的客户谋杀。[41]整个社区生活在进一步袭击的恐怖之中，失踪孩子的父母痛苦不堪，但是律师仍然保守尸体位置和其客户参与的秘密。从职业角色义务的观点，这是一个简单的案例。律师必须保密其在代理客户的过程中所得知的任何事情，即使披露机密信息会减轻极大的痛苦。[42]另一方面，作为一项普通道德，一个正派的人确实会因为保守一个危险的杀人犯的秘密，造成了那么多伤害而感到不安。隐藏尸体案件中的律师同样承认，说到死者的父母："我导致了他们的痛苦，我延长了他们的痛苦……在他们的心目中我没什么可辩解的理由。你不能向我提供它的正当理由。"[43]藏尸案中的律师遵守标准概念规定的字面意思，尽管相信自己是"一个败类"[44]，但还有效地代表他的客户。他们收到社区其他成员大量的道德批评，实际上他们因为该案件的工作遭到社会和职业的排斥。然而，他们相信在其行为和毫无根据的抨击中，他们是正当的——因此，其他人错误地未能尊重非问责原则。

正如藏尸案的描述所表明的，标准概念不是象牙塔机构，而是代表一些（如果不是大多数）执业律师关于法律与道德关系的信念。在由几名著名法律社会学家组织实施的大型律师事务所对伦理的一个实证研究中，律师显示出非凡的技巧，把几乎所有潜在的道德问题转换成为策略和审慎问题。[45]问及一个涉及由客户制造的缺陷产品的假想案件，它可能会失败并导致损伤（如前面给出的例子），一个律师关于案件提出一个道德问题的建议，碰到了由另一个律师提出的角色义务的狭隘定义："如果客户想要道德建议，他可以去找他的牧师。这不是他为什么找你的原因。"[46]这与党派性原则是一致的——律师必须关注促进客户的利益，其中可能包括克制不道德的策略，这些不道德的策略可能会适得其反，并在之后的诉讼中给客户造成麻烦[47]，但考虑他们自己权利中的道德问题，这些策略不是必需的，或者甚至不是被允许的。

值得注意的是，律师对党派性原则说法的核心观点是，相对于客户的合法权利或律师的道德判断，在决定律师为了客户的利益应当采取什么行动时，客户利益是至高无上的。[48]作为一个普遍的意义体现在实践中的中立原则，不是道德领域内的实践而是人格化的实践——一个可以控制在界限内的有规则的游戏。[49]最后，依据非问责原则，只要律师遵守游戏规则，他们实践的道德影响就可以有把握被忽略掉。[50]

正如它通常被理解的，标准概念把客户的利益提升到首要地位。在此辩护的立场强调，客户的合法权利而不是客户的利益，应该对律师是至高无上的。律师管理法的一个基本原则是，律师作为其客户的代理人有义务"像协商之后由客户所定义的，以合理计算的方式推进客户的合法目标"[51]。然而，律师在实践中倾向于旨在全程推进其客户的目标，而不只是追求客户的合法目标（即他们的权利）。这就是律师在其道德理论中出错的地方，但是标准概念的批评也犯错误。就中立原则而论，作为律师实践推理的基础，批评者过于重视普通道德考量，将损害与法治相关的政治价值。本书中的法律伦理理论在普通道德方面是合理的，但将依赖独立的政治评价考量。为了从那些通常被提供的道德标准中区分正当理由，本章的剩余部分将考虑，已经为标准概念提供的在普通道德上的辩护，以及相应的基于普通道德的批判。在这一讨论的背景下，为了本书的其余部分，我们可以考虑律师独立的职业伦理的论点。

第四节 标准概念的传统理由和道德批评

一、客户的自治

史蒂芬·佩珀（Stephen Pepper）的"一流公民"模式是最清楚、最好的事例，这已经取得了个人自治基础上角色分化的道德基础。[52] 他的论点被牢固地限定在自由主义传统，因为它强调自由的价值和公民不受限制的选择。具体地说，它依赖自治的道德价值的重要性。虽然在人的一生中存在实现自治理想的许多条件[53]，佩珀着重消除自治权行使的某个异常障碍，即国家强制。自由法律体系的结构应当允许尽可能多的个人自由，以定义和遵行个人自己所谓的善的概念，仅受对确保他人自由的类似措施所必要的自由的限制。法律从两个方面影响个人自治——第一，是通过提供公民可以用来建构他们的事务，以及与他人合作的工具（比如为制定可执行的合同、遗嘱等设置条件的规则）；第二，是通过明确界定他人的权利，以便公民可以围绕国家惩罚的可能性计划自己的行为。[54]

依照佩珀的观点，如果建立法律和法律机构以使自治最大化，那么它将是一件好事，因为"增加个人自治在道德上是好的"[55]。如果法律因为增加自治而在道德上是有价值的，那么在代表客户寻求行使法律赋予他们的权利时，律师分享这种积极的道德价值。如果法律向某人提供一种权利，那么，除了被认为脱离了法律的某人的道德，某人拥有法律权利的事实是一件好事。因此，当他们代表希望去做某事的客户时，律师可以要求在道德方面有益于某人，在此，他们拥有这么做的合法权利。把同一观点放在消极方面，如果一个公民拥有做某事的合法权利，并且做或不做某事的自由在本质上是有价值的，那么拒绝帮助其客户争取做某事权利的律师违背道德价值，其结果是，对于律师为了客户的利益所做的任何行为，如果它能够被以某种方式描述为"提高自治"，那么它在道德上是允许的。因为佩珀把提供接近法律的机会理解为固有的加强自主性，他的理论具有创建一个范围相当广泛的一般道德许可的效果。

如果从普通道德方面理解，佩珀观点的问题可以通过在前面的重构中插入通用的"某人"的特定行为来说明。考虑到前面所讨论的假想案例，个人（或者像公司这样拟制的法人）按理说拥有请求程序性辩护的合法权利，比如时效法，避免偿付他们自愿签约的债务；利用发现程序玩游戏（只要他们避免违反民事程序的特定规则）来拖延诉讼解决，甚至试图使得诉讼过程不愉快来达到原告提前和解；以及保守在代表客户的过程中得知的秘密信息。

佩珀希望证明，因为它们代表公民自治权的行使，这些法律允许（或需要）行为的实例获得道德价值，但是此举将把行为的道德与自主选择的道德合并起来。[56] 佩珀写道"多样性和自主性优先于'对'和'好'的行为。"[57] 但是很难看到，如果我拒绝偿还借款在道德上是糟糕的事情，而法律制度允许我拒绝偿还债务，那么我行为的道德评价将如何改变。我现在有权利去选择偿还债务与否，而不用面对法律制裁，但是在拒绝偿还债务问题上，逃避法律制裁的能力不被赋予道德价值，除非在某种意义上，法律允许的任何事情在道德上是正确的。[58] 关于保持信息的机密性，一种类似的观点可能是，如果公开可以防止严重的伤害，否则，在某种程度上，民事诉讼中的积极抗辩责任导致了原告的屈辱。情况并非如此，对于判断某事在道德上是正确的或者甚至是允许的，自主选择是一个充分条件。自主行为"只有在追求善的过程中运用才是有价值的"[59] 从代理人道德评价的观点，自主选择根据独立存在的价值被评价为好的或者坏的。[60]

这是一个强有力的批评，只要某人相信法律伦理本质上是道德哲学的一个分支——即，律师的代表身份中预示其行为的价值是普通道德价值。在这种情况下，大卫·鲁班将是正确的，他认为不可能将普通道德理由仅仅寄托于自治：

> 有些法律上的权利不是道德上的权利，因此在任何这样的争论中，我们必须问道德理由的兔子如何设法走出这顶帽子。我相信，答案是我们所期望的：除非兔子开始已经被放进帽子，否则他们不会走出帽子……我认为，佩珀假设道德已经存于法律中，任何合法的事情在一个重要的意义上是合乎道德的。然而，这不可能是……[61]

如果佩珀依赖自治的目的是，把一只普通道德理由的兔子从帽子里拿出来，那么鲁班的异议很容易被接受。因为我认为这是佩珀试图去做的[62]，所以鲁班的批评真是犀利。

再次系统阐明像佩珀这样的论点是可能的，因此兔子不是普通道德理由，而是在价值上的某种特殊正当理由,这是运行良好的法律制度的特性,而不是普通道德的特性。这将是法律伦理的一个独立的政治概念,而不是从道德概念派生的一个概念。[63]当佩珀谈到干扰客户行使自治权的负面价值,他暗示这种理由。在他看来,相对于法律提供的自治水平,以代表身份行为的律师不得做任何事情去减少其客户的自主权,因为这么做将会基于律师独特的价值判断,剥夺法律对客户所授权的东西。就像在时效法案件中,即使律师认为干涉客户行使这个合法权利在道德上是正当的,但这是正确的。佩珀担心的是,这种由律师恪守的道德控制用"一个律师寡头"[64]取代了法治,律师寡头可能不同意前面关于客户行为对错的政治判断。因此,对于律师,可能有在政治伦理中不干涉客户自治的义务。因为这个义务来自法律体系中律师的角色,即使客户根本的合法权利缺乏道德价值,它也是适用的。

撇开客户希望寻求任何给定计划的观察,可能会找到一名对此不予干涉的律师,如果律师基于道德考虑阻挡其客户接近法律,那么这将也许不是一件坏事。鲁班认为,律师只是作为对人们寻求法律允许的计划的另一个"非正式过滤器",这将没有任何错误。[65]与依赖正式的法律制裁相比,社会秩序在更大程度上依赖比如朋友和邻居的反对这样的非正式压力。我们大多数人克制不做肮脏事情的原因是,我们担心别人怎么想。鲁班说,律师拒绝帮助客户执行法律上允许而道德上错误的计划,这与"通过私人的不合作来实现社会控制的其他实例"没什么不同。[66]这就是"斯特拉忒的特权"("Lysistratian prerogative"),由阿里斯托芬(Aristophanes)为戏剧命名,剧中雅典士兵的妻子密谋结束伯罗奔尼撒战争(the Peloponnesian War),通过拒绝与她们的丈夫做爱,直到他们同意讲和。在剧中,和平的公共利益不是由一个政治决定,而是由士兵妻子私人的不合作行为促成的。如果律师利用同样有利的位置,去劝阻其委托人犯下道德错误,他们将被允许去尝试,并且如果被允许去尝试,他们会因为没有在适当的情况下尝试而受到道德批评。

然而,社会关系与政治制度中的权力分配两者之间有一个明显的差异,那就是,政治关系更具有党派性。虽然这听起来像一个平庸的观点,很难精确地确定什么是个人和政治团体之间标准差异的核心。有人可能会强调职业关系的非随意性。如果一个朋友拒绝在一个邪恶的计划中帮助另一个人,拒绝可能是根据其他朋友共享的理由,但是在任何情况下朋友可以自由地分道扬镳,并找到其他更惬意的合作伙伴。相比之下,在政治关系中,如果一方根据不被这些决策主题共享的理由,作出尊重另一方公共政治权利的决策,一方会不公平地胁迫另一方,这里没有可行的退出选项。律师—客户的关系是依法自愿的,在这个意义上说，除了在法庭指定辩护律师这样相对罕见的案件中，各方都不是从字面上阻碍对方，但是作为一个实际问题，对于拥有拒不服从的律师的客户来说，找到替代的辩护律师将是困难的和昂贵的。[67] 不过，这是最显著的区别，因为放弃存在已久的社会关系（更不必说家庭关系）的成本，注定要大于找到一个新律师的成本。的确，这些成本没有附着于他们的市场价格，但它确实对某人来说是更加昂贵的，让他抛弃一个给了不方便的道德建议的老朋友，在某种意义上说是一个重大的不良事件。因此，与其专注于进入或退出关系的自愿或非自愿性质，询问为什么可能会是更好的，在某种关系中，我们宁愿各方根据有限的理由相互建议。当我们这样做的时候，我们可以在鲜明的政治路线上重建佩珀以自治为基础的标准概念的辩护。

来自客户资质的政治争论，依赖比如自由、平等和法治这样独特的政治价值，而不是自治的普通道德价值。这一论点的叙述隐含在佩珀一流公民的理想之中。[68] 然而，不是依赖自治的普通道德观念，来自客户自治论点的政治重建强调价值，除了根据公开、公平适用的规则，没有让人的行动自由以整个社会的名义受到限制。[69] 通过想象斯特拉忒的版本可以看出，雅典的统治者下令，妇女与反对伯罗奔尼撒战争的男人睡觉将是违法的。这种"不合作"与阿里斯托芬戏剧中的性罢工将是不同的种类，不仅是因为其强制性，而且因为政治统治者以所有公民集体的名义作出的指示，必须根据社会所有成员可以共享的理由作出。在一个多元化的民主中，这些共享的理由是程序——公民同意通过把争议的解决委托给某种程序，解决他们的实质性分歧（例如，是否发动与斯巴达的战争），这种程序至少用最低限度的尊重看待所有市民的观点。在像朋友这样的私人关系中没有正式程序正义的类似要求，不仅因为这些关系是自愿加入的，而且因为朋友或家庭成员可能共享一套较厚的实质价值，因此不太可能需要依靠诉讼机制达成协议。[70]

在公共领域，法治要求"除了依照明确规定在公共规则手册中适用于所有人的规则，国家权力不应只对公民个人行使"[71] 反过来，法治的价值被认为是适用于公民法律权利的独立道德价值。[72] 这种独立性的理由是理解为什么自治的道德价值——或者任何普通道德价值——不能成为律师职责基础的关键。合法性是重要的，因为它能使人在一个相对和平稳定的社会中一起生活，尽管在道德理想、价值观和对美好生活的概念方面存在深刻而持续的分歧。[73] 这个分歧并不一定植根于自私或无知，更不用说认为道德是一种口味或偏好的观点，但是在一个真正多元化的价值理念和生命形式中，人们可能会合理地拥护。根据这个道德多元化，希望共存与合作的人们有理由创建和尊重一个系统，通过这个系统，一般行为规则可以被采用和实施，不用考虑受规则影响的所有人是否都能同意他们对符合正义的需要。

此外，法律保护个人的自由选择，达到与他人利益兼容的程度，根据可能不与他人共享的理想去生活。如果客户的行为是根据自己的正义概念，而不是根据包含在法律中的地位，法律官员（包括代表客户并对其权益提出建议的律师）将干涉这个目标。如果一个律师的建议是客户不应该做某某事，因为律师认为（甚至可能是正确的）他在道德上是错误的，律师将有效地利用一个有争议的道德观点，取代系统解决道德争议，这个有争议的道德观点的存在首先使得用法律解决争议成为必要。除了作为一种对竞争观点的傲慢或不尊重，根据法律所创建的合作框架的社会价值，律师的建议是一个政治错误。律师表现出好像她自己关于其他人应该做什么的信念，有权通过充分公正的程序获得比社会看待此事更多的尊重。

律师不是适用于各种用途的政治行为者。最明显的是，他们不支付公共资金，也不服从适用于政府雇员的公务员制度和其他保护措施。此外，律师被允许根据支付能力分配服务，并背弃潜在的客户，如果是作为由真正的政府代理人给出的理由，这将是不允许的。这样做不会干涉潜在客户的权利，除了在罕见的"镇上最后的律师"情况下，没有其他律师可用作客户的代理人。"政治的"术语要点是，只是强调律师的道德义务与以整个社会的名义制定的权利义务体系之间的联系。当律师根据非公共理性行为时，即使效果并不是去胁迫一个潜在的客户放弃权益，律师还是缺少一个可以在适当的条件下给出的正当理由。

二、偏袒客户与尊严的价值

标准概念的一个显著方面是，它缺乏把法律体系的目的作为一个整体的关注。不是关心公平或公共利益，律师只关心其客户的利益，社会利益作为一个整体被诅咒。将刑事辩护律师的观点说得直白一点，艾伦·德肖维茨（Alan Dershowitz）说："当辩护律师代表犯罪的客户——大多数人，大多数时间——他们的责任是努力通过所有公平和道德的手段，去阻止其客户的犯罪事实被暴露"[74]。这一原则偏爱在19世纪早期甚至被捍卫卡罗琳王后（Queen Caroline）反对事实上的通奸指控的英国出庭律师更有力地表达：

> 在这个世界上，辩护律师在履行自己职责的过程中仅知道一个人，而这个人就是其客户。尽一切手段和措施，对他人不惜任何风险和成本，其中对他自己来说救助这个客户是其第一的也是唯一的职责；在履行这个职

责的过程中，他一定不会考虑可能导致其他人的惊慌、痛苦和破坏。[75]

布鲁厄姆勋爵（Lord Brougham）的这篇演讲如此频繁地被引用，以至于大多数法律伦理的老师可能已经决心去记忆。然而，布鲁厄姆是在议会辩论的语境中，而不是在诉讼中发表声明的，而且这个演讲的本意是作为一个对国王乔治四世（King George Ⅳ）含蓄的政治威胁。鉴于案件的情况，布鲁厄姆的演讲很难被认为具有任何的普遍适用性，它肯定不能描述1820年英国律师业盛行的标准。[76]然而，它已经开始被理解为以一种生动的方式去概述党派性原则。

在律师管理法中，被理解为也是作为对客户忠诚的价值的党派性原则，经常得到禁止利益冲突、假公济私或其他违反受托人义务的法律的保护。正如1969年美国律师协会示范规则（ABA Model Code）所规定的，"律师的专业判断应该行使……仅仅为了［律师的］客户的利益，并摆脱损害影响和效忠者。无论是律师的个人利益、其他客户的利益还是第三人的愿望，都不应被允许去冲淡［这种］忠诚"[77]。现行的示范规则禁止在特定事项中不利于现任和前任客户利益的代理，调节与客户的业务事务，并禁止其他假公济私的实例，比如与客户的浪漫关系。[78]在道德上有别于律师法，忠诚的价值导致律师要求一个道德许可，把客户的利益凌驾于所有可能会令人信服地主张律师的照顾和关心的其他人的利益之上。[79]问题是这种优先权是否合理。

偏袒和忠诚的价值在普通道德领域并不是未知的。[80]能够建立关系和依恋是我们作为人的特性的本质，因而根本上非常可能具有关心、价值和道德理由。[81]因此，我们有权保留一些领域，特别关注那些与我们有特别密切关系的人。我们必须把它们看作是独一无二的，而不能看作一些像实用或人格这样的公平价值的实例化。实际上，如果一个人出于一些公平的道德原则，喜欢证明拯救一个所爱的人而不是一个陌生人的决定是合理的，那么，当唯一的一个人能够得救，我们将会批评行为参与者"想得太多"[82]。人不是抽象的但是很独特的，是不可代替的价值来源。一个人性化的道德体系将允许和明确要求人们，直接对深深依附于无法解释或简化为公平考量的其他人起作用。

查尔斯·弗里德（Charles Fried）已经使用了这样一个论点，试图证明律师排他地关注其客户的利益有理。律师经常受到批评，因为"对客户职业忠诚的理想允许甚至要求分配律师的……资源，并不总是以最大限度地有利于最大多数人的最大利益的方式"[83]。客户寻求法律建议，不是因为他们考虑到所有的事情，想要做什么道德上正确的事，而是因为他们想要"避免他们在正义中的义务",并"获得……好处……牺牲一些确定的对方当事人"[84]。在一个显然有点虚夸的自卫技巧中,弗里德围绕所有这些看似令人不悦的结果,把这种批判转化为律师的职业操守。律师帮助其客户在法律制裁中避免责任并且伤害第三方是真实的,但是如果道德上允许我们优先考虑与我们有密切个人关系的那些人的利益,那么这只是预期的。[85]弗里德把道德价值的来源定位于每个人欣赏他的独特意义,这不仅仅是融合整个人类的利益。[86]根据具体个人的不同价值,我们应该有权为其他人保留一个特别关注的领域,尽管其他人要求分享我们的时间、关心和资源。如果律师与客户关系这样被理解,作为一种"专用友谊",律师将会有一个忽视的道德许可,至少对其他人的利益给予更小的分量。[87]

批评者曾戏谑笑谈弗里德的友谊比喻。威廉·西蒙正确地指出,如果一方对亲密关系花的时间已经向另一方支付了金钱,我们就称之为卖身而不是友情。[88]毋庸置疑,真正友谊关系的显著特征是,朋友为了他人作为一个个体的人,看重他人的利益,而不是因为这个人属于通常有权关心的某个类。[89]来自人的独特性的整个争论的要点是,他们不能被降低到作为公平价值的载体或实例,但是律师看重客户仅仅是因为,他们有在律师专业领域内的法律问题,并能够支付账单。[90]弗里德也忽视了时间因素和构成友谊价值的共同历史。交织在一起的朋友身份的案件和陌生人的案件分歧太大了,朋友把彼此的利益当做自己的,因为在某种意义上他们确实分享这些利益;而陌生人则是因为相互的便利和收益同意一起工作的。最后,即使把友谊关系当成是理所当然的,朋友也不能享有仅仅因为他们是朋友而为彼此做肮脏事情的特权。[91]我们可能被允许为他人保留一些特殊的关心,但是这确实不能在损害他人的情况下,为了一个密切关系许可无限制的关心。此外,律师对其客户做一些"朋友不应该损害其他朋友"的事情,比如当他们用完钱的时候停止对他们的帮助。简言之,友谊的比喻只为弗里德效力,因为他已经提前大讲了友谊的定义,因此事实结果是朋友看起来非常喜欢律师。[92]批评者因此提出一个不同的比喻——律师作为官僚主义者,他把客户和第三方看做非人类(或者有人可能会说,只是看作承认受法律保护的利益的理由)。[93]

我认为对弗里德论点的一个更好的理解揭示,他的友谊比喻确实离题了。他关于律师是专用朋友的让步,显示律师作为朋友的想象注定是引起争论的,但是不应从字面上理解(毕竟,其目的是作为一个比喻)。"这是因为法律必须尊重个人的权利,法律还必须创建和支持法律的朋友的特定角色。"[94]换句话说,我们先前遇到的同一类型的自由主义政治考量,在自主性的讨论中,告知作为专用朋友的律师角色。律师和客户不需要成为真正的朋友——而事实上从根本上是旨在维护或者分享一个类的所有成员（比如公民或潜在客户）利益的一种关系，不可能是在传统的亚里士多德意义上的友谊。[95]在某些情况下，重要的事情是客户享有一种朋友可以彼此保护的资格，与更广泛集体的要求相对照，这是个人利益已经受到重视。[96]弗里德论点的反功利推力比友谊比喻更重要：

> 律师与客户的关系一经签订，将不允许效率或公平分配考量对其动摇……为了实现客户对社会的权利，这种关系必须存在，以保护社会规则必须允许个人的一定自治权。[97]

律师不应仅仅被视为一种稀缺资源，被以任何最大限度地提高整个社会福利的方式分配，而应被视为个人权利的保护者。反过来，权利可能直接归因于自治的价值，或者也可以归因于比如人格这样的一种不同的价值。

有趣的是，大卫·鲁班尖锐地批评了标准概念基于自治价值的辩护，至少在刑事辩护的语境，并基于尊严的价值，他赞成一个温和的说法。[98]他主张，合并自治和尊严是错误的，因为作为一个形而上学的问题，自治是个体人的特性[99]，而尊严是人与人之间关系的特性。虽然在日常使用中尊严也许指代有些人拥有的一种品质，但作为一种道德价值，它指的是人们应被对待的一种方式。对待某人以尊严，意味着承认其主体性。[100]人不应被理解为公正价值的载体或实例，而应被理解为他们自己权利的价值来源。因为我们把自己视为固有价值，并将反对仅仅被用作一种实现一些公正合理结果的手段，我们承认别人也同样有价值。[101]因此鲁班坚决主张，尊严根植于人的主体性，它需要"尊重某人的存在，而不只是他们的意愿"[102]，因此它构成了道德价值的一个来源。

依靠尊严作为人与人之间关系的特性，提出一种在本书中将继续深入的可能性——即，法律伦理应当被理解为社区道德的一部分。鲁班探讨的问题实际上不是一个人如何以尊严对待另一个人，因为这可能不包括绝对的保密职责和具有高度侵略性的对抗性宣传，而是国家应当如何以尊严对待其公民。在刑事辩护的语境中，这意味着应当给予被告机会，让他们以自己的方式讲述他们自己的经历，并且律师不应当拒绝客户以一种特殊的方式进行辩护的要求，不应该对待人们"就像他们自己个人的主观叙述和诺言是微不足道的"[103]。尊严的价值还提供一个反对自证其罪的合理特权，自证其罪通过迫使他们参与惩罚自己的过程来羞辱人。[104]我认为鲁班考虑尊严的思路是对的，但我将在更大程度上维护这种尊严,因为它关系到法律伦理,是作为社会公民在社区中的一个个体的属性,而不是作为没有公民义务的朴素道德代理人的一种个体属性。

关注尊严作为在社区共同生活的道德的一个方面,表明尊严和自治如何是不同的价值,以及鲁班法律伦理的方法如何与佩珀的不同。佩珀和鲁班都振振有词地声称,根本不可援引角色分化的道德观念,因为二者都仅是告诉律师按照一个普通道德价值行为,要么自治,要么尊严。但这正是佩珀陷入困难的境地,因为一些行动已经自主选择这一事实,并不赋予它道德价值。一个人自由的、非强迫性的和真正自主的决定是否去做愚蠢或有害的事情,仍还会做愚蠢或有害的事情;我们不会仅因为他们是非强迫的而赞扬这个人的行为。而且,自主性概念不提供指导,以解决自治相互竞争的主张之间的冲突。许多政治冲突涉及不相容的能够做某事的权利主张。言论自由与免于骚扰和可恶信息相冲突;为了保护其他乘客安全出行的权利,某人的自由在机场安检受到限制;知识产权干涉索赔的权利,以共享数字音乐和视频文件,获得廉价的药物,等等。因此,直接奉行自治价值的律师仍然需要一个干涉他人权利的正当理由。因为鲁班把尊严的价值置于人与人之间的关系,而非作为人类自己的特性,他从这一基本价值推导出的律师义务,更适合律师的客户所遇到的问题,他们的法律问题产生于客户与他人的互动关系。

然而,把对尊严的依赖当做法律伦理的基本价值仍然存在一些问题。第一,尊严是实际的人的一种属性,而非诸如公司和政府机构这样的实体的属性。不清楚有尊严地对待银行或环境保护署将意味着什么。(由此,因为法律为自然人提供许多途径通过实体来行动,这可能意味着组织享受不到律师作为自然人同样的品性,但是这似乎很奇怪,可能是因为这允许自然人更有效地追求自己的目标。[105])第二,虽然尊严的价值作为对抗制诉讼中(尤其是刑事诉讼)几个现有做法的解释和正当理由运转良好,但是在非诉讼代理的描述中并没有那么有用。重视客户的主观性作为审判辩护的一项原则那当然好,其中事实上一个公正的审讯员不得不决定,这几个相互冲突的叙述中哪一个能反映事情的真相。然而,当律师劝告客户遵守法律,客户的主观性与法律创建的义务相比,就显得微不足道了。客户可能相信在真挚的主观诚信方面法律是错误的,但是律师的工作仍然是使客户遵从法律的要求。最后,正如自治与自治的冲突困扰着佩珀的法律伦理理论一样,鲁班必须处理尊严不相容的主张之间可能的冲突。尊重某人客户的尊严可能意味着干涉别人的尊严。考虑到产品责任的假设,重视被告的叙述可能需要询问原告羞辱性问题。为了解决尊严与尊严的冲突,将需要部署一些其他价值以打破僵局。这个价值不可能是对某人客户的偏袒，因为正如我们所见，根据一些其他的价值偏袒必须是合理的。依靠尊严作为基本的价值将创建一个恶性循环。

一个更有前途的方法是，把法律伦理建立在对法律忠诚的价值基础上。人的尊严的观念在这一法律伦理概念中起到一定作用，但是尊严间接地受到保护。这种观念是一个政治共同体可以被称作个人尊严受到应有尊重的地方——即，被作为充分和平等的公民对待——如果有一个还算公正的法律体系，建立了法律权利与义务的框架，公民可以用作调整他们相互之间互动的基础。鲁班不反对这个在政治制度语境中思考尊严的通用方式。在一篇有关朗·富勒（Lon Fuller）法理学的重要论文中，在富勒的著名定义中，鲁班注意到一些有趣的东西，法律是"人的行为服从法律治理的事业"，即富勒依据行动而不是法律命题的真理条件，确定法律的定义。[106]这个活动是包括法官和律师在内的不同官员和准官员的工作。此外，它是一种有目的的活动，并随之带来卓越的标准，以及成功和失败的准则。[107]法律的目的是什么（即，使人的行为服从法律的治理）？鲁班采用富勒的回答是，以这种方式进行一个道德决定，该决定反映了在人们支配自己活动的限度内，以尊严对待公民。[108]因此，还有对立法者和法律解释者行为的道德约束。"虽然制度特别是法律制度完全是由人创制的，但有自己的道德属性……只是间接地与一般道德相联系。"[109]

制度具有道德属性这一观念，只是间接地连结一般道德，是区分基于角色的义务和普通道德的基础。对一个像尊严或平等（以及被这个价值支持的职业角色）这样的政治价值的理解，从对"在这种人中建立一个社区意味着什么"这个问题的反思中显露出来。一个由其本身支配的社区和机构，必须考虑其所有成员的内在价值和他们的思考能力，也需要建立对稀缺资源相互冲突的主张进行评估的理由。与暴政或甚至仁慈的管理方针相比，一个合法性的政权表明对公民作为自治成员的尊重，以及他们自我管理能力的信任。[110]当一个人栖居于一个社区时，能明辨是非地思考一个人与他人的道德关系，是一种独特的处事方法。在一个社区内，以尊严对待某人意味着高度重视已经建立的政治机构，它用来调整个人之间道德关系的不同概念。它不导致那种无限制的党派性之争，以早些时候来自布鲁厄姆爵勋的引用作为例证，但会导致用尊重其法律权利来代替客户勤奋、有效的代理。[111]这种对公民尊严的间接保护，接近强调对法律忠诚的法律伦理概念的基础。

第五节　西蒙对标准概念的法学家批判

威廉·西蒙（William Simon）对标准概念（也就是他所说的主流观点）的批评，似乎出于这里所依赖的相同前提——即法律伦理应该被理解为，根本上是由政治考量而非普通道德价值的基本结构所构成的。就客户自治和对客户忠诚和偏袒的道德价值而言，他不同意早些时候在此考虑的标准概念的两种辩护。西蒙要求律师根据正义证明自己，而不是要求律师根据像自治、尊严和忠诚这样的道德考量，证明自己的行为。他要让律师遵从的规范原则是："律师应该采取行动，考虑特例的相关情况，似乎可能促进司法公正。"[112]他正确地看到，律师的权利和义务都是客户合法权益的派生物。这略微不同于佩珀关于法律体系的基本目标是保护公民的自由或自治的观点。[113]与合法权利相比，把律师职责与客户自治连结起来的麻烦是，客户采取一些行动的自治主张，可能会与他人采取不相容的行动的自治主张相冲突。事实上，大部分普通法是围绕争执各方声明的相互冲突的权利主张构建的。公害案件提供了一个明显的例子——一方当事人主张经营水泥厂的权利，妨碍工厂的邻居免受来自工厂的灰尘、噪音和振动的权利[114]——但是侵权法一般涉及原告主张一些权利受到被告侵犯，而被告主张参与导致原告伤害行为的权利。由于不相容的权利主张之间的这种对立，西蒙认为法律没有像公民希望的那样保证公民的自治，只不过是兼容他人利益的"自治的一个公正措施"[115]。因此，是正义而非自治处于西蒙规范的主导地位。

不幸的是，正义证明是西蒙理论中一个很难的术语。一般来说，人们可以从各种各样的正义中区分。一个熟悉的区别是分配正义和纠正（或惩罚）正义，像罗尔斯这样的理论家已经再次突出分配（或社会）正义（即应该如何建构主要的社会和政治机构，以分配权利、资源和机会）问题。[116]为理解西蒙的法律伦理的方法，关键的概念是程序的、实体的和法律的正义。程序正义意味着最明显地遵守法律体系先前存在的规则，但是由于法律可以被评估为或多或少的程序公正，它也必须意味着具体程序优点之间权利平衡之类的东西，比如事实调查中的效率和准确性。[117]实体正义是指法律程序的结果与道德要求之间的一致性。[118]另一方面，法律正义指的是相关法律所支持的一个结果。事实上，法律正义意味着潜在的法律规范是有效制定的法律，并且那些规范的正确解释支持一方当事人依法享有什么的一个结论。在此，必须小心一点，因为法律规定了程序性权利和实体性权利。某人拥有实体性权利去享有免受他人干扰地使用财产，也拥有程序性权利去质疑，由一个公平的程序决定的那个权利的适用性。

这些区别意味着正义概念之间可能存在冲突。许多程序性权利具有干扰实体道德价值（比如美德或真理）的效果。考虑到以前讨论过的时效法的例子。在应得赏罚的道德价值方面，正义支持债权人；然而，根据在判决中的终局性和准确性程序价值，正义支持可能主张时效法的债务人。因此，在时效法案件中，允许债务人逃避还款的结果，可能被视为在程序上和法律上是公正的，但在实体上是不公正的。法律伦理理论家想要避免这一结果，这是可以理解的。如果律师遵循标准概念，道德要求和某人职业角色的义务之间，似乎存在一个差距。法律正义（它可能没有那么令人困惑地被称为法律效力）和道德之间的一个连接仍然必须建立。这很好理解，这是一个标准概念的问题，但具有讽刺意味的是，它原来也是西蒙的问题，除非他的理论中心是正义观念而不是法律效力。

西蒙的法律伦理理论旨在"减少律师参与非正义"[119]。当然，问题是西蒙想把律师从什么类型的非正义中脱离出来。西蒙在有些地方把正义与"法律价值"[120]或者法律效力相提并论。如果把法律伦理理解为根本上避免法律不公的问题，那么很难看出他的立场如何不同于标准概念明智的、适度的说法。[121]当然，提醒律师适当地理解标准概念，不允许操纵和滥用法律，这是有用的。[122]但西蒙觉得自己做点什么比鼓励律师尊重法律更激进。他的计划是围绕一个独特的法理学立场调整法律伦理，推翻一种形式主义的、呆板的推理风格，并代之以不明确的、灵活的"语境"方法。[123]

因此，对西蒙整个作品的一个更好的阅读，是在他谈论正义时，他的意思是指实体正义，撇开一方当事人立场的法律价值。[124]他列举的律师参与非正义的例子，经常是比如不泄露机密信息这样的案例，其中客户立场的法律价值将是实体的非正义。[125]这就提出了一个问题：当客户的立场是实体正义的，律师该如何决定？答案是事关重大的，使人想起面对罗纳德·德沃金（Ronald Dworkin）理想的法官赫拉克勒斯（Hercules）在判决案件时的任务。一个西蒙式的律师应该考虑法律资源的分配，以及其天赋能否被更值得帮助的客户更好地使用[126]；法律权利的实体意义，而不仅是其形式合理性[127]；相比非客户的利益，客户的合法权利是否是重要的或"基本的"[128]；法律体系内协调机构的能力，他们决策程序的可靠性[129]，以及他们将决定追踪客户立场的实体正义的可能性。[130]从事这个前后关联的、不确定的决策过程的律师，将因此更直接地将目标定义在正义的实现上，而不能简单地把达至正义的责任，压给对抗性裁

第一章 标准概念：支持和反对

判的公正程序或者整个法律体系上。

如果律师号召直接以正义为目标，并且如果这个目的被理解为实体正义，那么似乎是西蒙号召律师直接奉行普通道德价值，而很少考虑客户的法律权利。经仔细检查，实际上证明西蒙是一名标准概念的道德批评者，尽管他声称抵制"把法律伦理的紧张关系归因于合法性要求与那些非法的、个人的或普通的道德之间冲突的共同趋势"[131]。道德批评经由所有的酌情裁断出现，律师被号召去评估客户项目的相对价值，与其他评价性考量相关的程序价值（制度能力等）的重要性，权利是否是"根本的"或者其目的是"有问题的"，等等。为了确保所有这些考虑被认为是"法律"价值而不是道德价值，对理论法学部分的大量篡改是必需的。然而，在紧要关头很明显是道德性而非合法性处于主导位置。西蒙甚至号召律师考虑行使废弃权[132]。然而，追求实体正义的法律规范的废弃权，在某些地方可能被法律体系勉强容忍，每当它似乎与实体正义冲突时，合法性的核心价值不能准备摒弃成文法。西蒙呼吁合法性的论述，因为他的理论可以使律师和法律系学生在心理上更容易去做正确的事[133]，但是从根本上，他的理论无异于鲁班的或对标准概念的其他道德本位的反对意见。

为回应这一系列的批评，西蒙试图勇敢地否认他是在号召律师从事开放式的道德推理，而不是展示对法律的忠实。他企图通过主要依靠罗纳德·德沃金的法律理论打破这个循环。德沃金主张，法律价值和实质正义在任何情况下都是外延相等的，因为其有效性取决于政治道德的一致性原则，他认为，与哈特（Hart）步调一致[134]，没有提到道德标准制订一个内容独立的承认规则是不可能的，因为在疑难案件中，道德争议对创建法律的存在性和有效性是必要的。[135]然而，他否认，当法官作出一个关于社会政治道德的判决时，法官正从事从各方面考虑的道德推理。法官必须把他的判决建立在，被证明与过去的政治决策一致的原则基础上，由其他官员（法官和立法者）在证明那些判决的合理性的一般政治理论的范围内作出。[136]在这个意义上，德沃金主义的原则是有争议的，他们不能仅仅用一种简单的方法"直接理解"法律，而不争论根据规范性政治理论是合理的。[137]法官"必须决定哪一种解释可以从实体政治道德的立场显示最合适的法律记录"[138]。法官从未走出法律并创制新法律，这对德沃金来说是至关重要的，因为这样做将有追溯力地对当事人赋予新的权利。[139]因此，他坚持认为，法官从事关于过去的政治决策与社会的基本道德原则一致性的规范性争论，是从事现有法律的解释，而不是创制新的法律。

德沃金可能强调认为，判断其实是有关于解释的，而不是全盘考虑的道德推理，但是人们仍希望，对德沃金视为与判决密不可分的政治问题会存在很多争议。对于德沃金，法官的任务是要找到具有统治地位的案例和成文法的一个解释，这将是以最好地方式显示现有的社区法律。[140] 因为这里的"最好"意味着"根据道德理想，规范性最好"，我们希望法官在棘手的案件中，对以最好的方式显示社区法律的解释存在分歧。即使在一个简单的侵权案件中，法官可能对社区最好的法律是强调个人责任还是社区安全承诺存在分歧。德沃金认识到分歧的可能性，并坦率地承认，司法判决的部分正当理由可能是法官自己的道德承诺，这未必与其他法官或受影响的公民的道德承诺务相一致。法官的判决必须符合现有的先例，并且"其社区实际的政治历史，有时会检验他的其他政治信念"，但是一旦一个可能的解释通过一个恰当的门槛，法官必须运用"他自己的道德和政治信念"，表达什么是社区法律。[141] 即使法官是在做所有关于"这个社区的这个法律"的推理，他们根据一个规范的、有吸引力的政治理想为判决辩护的需要，开启了法律的内容应当是什么的分歧之门。在这个判断的"异议者"概念中，法官被邀请适用他们自己的道德理想。[142] 因此，当西蒙诉诸德沃金的法理学否认律师正从事普通道德推理时，重要的是要记住，德沃金已经在法律解释的幌子下，对适用普通道德考量的门开得相当大。许多西蒙的案例显示，关于正义的道德理想，而不是对现有法律的忠诚，在法律伦理中应当是首要的。[143]

本书的剩余部分将试图维持这样的主张，律师有一个很好的理由关心法律正义，而不是实体正义。因此，法律伦理不像它通常被想象的那样，是关于"伦理"的。相反，它是合法性政治价值的一个方面。下一章将考虑法律伦理看起来像什么，如果律师理解自己有义务按照其客户的法律权利行动，而不是按照其客户的利益或他自己关于实体正义需要什么的观点。

第二章 从党派性到法律权利：
把法律还给律师

第一节 律师作为代理人

对律师来说，法律伦理的标准概念由两条行为原则组成：党派性和中立性。党派性通常以一句"律师应当采取行动维护客户的利益"的格言来理解。因为法律职业伦理概念的基本特性始于对法律的忠诚，所以这一章节的首要任务是，确立客户的法律权利，而不是客户的利益，也不是抽象的法律规范（比如正义）的普遍道德考量，这应当是律师在以代理人的身份行为时关心的对象。在代表客户时，律师必须遵守法律所创建的权利和职责安排，而不能因为他们或者其客户认为法律是不公正的、低效的、愚蠢的或惹麻烦的，而企图绕开法律。这种尊重的义务意味着，律师必须把法律看成是行为的理由，而不仅仅是一种所考虑的、所计划的或者在某种程度上是无效的一种可能消极面。这种义务适用于获得一种结果，这种结果不为貌似合理的法律权利所支持，即使它充分代表客户的利益。

标准概念的批评者常常指责基于角色的独立规范体系，说它们缩小了一个专业人士在权衡如何行为时可能考虑的理由范围。[1]而中立原则确实有这种效果（理由将在下一个章节考虑），我的主张是，党派性的理想正确地被理解，代表着在合法性价值的政治道德范围内的一个承诺。合法性可能一般被认为比道德范围要窄，但是正如我将要讨论的，它也代表一种公民在一起生活，并作为平等的人相互尊重对方的独特方式。这样看来，律师不是生活在一个"简化的道德世界"[2]，他们实际上栖息于一个需要忠诚于法律的道德义务的世界。因此，标准概念应当被修正，以便党派性原则被理解为要求代表客户的律师，保护其客户的法律权利，而不是仅仅寻求促进他们的利益。谈论诸如忠诚和党派性这样的义务是无可厚非的，只要它能被这样理解，律师承诺的目的不是获得客户想要的东西，而是法律允许客户拥有的东西。在基于对法律忠诚的标准概念的这个修正中，律师仍然具有对客户忠诚和党派性的义务，但它又是由客户的法律权利所构成。[3]因此，法律伦理对于不道德行为首先并不是一个借口，对于扮演职业角色的人士来说，是义不容辞的更高责任。

代表客户的律师在行为上，通过在提起诉讼的争端和谈判中维护他们的利益，来保护客户的法律权利。告诉客户法律所许可的范围，参照法律来安排客户的事务。就像这里将使用的法律权利这个术语，它是一种由法律创制的实体性权利或程序性权利，法律确立了申诉权（意味着他人的责任），不受干扰地做事情的特权，以及改变他人法律情形的权力（例如通过履行合同义务）。[4]相似的实体性法律权利的例子，包括由成文法和普通法规定的权利所保护的私人利益，免遭窃听的权利，个人隐私免遭公开曝光的权利，免遭执法人员非法搜查的权利，诸如此类；还有保护不动产权利免遭侵入和侵占，以及财产免遭国家未支付赔偿金而扣押；禁止有价值的想法被他人盗用的知识产权；以及试图通过为那些因为他人的过失而受到伤害的人提供补救措施，来阻止意外伤害的普通侵权法权利。权利可能由法院、立法机关、行政机构或者公民自己设立，利用法律工具（比如遗嘱、信托、合同、合伙企业和公司）来捍卫私人秩序。

实体性权利具有限定公民之间竞争利益范围的效果。举一个简单的例子，假如一个土地所有人想在其邻居的住宅房屋开发区旁边经营一个牛群饲养场，这些活动在相互之间是不相兼容的。[5]邻居们将产生矛盾冲突，这对于财产所有人来说是肯定存在的。财产经常根据"一束筷子"的比喻来解释，每根筷子作为某人的一种权利——排除了其他使用人，或者转让土地给其他人，或者是充分利用一个人的土地。麻烦的事情是，这些权利主张会发生冲突，因而需要一些解决方案来避免僵局。双方当事人可以讨价还价以达到可接受的解决办法，但是在没有达成商定决议的情况下，这些冲突的利益要求可以通过非法妨害他人的申诉（例如，坚持认为饲养场是一个妨害他人的场所，这样创立了一种权利来支持住宅区的开发者）或者立法（例如，指定在这一地区的土地可以用于农业目的，这创立了一种权利支持饲养场所有人）来解决。大部分法律可以用这种方法来理解，就是通过确立一种权利框架，来区分公民所宣称的潜在不协调利益可接受范围之间的边界。

除了实体性权利，法律也建立了程序性权利，以调控实体性权利得以调查和裁定的方式。例如，诉讼必须从辩护开始，并且正式使用特定的程序。这个过程确保在诉讼中被认定为被告的某个人能接到指控他的申诉通知，并且有机会来为他本人作辩护。这个证据规则也创建程序性权利，仅根据可靠证据，并且没有对诉讼人或第三方的权利进行不公正的干预，确保实体性权利和义务以有序的方式进行审理。例如，传闻规则防止引入通常被认为是不可靠证据，虽然反对引入一方当事人保险责任范围证据的规则，力图阻止陪审团出于对"财力雄厚的"保险公司的偏见。程序性规则也可以用来保护更实体性利益。比如，传闻规则反对承认一方所采取的后续补救行动的证据，为了避免创建修改产品的抑制作用，或出于恐惧（畏惧）更改安全程序，在审判时为了说明不法行为，将承认这些更改。

假如仅仅是通过"法律依据"来判断一个人是有罪的或者是无辜的，有责任或无责任的，或某些类似的事实和法律结论，那么法律权利不应该与一个案例的法律依据混在一起。法律权利可能会发生冲突，一名律师或法官的工作可能会作出权利之间的冲突如何得到解决的判断。这种解决方法通常是通过诉讼的长处来体现的。实体性权利和程序性权利冲突的可能性在刑事诉讼中经常见到，其中被告人的重要利益通过反对国家官员滥用诉讼权利得到保护。这些权利反过来得到补救措施的支持，这可能影响对被告有罪或无罪的确定。例如，对被告经营场所错误调查的补救，可能排除来自审判中不正当获得的证据。如果这种证据对于原告的案件是至关重要的，那么被告程序性权利的运用可以导致无罪的裁决。非律师有时候会公开反对像使被告对"漏洞"或"技术性细节"免于受罚这种结果，但是这种排除规则不是一种技术性细节——它是一种重要的补救性法律原则，它支持所有公民宪法上的权利，以摆脱过度的法律强制行为。因此它是一种在法律伦理理论意义上的权利。

构建律师管理法的一个基本原则是，律师的角色由客户的法律权利界定和限制。从另一个角度来说，律师是作为当事人或客户的代理人，因此他不会拥有比客户更大的权力。在法律上，代理人是被授权代表另一个人行为的人。由于律师和客户之间的代理关系，律师的决策权受到客户法律权利的安排和限制。正如美国法律的一个权威性摘要所说，律师有法律义务去"用一种合理的适当方式来工作，以推动客户经磋商后制定的合法目标"[6]。这种职责可能需要律师在诉讼中表明客户的法律地位，对客户建议什么是法律所要求的和许可的，或构造一个处理办法，来免受法律的惩罚或充分利用合法利益。但是在任何情况下，当律师以代理人的身份行为时，他的法律义务受到客户法律权利的限制。任何根据其他基础（比如普通道德理由或客户的利益）的行为，都将超出律师作为代理人的合法权力。从代理法的角度看，它是超越权限的，因此在法律上是无效的。

以客户的法律权利来构建律师与客户之间关系的这种原则，其必然结果是，对法律上的不道德行为，律师可能不会被获准帮助客户。律师的纪律规则规定，律师不得"建议或者帮助客户从事律师明知是犯罪或欺诈的行为"[7]，并且代理法规定，律师为了拒绝执行非法行为应保留固有的权力，它不能由于客户的提议而被无视。[8]律师不得协助客户违法，因为律师与客户之间的关系，是由法律体系为某个特定的目的而创立的，这使得客户在决定他们的法律权利和义务时，能够接受他们所需要的专家协助。正如美国高等法院所陈述的，当我们讨论律师与客户的特权时，"为了鼓励在律师与其客户之间进行充分而又坦诚的交流，从而在遵守法律与司法过程中促进更广阔的公共利益"[9]，建立客户与律师之间的信任与信赖关系是必要的。另一方面，当客户为犯罪或欺诈行为而向律师咨询时，律师与客户的交流自始不被授予特权。[10]这些法律原则表明社会容忍律师（尽管有时候不情愿），因为律师在为一种过程作出贡献，通过这种过程，人们能够相互调节彼此之间关于法律权利的相互作用。若去除法律权利的概念，律师作为一个独特的职业将完全停止存在。因此，无论律师为其客户做什么，必须基于客户的法律权利、许可和义务是正当的。①

这种方法对于法律伦理，很大程度上取决于法律的确定性。如果法律从社会建立的权利区分个人和群体利益或者偏好，那么一定存在关于法律制定和法律适用过程的东西，使得律师明白何时其客户正在呼吁一种实际的法律权利，而这与仅仅声称客户希望这个案子是什么结果恰好相反。客户和律师有时谈起来就像，法律能够被用来表示一个聪明的律师想要它表示的几乎任何事情。在此，我并不真的担心法律现实主义的这个夸大的说法。一个更严肃的反对意见是，法律根本不能被用来表示随心所欲的东西。但是即便如此，也有一个法律可以承受的合理解释的范围，并且决定一个律师在合理范围内应该做些什么是法律伦理的一个重要方面。

这个论点的完整阐述将在第六章得到发展，但是简要的回应是，"试图弄

---

① 正如后面在积极辩护部分讨论的，保护客户的法律权利并不需要这种律师因之饱受非议的焦土诉讼策略，且在很多情况下可能不能证明合法。蒂姆·戴尔（Tim Dare）和特德·施耐德（Ted Schneyer）两人都强调，律师法正确地被理解，都不应要求或允许律师成为受围攻的不受欢迎的人。Dare（2004）；Schneyer（1984）. 这是一个独立的问题，在这一章中的后半部分还会讨论。是否律师管理法要求律师对法律忠诚仅仅是一个幸运的巧合，或者是否它对任何道德上可接受一套准则是一种强制，这套准则管理需要对法律忠诚的法律职业。

清楚法律实际是什么"与"依照一个人认为法律应该是什么去行动",二者之间是有区别的。在法律不明确的地方,公民和律师可能会瞄准一个移动的目标,他们也许会仅仅是透过玻璃看到黑暗,或者某些其他的隐喻也许会更好地激发这样的想法,即法律判绝不会总能那么精确地作出。然而,把目标对准法律与试图绕开法律是有可能区分的。(具有讽刺意味的是,它要求一个人对法律有相当明确的看法,知道如何逃避它。)① 当然,关于一个人认为法律应该是什么的争论是允许的,但是这些都在形式上不同于关于什么是法律实际允许或要求的陈述。关于这种形式不同的看法,导致关于诉讼和非诉讼代理制度结构的一个观点。在诉讼事项中,代表客户的律师对可辩论的法律解释有一些坚持自己主张的余地,让对方律师挑战这些立场,并作出关于最好的法律解释的决定。[11]但是,诉讼是一个特例,其间律师为其他机构的参与者获得法律权利分担责任。相比之下,在咨询服务和业务代理中,律师通常是唯一有权对"什么是法律所允许的"作出判断的参与者。这并不是否认,法律有一个可以被合理地理解的含义范围——在这个范围内,律师采用符合其客户利益的看法,没有什么不妥。不过,与此同时,律师不被允许采用合理解释范围之外的立场,即使他们这么做仅仅是因为它有利于其客户。

一、法律权利而非道德权利

正如在这一章的开始所讨论的关于饲养场和住宅房地产开发的简单例子,法律最重要的功能之一就是废弃犹疑和分歧,并且提供一个有关竞争权利主张的解决途径,如此公民能够和平共处,并在互利的项目上协同合作。法律可以通过直接创建权利来实现这一目标,或者通过为公民提供财富以协议创建他们自己的私人秩序。如果不是法律的协调功能,分歧会使公民在共同的事业合作中产生更多的困难。分歧的原因很多,包括自私自利、战略行为以及经验不确定性。因为法律伦理的主题主要涉及律师的道德义务,而且这些道德义务通常被认为直接取决于普通的道德考量,本书主要集中在有关道德的合理分歧的问题上。但是,这不应用来排除其他分歧原因,比如事实的不确定或信息的不对称。另外,法律还可以用来根据一个对更现实排序的分歧,来稳定和协调公民

---

① 比较哈里·法兰克福(Harry Frankfurt)对说谎与胡说之间的区别,参见 Frankfurt (2005). 说谎是必然寄生于信仰的存在和真理的可知性上的。一个撒谎者企图说服其他人去相信撒谎者认为是不真实的东西。相比之下,胡说是不在乎真理的。那些安排交易使得安然公司垮台的律师,以及起草酷刑备忘录的法律顾问室(OLC)的律师都是在撒谎,因为他们知道法律是什么并企图避开它。那些声称法律被彻底地终止的律师,包括安然公司的一些辩护人和法律顾问室的律师,都是在胡说。

的利益。

正如我们将在第三章将进一步看到的，道德分歧产生的原因很多。其中最重要的是价值多元主义。即使在一个高层次抽象意义上的道德价值存在广泛的共识，在价值结构中仍然可能存在大量的内部复杂性，或者它可能包含竞争和对概念可能不相容的思想。[12]因此，人们可能真的不同意如何指定一个抽象的道德价值，作为一个具体行动的准则。考虑到平等的道德价值，在某种程度的普遍性上，实际上几乎每个人都会认为，平等是一个认证了的道德理想。然而当我们试图详述在特定情况下平等需要什么时，各种分歧就会爆发。分配正义需要的仅是获得机会平等，还是结果平等？为了帮助纠正历史错误，在大学录用招聘诸如此类的活动中，给予传统的弱势群体优先权是公平的吗？雇主必须接纳多少残疾雇员？以及怎么才算是残疾？第二类道德分歧的来源是人类的经验，以及与之相关的商品和价值，它足够复杂，以至于不可能使得所有这些商品和价值降低到某一高位的主要价值，可以用来排序和优先处理竞争的道德考量。[13]人们可能追求许多不同的结果，而且还被认为是完全理性的和人性的；这里存在多个被个人和文化认为可能是充实的和值得造诣的客观有价值的东西。[14]实现这些理想经常需要他人的服从和放弃。[15]第三，竞争的价值可能在形式上有所不同，一些有关的事情我们有理由从客观的角度（即后果）去关心，而另一些则取决于把自己看作在某些方面是价值的来源（主体相涉原因，比如道义论考量）。[16]最后，即使我们可以对一个道德准则应当如何，根据更普通的价值来详述达成共识，对于确定这个准则应当如何根据所有相关情形来适用，仍然有大量的判断可能与之相关。[17]综合起来，这些分歧的来源构成判断的负担，并使得政治成为必要。[18]

因此，法律在社会中是必要的，不是因为"其成员的愚蠢和无能，其目的的虚弱和对团体奉献的缺乏，其自私和恶意，以及其准备利用和'搭便车'"[19]，而是因为仅仅使用理由，不可能在所有社会成员中，对在一个给定的情况下道德要求什么，获得一个一致同意的观点。正如艾赛亚·伯林（Isaiah Berlin）认为的，人类发展史教导我们，要非常谨慎地对待任何政治合法性和权威性的主张，它建立在统治者已经准确地分辨出他们对象"真正的"本性的主张之上。[20]"在理想的情况下，自由与法律，自治与权威是一致的"[21]，不过这是正确的，除非人类只有一个正确的目的，并且"所有理性人的目的一定不可避免地与一个通用的和谐模式融为一体。"[22]柏林惊人的观察是，最严重的暴行与人类救赎的最理想的希望，通过政府共享柏拉图式的信仰，只有一个合理指定的有关人类生活秩序。[23]

宣称允许律师直接作用于其对公共利益或道德真理的感知会导致暴政，这是一种戏剧性的夸张。[24] 然而就客户而言，它可能不过是这种情况，建立在律师关于道德信仰（甚至是真诚善意的信仰）基础上的行为缺乏合法性。记住，律师是客户的代理人。他们本身有权采取行动推进客户的合法目标。虽然与客户讨论他们的目标是否是谨慎的并没有错，但是律师的中心作用是，评估客户是否被合法地授权追求一些目标。律师的专业技能、能力和对客户的价值，都与律师的法律知识相关，而不是客户目标的智慧或道德价值。客户可能依据其是非曲直不同意一个法律，并认为它是构想拙劣的、浪费的、愚蠢的甚至道德败坏的，但是只要他们寻求在法律依据的要求下行为，他们就有义务依照法律行为。如果法律要履行其能使合作面对严重、持久分歧的功能，情况必须是这样的。因为律师的权力来源于客户的法律权利，律师必须遵循法律，而不是法律所取代的道德理由。

不过可能有人反对，不管道德多元主义在总体上是否正确，在此讨论的两个案件可能都不涉及善意的分歧问题。当然，在产品责任案件中无故羞辱原告，或者拒绝支付公正的欠债，这在道德上都是错误的。但是，正确解释的法律为了良好的道德理由，可能创建一种权利，以从事律师真诚地认为是道德上的不正当行为。第一个理由是早些时候认为的分歧的可能性。律师和客户可能只是善意地不同意一些行动的正义。此外，法律可能有道德理由，去承认从事不道德行为的法律权利，比如在《侵权法》中，对危险中的陌生人没有救援义务，即使救援可以轻松地实现，对救援者也没有任何风险。[25] 同样，作为宪法的一项从事攻击性言论的权利，一个人可以发布恶搞广告，暗示一位著名的宗教领袖和他的母亲在一个户外厕所有过性行为[26]，或者在大屠杀幸存者居住的城镇参加一个新纳粹分子集会游行[27]，而没有受到法律惩罚。

在涉及从事不道德行为的法律权利的案件中，经常有抗衡的道德价值，与程序性理想或制度能力的考量相关。一些有关优先权和程序考量的案件，对每一个法律学生都是熟悉的。例如，《侵权法》并没有规定一个救助义务，因为担心这可能会制造出激励和管理标准方面的困难，它需要人们为了他人去付出努力和资源。在宪法案例中，从事攻击性言行的权利，反映了国际权力对界定正统信仰的担忧，并压制批评性言论或不受欢迎的少数民族的活动。[28] 干预新纳粹分子游行可能含蓄地提议，人们通常被允许去干预不受欢迎的和可憎的言语，不利于政治文化的繁荣和不受欢迎的少数民族的保护。

这个与实体性道德考量相冲突的程序价值模式，也预示我们已经在考虑的案件。诉讼时效是建立在使官方依据公平程序作出决定的权利上的。它回应人们这样的担忧，随着时间的推移，目击者的回忆可能变得平淡，并且文件可能丢失，因而错误判决责任的可能性不断增加。同样，在产品责任案件中，处理相对无序的显示证据的权利，是基于发现所有潜在的、可以提供证明的证据的重要性。法官微观处理现实证据的过程，不仅浪费自己的时间，还潜在地干扰一系列可能导致发现可接受证据的调查。当积极的律师能够利用无监督显示证据，给他们的对手造成心理负担，总而言之，它仍然可能是，最好让过程相对非结构化，并免于法官的控制。

所有这些案件的解决，诉诸对道德问题分歧的可能性，作为一种方式来理解法律体系角色及其衍生的律师角色。依此，这是对律师部分具体职责的一个直接推断。律师提供忠诚的客户服务，尽管他们自己在道德上可能是反对的，他们应该作为中立方的理由是，法律已经对竞争的道德考量排出优先顺序（包括实体的和程序的），这样做在某种程度上比律师单方面的决策过程，更尊重竞争的观点。在此，该主张不是说法院和立法机构在道德审议方面均优于个人，而是说它们对问题能更好地考虑到更广泛的立场。

然而，这个推论稍微有些偏弱，所谈的分歧之处属于事实问题，而不是法律问题。在产品债务案件中最重要的分歧来源，不在于法官是否应授予保护令，而在于所谈的产品是否有缺陷，以及原告的举止在他们的伤害中是否发挥了因果作用。各种程序性权利，比如律师与客户间的秘密特权、劳动成果学说以及禁止调查某些事项的证据规则，尽管存在棘手的道德分歧，但也不能被作为使得公民生活在一起的一种正当途径。很难看出，关于法律体系合法性的争论，如何巩固律师在诉讼中代表客户的一些实践。毕竟，伴随着有关事实的不确定性，涉及法律的很多私人诉讼被很好地解决。大量的民事诉讼实践因而涉及试图塑造事实记录，通过巧妙的调查、显示证据的策略、运动实践以及目击者的审查等方式，来支持客户的利益。

的确，如果律师没有被要求对事实的争论采取一个偏袒的立场，那么任何支持法律体系的政治价值都将得不到拯救。因此，忠实职责的正当理由和民事

第二章 从党派性到法律权利：把法律还给律师

诉讼中的偏袒，在对抗制背景中基本上是务实的和视情况而定的。① 要求律师在诉讼中仅仅坚持真正权利，并被对手纠正真实的错误，这样一个道德原则或一个律师纪律规则的条款，将对博弈产生影响。试想，如果对方的律师假装弄错而未能提供一种正确的质问或请求，希望了解对方原本不愿出示的额外信息，那么，律师在道德上有义务披露事实。此外，这个道德义务将扰乱由证据规则建立的责任分配，证据规则安排请求方负担起草一个精确的、有针对性的请求。同样，战略决策也可能透露私人信息，因此，律师可能尽量避免提交案件的一个特定理论，直到取证程序的后期，此时让对手来不及有效阻碍。

只要双方当事人保留他们在诉讼中所坚持的对主张和抗辩的控制，对立辩护人之间相互作用的博弈论结构，要求我们强加给律师的道德义务就会对战略行为的可能性很敏感。对手程序的规则，包括诉讼程序规则、证据规则和规制动议实践的规则，代表对效率、公平、个人诉讼利益的尊重，与准确解决争端的愿望之间的一种平衡。因此，即使一个给定的争议，可能仅仅取决于事实而非法律，允许或需要诉讼律师对争议事实采取偏袒立场仍然是合理的，理由是，法律体系已经建立一个进行有序解决分歧的框架。

二、权利而非权力

律师经常说，好像其角色义务的范围是出于客户利益而不是法律权利。但是，在任何客户代理关系中，代理人的权利义务是由被代理人的权利义务衍生的。某人聘请一个经纪人出售财产，把法定权限让与经纪人，仅仅是转移所有人拥有的所有权。同样，一个律师的职业角色是根据法律赋予委托人的权利和义务来限定的。律师可以依法为其客户做依法可以做的事项。律师的职业角色还排除了由律师作出的任何许可，试图利用"独断专横、异想天开、反复无常和'废弃'等等"[29]。一个律师的行动超越了其客户的权利，或许能够逃脱处罚，但是作为一项合法行为，这将缺乏意义，从而不可以被恰当地说是在律师角色的范围内（作为另外一种顾问，就像一个暴徒的参谋）。

这是一个如此明显的观点，以至于很难理解为什么律师有时不能领会。但这可能是执业律师规范框架最普遍的特点，他们宣扬在法律范围内保护其客户利益的义务，而不是维护客户的法律权利。"法律范围内的利益"和法律权利

---

① 刑事辩护是不同的，因为被告人诉讼权利的重要性，比如无罪推定，要求国家证明它的案件超出合理怀疑，反对自证其罪的特权，以及管理警方调查的宪法教义所保护的隐私和重要利益。刑事辩护律师的角色比任何其他律师的角色具有更强烈的倾向性，因为至少在美国的制度，这被认为是保护这些重要的宪法权利的最好方式。

之间的区别，可能看上去像是语义上的细微差别，没有什么理论意义，但这实际上揭示，除了作为一个避免制裁的潜在来源，对法律忠诚的态度和对法律的漠视之间，存在一个巨大的鸿沟。权利是法律正确被理解并实际提供的东西，而"在法律范围内"工作看上去是暗示某些更广泛和更宽松的东西，或许相当于"不管什么人都能逃避"的东西。律师的义务应当面向客户的利益还是权利，因此在某种程度上，这个问题可能通过考虑关于法律的性质的基本法理问题得到解决。

哲学家争论法律概念的性质的原因很多，但其中最重要的原因之一，是把权力的合法运行与原始力量区分开来。一个持枪歹徒强取你的钱包，与政府要求你支付所得税是不同的，即使在这两种情况下你的钱都会减少，并且你也会因为未符合要求而遭受令人不快的后果。在 H. L. A 哈特（Hart）制造的著名术语中，面对枪手你可能"被迫"放弃你的钱包，而国家则声称要创建纳税的"义务"[30]。哈特承认"义务"和"被迫"之间的区别，创建了限制权力运行的一种合法理由的可能性。在口语化的术语中，法律规则的实质是，小伙计有能力对大伙计说"你不能这样对我"[31]。大伙计可以是国家、大公司或人脉广的个体——任何人或任何机构，在法律缺失的情况下，可以做基本上任何他希望的事。然而，法制政体意味着，这个小伙计居然可以对抗大伙计。正如历史学家 E. P. 汤普森（Thompson）认为的，与其说法律仅仅是统治阶级用来维护其统治的工具，不如说法律也能够使权力的对象挑战其合法性。"只要它仍然是可能的，被统治者——如果能找到一个钱包和一名律师——实际上将通过法律手段为他们的权利而斗争。"[32]整体的法律问题是，它创造了一个公民从中可能批评权力运行的立场。权力仅仅是——那些拥有它的人可以对其他人做令人讨厌的事情。相比之下，撇开害怕遭受令人不快的后果，合法权力包含应该的维度——那些法定权力的对象有理由去做权力要求他们做的事。

有时，权力大的行为者会错误地直接诉诸权力的特权作为一个理由。据说，安得鲁·杰克逊（Andrew Jackson）总统说，他不同意最高法院的一个判决，"法官马歇尔（Marshall）已经作出了判决，现在让他去执行这个判决"[33]。杰克逊随后把切罗基（Cherokee）的印第安人，从他们已经通过协议担保的土地上驱逐出去，尽管法庭的判决仍坚持他们保留土地上的权利。据称，在此期间，杰克逊已告诉他的司法部长一个有关废除国家银行的争论："你必须找到一个授权这个行为的法律，否则我将任命一名会这么做的司法部长。"[34]类似的，阿肯色州（Arkansas）州长奥瓦尔·福伯斯（Orval Faubus）陷入一个引人注目的冲突（和一个宪政危机）时，为了阻止非洲裔美国孩子在学校注册，

第二章 从党派性到法律权利:把法律还给律师

他命令国家军队包围小石城(Little Rock)的中心高中,作为最高法院的命令。[35]大伙计剥夺小伙计的法定权利,大多数不是企图公开蔑视法律,但是在霍姆斯(Holmes)提出臭名昭著的法律定义之后,谈到法律,他们都反映可能被称为霍姆斯式坏人的立场。[36]霍姆斯把法律的内容等同于法律官员将如何判案的预测,并通过设想一个"暴徒"来夸大这个定义,这个"暴徒"只关心避免可能附属于其行为的法律惩罚。[37]由于这个原因,法律不把限制强加于公民本身。相反,法律知识只不过能够使确定法律内容的专家(至少是律师),预示国家什么时候将做令人不快的事情,比如,把人关在监狱或强制实施金融判决。更进一步说,它是霍姆斯立场的一种含义,霍姆斯认为,人之所以行为的唯一原因是,最大限度地满足他们的喜好是先于和独立于法律的。这个"暴徒"方法,其中客户的利益和权力是律师可以做什么的唯一限制,不能具有法律理论和法律伦理的功能,因为它消除了义务的尺度,这是至关重要的理由。

为了使这一点更加清晰,建立一个法律现实主义的讽刺版本作为我反对的立场,可能会有所帮助。在这个简单的现实主义法律定义中,"法律表明你必须做某事"被认为等同于一些提法,像"如果你不做某事,司法官会没收你的财产或把你送进监狱"[38]。这个法律的定义有许多缺点。在《法律的概念》中,哈特提出了猛烈的批评,指出把法律认同为关于官员将如何决定案件的预言:(1)对于解释法律的规范性没有概念来源,或为什么官员会觉得需要注意法律规范;(2)没有对法律判决如何会是错误的提供条理分明的解释;(3)无法说明一个审慎官员的观点,他或许不能根据他可能决定什么的预言采取行动。[39]简单的法律现实主义甚至无法从概念上区分贿赂某人免于定罪与一个罪犯被判无罪。[40]回应行贿非法是无益的,因为如果一个骗子试图通过贿赂或恐吓以免于贿赂指控,然后给出简单的现实主义定义,那么起初的贿赂是不违法的。因此,这种单纯的法律现实主义作为一个概念范畴,从而完全排除了合法性。

紧随哈特,我的建议是在法律权利或许可之间进行区别,一方面是逃脱处罚,另一方面是本质上把法律视为说明理由——在哈特的术语中,从内在的观点承认法律义务。[41]如果一个人仅仅与行为和避免制裁有关,那么他可能对法律采用任何态度,但如果没有接受法律作为行动的一个理由,那么他不能声称已经依法行事。除非人们从本质上把法律视为说明理由,否则合法性作为一种解释或辩护的概念,只是不求甚解。从一个分离的外在观点来看,有人也许会说:"哇,看我设法避免被关进监狱。"但是从这个角度来看,他是前言不搭后语地说,"我合法地行事"。

哈特强烈地把避免一种瓦解法律义务而进入制裁威胁的法律定义，视为自己的本分。他在很多方面猛烈地抨击奥斯汀（Austin）、边沁（Bentham）强制制裁的法律概念，其中最重要的一点就是，他认为把所有的法律强制沦为由强力所支持的威胁，将无法解释从内在观点接受这些法律的可能性。除了"坏的"公民出于害怕惩罚而遵守法律，这里也可能有"好的"公民相信法律规范是重要的，甚至对一些事的实际推理是决定性的。[42]除了考虑未能遵守法律他是否会受到惩罚，"好的"公民把法律看做行为的指导，并把法律指令视为行动的理由。"好的"公民把法律看成一种理由的来源，而"坏的"公民的理由本质上没有被法律改变，除非法律是像被剥夺自由或财产这样的负面后果的另一个来源。"坏的"公民把法律视为像自然之力这样的东西，它可以被研究和有希望避免，但是它不能通过提供新的行动理由改变公民的实际推理。"坏的"公民已经与避免伤害相联系，并且法律提出的仅是另一种去避免的伤害。相比之下，"好的"公民的实际推理被法律以不同的方式改变，因为他认为法律是一种不能独立存在的行动理由。从其内在的观点，"好的"公民把法律视作创建新的合理需要。

在哈特的法理学方面，法官从内在观点看待承认规则在，概念上是必要的。然而值得注意的是，在哈特对法官必须对法律所采取观点的焦点中，他很少直接谈及公民必须采取的观点。也许有一个这样的社会，其中存在一些"好的"公民和"坏的"公民，我们一直在这个意义上使用"好"和"坏"，而且只要官员在宣布法律规范时采取内在观点，这个社会仍然能够是一个法治的社会。很明显，在哈特的记述中，公民可以采取内在观点，但他不认为他们必须这样。实际上，他承认"公民个人…不管从任何动机出发，都可能遵守每个'只对他而言'的法律"[43]。一个社会，只有法官从内在观点接受法律，才可能是"可悲地温顺"[44]，但是，只要法官从内在观点看待法律，一个主要由低劣的公民或被动温顺的人组成的社会，不能说有一个法律体系是没有理由的。

哈特在《法律的概念》中关于公民态度唯一明确的论点是，法律的强制制裁理论以及美国法律现实主义（以霍尔姆斯等人为代表），在理论上存在先天不足，对说明公民采取内在观点的可能性缺乏概念来源。[45]但也许是这种情况，哈特未把他的理论逻辑地表达完就结束了，至少在公民寻求合法地行为这一范围内，存在好的理由要求他们从内在观点看待法律。[46]理由大致上是，当一个人通过"在法律的庇护下生活，同时又打破法律的限制"[47]利用法律体系时，要求合法地行为将是不连贯的。

稍微把哈特的理论向前推进一下，我相信"好的"公民的观点，对法律的真正遵守是建设性的。这个论点利用了那些必然涉及要求公民合法行为的东西。那些声称喜欢描述自己的行为合法的人,而不是认为法律是"我可以逃避的东西",是真正致力于把法律看成是为行为创造理由。这个表现主义论点的关键是公民参与法律的目的。他也许仅对描绘和预测同胞们的特定行为模式感兴趣,这种情况完全适合从外在观点看待法律。但是,如果他对作出合法行为感兴趣,那么其实践推理必然从内在观点进行。内在观点由同时发生的行为授权,而不是观察(因为外在观点就足够)和对一个行为合法性的评价,也不只是公民可以逃避的东西。[48]规范地讲,如果这种关系成立,当从外在观点看待法律时,对于抢劫银行和成功地主张不在犯罪现场的辩护,或者贿赂起诉人降低费用,按照法律行为将是一个标准。行为参与者将会设法避免制裁,但是从一个相关的规范性框架的合法性角度来看,这一行动的评价将会被认为是错误的。

当某人希望坚持,不仅他想要某物或有权力得到它,而且他拥有它是正确的,那么诉诸合法性话语是自然的。对于一项法律权利,它必须是法律体系的一个方面,必然把某人与社会的而不是个人的利益和价值相联系。[49]合法性是一个公民寻求把野蛮的需求转换为权利诉求的规范领域。[50]这种转变必然把某人付之于一个解释和辩护的特定模式。这是对于任何实践参与者的情况,不管是游戏的参与者、宗教职业的新成员、政治官员,还是在这种情况下寻求其行为合法性归属的公民。[51]参与社会实践,势必会使接受内在地依赖于实践的规范性权威标准,作为行为的指导,并接受基于那些标准的合法性批评。这些规范标准不是任意的,而是在某些事件或价值的终极状态,有它们作为部分社会实践目的的起源。实践的规范性标准,因为参与者自愿同意参与实践,而对参与者具有权威性。[52]从一个超然的、貌似科学的观点来看实践规范,对于参与者将是一个概念性错误,因为参与实践意味着瞄准构成实践的目的,并且这需要与实践的内在规范标准相一致。如此,在任何实践中,"坏人"观点就为承认某人是参与者而非观察者的做法所排除。[53]

此外,把法律的效用最大化,并把它看作制裁的唯一来源,理性行为者的这一构想,违背经验性证据。研究表明,如果人们相信,他们所应对的权威具有调整其行为的合法权利,那么,他们可能遵从未参照不法行为的法律禁止。[54]对遵从的理性选择的描述,另一个难题是观察到的遵从这一事实。如果个人和组织是真正的理性行为者,那就表示"监管法律环境可能不是通过激励遵从法律,而是通过激励逃避法律,来发挥其最大的效果"[55]。然而,有大量的证据使公民相信他们有义务遵守法律,并作出真诚的努力,来确定法律要求什么（即便他们可能会重新解释法律），而不是简单地试图逃避法律。[56]具有讽刺意味的是，恰恰是律师更倾向于表现出对法律不够关心。举例来说，作为美国律师协会诉讼伦理研究的一部分而受到采访的律师，"对更大法律体系的福祉，展现出很少的道德义务"，并且"似乎看不出他们务实的游戏可能会损坏正义的实现"[57]。正如霍姆斯所想，真正的霍尔姆斯式的"坏人"被证明不是普通公民，而是那些被赋予维护法律正常秩序职责的专业人士。

当然，霍姆斯式"坏人"的态度，显得一点都不像杰克逊总统（President Jackson）对抗马歇尔法官（Justice Marshall）执行其判令那样明显。相反，它倾向于假借更加复杂的逃避技术出现，比如用混乱的披露混淆可疑的交易，像安然公司贪赃枉法的经理所采用的策略；依靠"审计彩票"来避免由美国国税局（IRS）负责的纳税情况检验，或者利用像合伙人净额结算收益这样的技术，来避免向国税局暴露损失的程度；明知许多消费者将不会在诉讼中质疑他们，而在标准制式合同中加入无效条款或极端片面（因而不可能实施）的条件；强力抵制执法行为，以至于政府官员不能制裁违法行为。[58]尽管这些技术可能不会公开藐视法律，但是其道德基础比杰克逊的挑衅好不到哪里去。从客户法律权利的角度讲，对这些技术无法给出正当理由。事实上，很多这种技术的要点，就是要避免客户的法律权利被公正的决策者验证。对这些各种各样的避权技巧可以提供的唯一正当理由就是，它们纯粹是基于客户的利益，而且客户的利益本身必须有别于所主张的法律权利。①

这并不是说，确定客户权利的内容和范围是一件简单的事情。最简单或最清晰的法律规则，常常会是模棱两可的。因此，我们不能在考虑律师的忠诚职责和党派性时，不去面对法律确定性的法理学问题，并围绕律师操控法律的道德问题。最近，至少在美国，一些法律道德丑闻的一个特征是，律师明显地认为可以使得法律意味着几乎客户想要的任何意思。如果这种说法成立，问题可能会更多的不是 律师在操控法律，而是没有法律可以操控。毫不夸张地说，在任何特定时候的法律，可能都承载一系列善意的解释，因此一名律师有理由断定客户可以做某些事情，而另一名律师可以同样合理地断定法律禁止同样的行为。

---

① 正如对一些知名丑闻的调查所显示的，这种推理不仅是一个假设的可能性。例如，毕马威会计事务所（KPMG）的一个高级税务顾问，在一个内部的电子邮件信息中认为，公司不应按照美国国税局（IRS）要求登记某些避税手段，因为对不符合登记要求的处罚，远远低于可能从销售庇护中赚取的潜在利益。合作伙伴包括一个明确的成本效益计算表明，违反的最高惩罚是公司赚取的收入每 100 000 美元中的 14 000 美元。参见 United States Senate, Permanent Subcommittee on Investigations, Committee on Governmental Affairs, "U. S. Tax Shelter Industry: The Role of Accountants, Lawyers, and Financial Professionals" (2003), pp. 13, 28。

第二章 从党派性到法律权利：把法律还给律师

下一部分是对这些问题的一些调查，它旨在建立两个基本要点。首先，法律权利和其他方面（牵强附会的解释或者某种制度失灵）之间有区别。对于任何法律的特定领域，在解释性判断方面有一个协议的核心区域，它代表比如案例、法规和解释原则这些可适用材料的一个理想综合体。这里需要的不仅仅是一个最好的解释，而是作为一个理想，任何解释者都将承认，"法律解释的目标是发现最好地协调相关文本、原则和先例的法律观点"[59]。第二个要点是，如果律师意欲依靠其他东西，而不是可由法律材料的可适用主体构造的最好解释，那么他一定准备为背离上述理想提供正当理由。在很多情况下，那个正当理由是由制度背景给出的。比如，在诉讼中代表客户的律师，能够依靠略显不足的解释——即那些远离核心的解释——因为有包括对方辩护人、初审法官和上诉法院在内的其他制度参与者在一起工作，以确保虚假的法律解释不会变得根深蒂固。但是，假定适用于诉讼的相同解释自由，是律师作为法律顾问或事务计划者角色的一个方面，这将是错误的。

第二节 作为解释的法律伦理

一、存在漏洞的律师业

许多法律伦理问题，似乎呈现出法律权利与道德价值之间的冲突，实际上提出了法律解释的问题。一旦解释问题被解决，道德问题就会消除。一般来说，这可以被称为法律中的"漏洞"问题。利用漏洞的想法是对律师批评的一个流行主题，但重要的是要小心界定这些和其他同源的条款。公众人士有时会抱怨，刑事辩护律师"在技术上使被告逃脱惩罚"，其中宣告无罪的理由或撤销指控，是要补救违反被告所拥有的宪法权利。观察者察觉到的问题是，诉讼的结果没有探究被告实质上有罪或无罪——换句话说，他是否实际上实施了被指控的行为。但是，审讯的目的不仅是为了确认有罪或无罪，而是在程序性权利的框架内去这么做，是为了维护比如所有公民的隐私和尊严这样的重要价值，以防止滥用国家权力。这些程序性权利作为法律和法律正义的一部分，不亚于确定实际上有罪或无罪。当有人可能批评一个特定程序性权利的存在或内容时，或许根据它束缚法律执行人员的手脚，或者不必保护像隐私或尊严这样的价值，对权利考虑不周的可能性不会使它成为一个漏洞。

同样，程序性权利对民事诉讼中的双方当事人都是有效的，还可能具有否决与双方当事人实体性权利有关问题决议的效果。再说，这对法律体系承认特定程序性权利具有很好的理由。比如，时效法服务于双重目的，既确保审判不是基于陈旧的证据进行，又允许公民形成稳定的预期，在某种程度上他们对某事的权利将不会受到质疑。法律伦理学者有时谈论一个案件的"法律理由"，当这个术语被使用时，询问法律理由是否包括正确解决与程序性权利相关的解释性问题，这是很重要的。律师在假设的时效法案件中，除了否决对手立场的实体性法律理由的决议，可能采取维护其客户诉讼权利的行动。这符合律师对法律忠诚的义务，因为法律体系包括实体性权利和程序性权利，并且因为作为客户的代理人，律师具有法律职责维护其客户无论是实体性的还是程序性的法律权利。

一种更微妙的漏洞被创建，其间客户希望律师依赖一种起主导作用的法律文本不支持的解释做事。这里有从一个对真实但未发表的案例略加修改延伸产生的例子：

路易斯（Louis）是马特湾（Matewan）矿井的一个外部律师，这数十年来在西弗吉尼亚州（West Virginia）经营了一个煤矿。[60]根据联邦法规，马特湾需要向那些曾受雇于马特湾，并由于尘肺病（通常被称作"黑肺病"）而变成残疾的特种矿工支付救济金。正如法规的序言所注意到的，黑肺病对煤矿工人有一种严重的职业健康危害，并且几乎没有哪个州提供残疾人救济金：

> 因此，这个法规的目的是，万一这些煤矿工人由于黑肺病死亡或残疾，以确保有足够的救济金提供给煤矿工人和他们的家属。[61]

对公司来说，黑肺病的索赔是昂贵的，并且是一个重大的管理难题，马特湾希望尽可能避免对他们支付救济金。最近，马特湾已经面临着来自外国矿业公司日趋激烈的竞争，这些外国公司不需要给患有黑肺病的矿工支付救济金；因此，马特湾的利润相对于外国竞争对手逐渐减少，导致一些股东惊惶失措。马特湾董事会担心，如果利润进一步下滑，该公司可能会被一个跨国企业集团接收，那么可能会导致这一地区的失业问题。

科尔·麦诺（Cole Minor）所有的工作生涯都受雇于马特湾。因此按照法规规定，伤害"起因于其职业过程"。去年，他做了一个胸部X光片透视，显示其患有黑肺病，并且在其肺部有一个1.5厘米的病变。按照管理制度和规章，1.5厘米病变创建了一个科尔是"完全残废"的法律推定，他因而有资格获得救济金。因此，马特湾开始每月支付760美元的救济金给科尔。科尔的医生担心这种疾病可能会迅速扩散，所以把科尔列为肺移植手术名单中。两个月时间，科尔被批准移植手术，并成功地接受了肺移植手术。手术的快速恢复部

第二章 从党派性到法律权利：把法律还给律师

分归因于其治疗医生使用了有效（且昂贵）的药物治疗，以防止科尔的机体排斥移植的新肺。

一听说手术，马特湾的一名代表就有了一个有创意性的想法。他打电话给代表公司的路易斯（Louis）律师事务所，并要求律师提出终止科尔的救济金的动议，以此他的残疾就结束了。如果没有1.5厘米的病变，根据客户代表推理，科尔将不会获准利用法律推定的残疾，而且需要通过一个长期的过程去证明残疾，这个过程涉及多个体检和行政法法官面前的听证。与此同时，该公司将节省支付黑肺救济金的成本。当然，与此同时，如果科尔因为其救济金已经终止而不能获得抗排异的药物，那么他可能会死掉。客户的代表决定终止救济金。"哎，采矿是一个危险的职业。"他说，"我们采取合理的预防措施，但是我们没有义务消除所有的风险。我们也没有义务对曾经为我们工作过的每一个人支付救济金。科尔已经康复了，只要看看法规，他就不是残废。"路易斯回应说，管理制度和规章最合理的解释是，1.5厘米的病变就是确定完全残疾的众多方法中的一个简单方法。路易斯认为，这不能得出没有病变就确定为没有残疾。然而，经客户代表查问，路易斯承认动议可能会被批准。"这是相当脆弱的法律争论。"路易斯说，"但是可能不完全缺乏可信性。这里的行政法法官对矿业公司非常同情，因此，只要有一些绝非儿戏的根据就可能准许动议。"

有关1.5厘米病变的切除可逆转关于残疾推定的争论，可能通过众所周知的测谎考验，但最有理性的律师会拒绝把它作为对法规和规章的最好（或者甚至是非常可靠的）解释。法律可以说矿工不是残疾，但它这样说需要一些扭曲和操纵。这引发的道德问题可以清楚地声明：为什么不能允许律师去从事这种创造性的解释？这不正是律师该做的吗？这当然是关于律师的民间传说长期存在的特征，他们可以使得法律适应其客户的利益。据说，法国国王路易十二（King Louis Ⅻ）观察到，"律师使用法律正如鞋匠使用皮革，把它们研磨、轧平、用牙齿把它们拉伸，一切为了使它适合他们的目的。"[62]被国王认定的这个问题是，作为被律师实际解释和应用的法律，已经脱离了法律所应当被解释和应用的。[63]正如在本章开始所指出的，律师的主要道德义务是推进其客户的合法利益——他们的法律权利。客户的法律权利限制了他们可以做什么，因为律师是代理人或客户，一个客户的权利同样限制了其律师获准可能采取的行动。

使用法律权利作为对客户和律师行为的约束，意味着在法律中至少有一些适度的确定性——也就是说，一些区分一个真正的法律权利和某种假象的方法。这就提出了一个法理学问题，即如何定义衡量一个法律解释的准绳，这样一个解释可能被评估为一个意外的收获或一个漏洞，以及律师对法律的应用可能被批评为滥用、操纵或其他违背律师对法律忠诚的职责。第六章将开始处理法律如何可能被适度地确定这一问题。然而目前，我们需要致志于适度的观点，而不是完全的确定性。法律不适合于二元判断。虽然一个人可能不富有想象力，但可能良好地支持一个法律解释。即使他们不总是向客户传达他们的怀疑，律师也习惯于这种思维模式，如此，法律研究和分析的结论可能是，"我很确定你能做到这一点，"或"你可以给它一枪，但是我希望它不会起作用。"

这并不是说法律是完全不确定的。[64]一些可能由法官或律师提供的法律解释，由于极度缺乏可信性而被认为是轻率的。这在我看来是一个关于律师作出和评估法律论点的简单事实——不论它们如何表现出适合对可适用法律文本的一个形式主义解读，部分法律解释是行不通的。即使对争论有一些肤浅的可信，所有对法律体系称职的观察者，也不会否认这些结论。如果一些法律解释真的极度缺乏可信性，那么法律解释的理论必须考虑到这一事实，而不是变得专注于语言如何约束判断这样的抽象问题。[65]然而情况是这样的，相关法律来源在某种程度上没有充足的证据说明解释性判断。[66]如果法律是完全确定的，那么对解释判断就没有可信性维度，只有正确或错误的答案。法律的不确定性意味着存在一系列法律可接受的结果，其范围比所有可能结果的领域更窄，但这并不意味着对需要法律解释的问题存在独特的解决方案。[67]

除了按照权威法律来源的不确定性，就法官或监管律师行为的其他人而言，仅仅因为不称职或缺乏执法资源，律师可能侥幸逃脱一定数量的欺骗或利用规则的案例，也比比皆是。黑肺假设的目的是，表明管理规则中存在漏洞的可能性，以及审议终止救济金议案的行政法法官的不称职。第一个可能性涉及法律的不确定性，对律师来说是一个有趣且困难的问题。第二个则是简单的滥用。能够欺骗一个懒惰或愚蠢的法官接受一个虚假的法律解释，并没有使情况变得真实。例如，如果可能得出这样的结论，有关黑肺病救济金的法规和规章创建了获得救济金的权利，那么为了矿业公司，律师的忠诚义务和党派性不准许矿业公司的律师，超出公司的权利所允许的范围。在这种情况下，矿业公司的相关权利会支付不超过法规和规章规定的救济金，而不是仅仅因为一个不称职的法官能够去接受一个虚假的论点，而完全终止救济金。

应该指出，这里存在一个对法律解释的动态元素。[68]一个可能一度是虚假的立场，它只能被司法苍穹中不是最闪耀的一颗明星所采用，然而为了律师对法律忠诚的义务，可能随后变成"法律"。这是这里所辩护的法律实证主义的含义，法律的有效性和内容是它的一种社会资源，而非其知识、效率或正义。作出愚蠢裁判的法官却创制法律，而且随后的解释者，包括对其客户的权利提出建议的律师，还是要尊重这样的法律，即使它是愚蠢的。相反，一个对法律的更好解释可能在第一时间时尚不成熟，而且可能在相关社会资源方面缺乏足够的支持，直至在第二时间时向一个新立场有一些进化。为美国律师所熟知的一个例子是，拒绝接受合同要求的利益关系，作为产品制造商侵权责任的一个要素。卡多佐（Cardozo）法官在纽约上诉法院所做的麦克弗森（MacPherson）判决，按理说是最好的理解，不是作为在法律上的根本改变，而是作为改变几条教义的一个发挥和升华，它已经导致由卡多佐宣布的规则。在某种程度上第 N 时间时相关的社会资源确保卡多佐法官的裁判。讨论第 N 时间时是否已经达到麦克弗森被判决的时间是可能的。[69] 重要的一点是，这正是我们应当进行讨论的。律师和法官应当关心的问题是，法官是否在某个时间点上为现存的法律或有关其扩展、修改或撤销的善意争论所担保。重要的是，这是一个有关法律解释的争论，而不是普通道德方面的一个道德争论。

这里所辩护的律师伦理原则是，在法律要求律师解释法律、表明立场、计划交易，以及基于法律内部的理性，为客户提供建议的范围内对法律忠诚。依靠像法律的正义或效率这样的法外考量，这是不允许的。随着法律的变化和发展，并且这样做可能是对关注其正义的回应，对法律忠诚要求律师对现存法律恢复最好的解释，并在此基础上采取行动。但是，强调律师对客户的义务必须在语境中理解，这也是重要的。如果律师以顾问身份行为，律师可能被限制仅能在其对法律应当被解释的最佳判断的基础上行为。在诉讼中，相比之下律师可能会有更大的自由，来依靠不被充分支持的解释。这个自由诉讼中不是无限的，在诉讼中某些案件可能需要律师运用解释性判断，并得出结论认为，不存在法律权利可以用一个足够程度的可信度来维护。在这种情况下，从道德的角度看，律师在诉讼中将被禁止采取这样的立场。在任何情况下，分析一个行为是允许或不允许的，取决于某人是否能够采取一个善意的论点，律师正为其客户主张一项权利，无论是作为诉讼中的一个立场，还是作为在法律权利主张下采取某种行为的基础。

二、错误、制度弊端和意外收获

在正常运作的法律体系中，法律伦理中的许多问题都可能包含某种故障，这在某种程度上创造了一个充分运用的机会，它似乎并不追踪客户权利在一个完善体系中的分配情况。考虑到著名的斯波尔丁诉齐默尔曼（Spaulding

v. Zimmerman）案件。[70] 简洁地说，斯波尔丁和齐默尔曼都卷入了一场车祸。斯波尔丁对齐默尔曼提起诉讼，声称齐默尔曼是疏忽的，并且他的过失是造成斯波尔丁伤害的原因。作为事故后诉讼的一部分，齐默尔曼的律师要求斯波尔丁提交一个独立的体格检查，于是受雇于齐默尔曼的一名医生为斯波尔丁做检查，以确保他没有夸大其伤害。这名医生诊断此病为主动脉瘤——主要血管的扩张和弱化，如果不对创伤的起因做外科手术式的修复，血管可能会破裂，这意味着它很可能导致车祸。齐默尔曼的律师立即意识到这个信息的重要性。在事故之后，为其做过治疗的斯波尔丁私人医生漏掉了动脉瘤，因此，假设他的损害赔偿金是相对适中的，斯波尔丁的律师准备审理案件或者协商解决。

令人费解的是，斯波尔丁的律师未能从齐默尔曼的律师那里要求一份体格检查报告，而按照民事证据规则他有权这么做。[71] 这个失败为齐默尔曼的律师设置了道德困境。披露动脉瘤将消除斯波尔丁死亡的潜在危险，但将加重齐默尔曼的损失，也许超过了其保险政策的责任限额。齐默尔曼的律师将被要求响应斯波尔丁律师的要求，移交那份体检报告，但在没有这个要求时，齐默尔曼的律师将被要求通过保密的义务，保持这份报告的秘密，除非齐默尔曼自己允许报告被披露。[72]

当然，对齐默尔曼的律师来说，这是一个令人悲痛的道德困境，但是请注意，整个问题如何取决于两个专业错误——斯波尔丁的治疗医生漏掉了动脉瘤和斯波尔丁的律师忘记请求一份体检报告。如果这两种错误中的任何一个没有发生，那么诉讼将会伴随着对斯波尔丁的伤害，最大限度地了解而实施，齐默尔曼将不得不根据斯波尔丁依法享有的权利，支付更多的损害赔偿。因此，这个案件不能代表法律权利和普通道德责任之间的一种有趣且深刻的冲突。错误对他们自己不是无趣的，但是要从中概括出有关整个职业道德的结论是很困难的。最可以说是关于斯波尔丁案的一般性质的是，它阐明复杂的系统潜在的偶尔故障，最明显的一点，这种故障可能导致好的和坏的结果的任意分配。因为这些利益和制度故障的负担是随机的。谈到制度结构基础的理由，我指的是准权利，比如齐默尔曼隐瞒动脉瘤信息作为合法意外收获的能力。

意外收获的案例在法律伦理中是一种循环模式。[73] 大多数情况下，像斯波尔丁，涉及客户的利益与一个明显的法律权利对接的状况，通过仔细检查，结果可以说根本不是法律权利，而仅仅是某种事故或制度故障的结果。然而，人们不应该轻易得出在所有的情况下过错损害法律权利这一结论。在斯波尔丁案件中，按照代理法和执业纪律规则，被告将有权坚持律师不应披露机密消息。在这个案例中，机密性是真正的法律权利。的确，被告的保密权利受到程序性

第二章 从党派性到法律权利：把法律还给律师

法规的限制，该法规规定披露处于保密状态的信息。像许多程序性规则，管理体检报告的发现规则，需要对方律师的某些行动来引发当事人的权利。关于律师的保密职责，威廉·西蒙也强烈反驳，客户在法律实际规定的机密性衡量中，拥有一个合法的利益。在客户从未拥有一个法律保护的机密性利益时，比如与律师进行助长犯罪或欺诈的交流，律师披露信息并不意味着是对客户的背叛。[74] 同样，在斯波尔丁案中，有人可能会认为齐默尔曼缺乏合理的事前预期，否则他的律师将不必从斯波尔丁的独立体检中披露报告。

在这个案件中，原告律师要求体检报告的失职，明显地不同于客户为犯罪或欺诈的目的请教律师的情况。从技术上讲，管理保密性的规则给予律师披露信息的自由裁量权，以防止、纠正或减轻某些客户的欺诈。[75] 更概念化的说法，法律体系包括一些元法则，比如关于双方当事人承担由其他制度参与者过失导致的风险的默认规则。相应地，有内在于法律体系的理由（不是普通道德理由）相信，齐默尔曼的律师不是必须采取纠正行动，应对原告律师未能请求体检报告。许多诉讼权利，比如原告查看体检报告的权利，是自动生效的，但是需要律师代表当事人主张这种权利。之所以需要这一行动，是因为主张权利可能符合也可能不符合当事人的最佳利益。律师有权拒绝使用诉讼权利，而且它将对对方律师要求太多，而不能分辨未主张权利是过错，还是另一位律师的策略判断。

可能有涉及争议解决程序有效运作的充分理由，以避免强加给律师太多的道德义务，不去利用对方律师所犯的错误。举例说，道德义务的内容对律师的战略行为一定是敏感的。有些事情从表面上看像是一个错误，而实际上却可能是出于战术原因作出的。[76] 虽然我们没有必要，在一个允许律师采取各种方式来实现其客户目标的法律体系中，过于关注这些过错，因为有的时候过错就是过错，律师必须有一定的自由度，去根据对方律师行动的表现作出判断，而不是试图分辨它们是过错的结果，还是对方律师是否有一些好的行为理由。

人们可以对斯波尔丁案说三道四。这个案子难度很大，这也是它之所以会成为有关法律伦理经典案例的原因。按照对法律忠诚的原则，斯波尔丁案的难点在于它牵涉两项法律权利。原告的确有权查看体检报告，而被告也的确有权要求其律师保守与代理有关的所有信息，除非他给出披露这些信息的知情同意书，或同意律师放弃相关义务。在我看来，原告律师所犯的错误并没有损害原告获得一份报告的权利。但同时，被告律师必须尊重其客户保守报告秘密的权利，除非其客户同意披露。

当事人双方的法律权利是平衡的，这就意味着存在几种可能的反应。首先，被告律师可能希望，比被允许试图说服其客户对披露报告给予知情同意，更具有攻击性。齐默尔曼的律师可以强调，如果斯波尔丁的动脉瘤不被及时治疗的可怕后果，并试图说服齐默尔曼去做这个唯一正确的事情，从道德上来说，就是披露体检报告。其次，即使没有知情同意，齐默尔曼的律师也可能决定披露，并且如果齐默尔曼意图制裁律师，也会受挫。实际上，这种方法会把责任转移到一个正式司法机构，来解决双方当事人之间的权利冲突。当然，齐默尔曼的律师要冒一定的风险，但考虑到斯波尔丁的潜在代价，这可能是一个值得的举措。对于我自己来说，我发现，由于道德原因而可能保密，这是无法容忍的，但是如果齐默尔曼拒绝给出披露的知情同意，最好的做法就是无论如何为他的律师披露，并冒着职业纪律惩罚的风险。因披露客户秘密而被吊销六个月的职业执照，对齐默尔曼的律师来说是极为严重的损失[77]，但是为了避免对斯波尔丁造成伤害，他有道德义务去这样做。

如果本案的法官粗心或懒惰，第一章所假设的产品责任也涉及一份意外收获。这个假设的道德问题是，代表生产商的律师能够提出困扰原告的问题，因为主管诉讼的法官不能像原告律师要求的那样，作出禁止质疑的保护令。的确，显示证据通常会被允许进入与双方主张或辩护相关的事宜，但是初审法官出于正当理由，可能限制显示证据介入其中。[78] 限制显示证据的民事程序法认可的理由之一是，保护一方当事人免于"烦恼、尴尬、压迫或过度的负担"[79]，这当然似乎涵盖了被告律师提出的侮辱性问题。然而，如果寻求，初审法官可能准许这个救济，但法官没有义务必须发出一个保护令。因此，虽然被告没有事前的法律权利去提问题，但是原告也没有事前的权利去回避问题。法律允许的质疑，完全取决于初审法官的自由裁量权，因此，权利的分配要视审判法庭的裁判而定。一旦法官根据原告请求作出保护令，被告律师就拥有一项真正的法律权利，去提问原告的性史问题。

对此的回应可能是，法官犯了一个未授予保护令的过错，而这个过错导致了意外收获。如果法官可能合理地得出结论，认为质疑应该被允许——即以这种方式管辖和不授予保护令，都在他的自由裁量权范围内——那时，被告就有权问"肮脏的问题"。另一方面，法官可能已经否定了原告要求保护令的动议，这个保护令是因为法官懒惰或不情愿密切监督证词而产生的，在这种情况下，可能的权利将被巧妙地喻为一个意外收获。终结性程序的功效要求司法判决按其表象来接受。这意味着，律师不应被授权或被要求对司法决定的理由进行事后评论，除非通过诸如复议或上诉的动议这样的正常渠道加以解决。如果法官有自由裁量权准许或拒绝

第二章 从党派性到法律权利：把法律还给律师

原告保护令的动议，并且被允许考虑各种理由支持或反对这个动议（包括只是不情愿卷入对显示证据的争议进行微观管理的情形），然后决定处理允许问的问题。在这种情况下，判决就根本不是一个所谓的意外收获，而是一项真正的权利。

初审法官拥有设法管辖动议的自由裁量权，这一事实仅表明，法官的判决不太可能在上诉中被推翻，但它并不一定表明，被告律师没有道德义务就能否允许问肮脏的问题作出判断。[80]法律中会有一些不可救济的权利。在这个案例中，原告可能有权免于无端的侮辱性讯问，即使如果初审法院否决他们的保护令动议，他们也可能没有任何有效的救济。律师一直作出这种判断。如果假想有一个合理公正的律师，认为案件将得出结论，认为不存在问这些问题的依据，那么，即使法庭不发出保护令，被告律师也通过从事审讯做了不道德的事情。

我们可以想象对产品责任假设的一个变化，其中依据律师的事前观点，一项真正的权利与一个意外收获之间的界限，变得更加清晰。[81]假设双方当事人已经起诉原告对于保护令的动议，并且初审法院已经裁定，可以向原告发问三十个涉及性史的问题。就是这些被认为合理的问题，估计会导致发现可接受证据。现在假设被告的医生在审核这些问题之后，告知被告的律师有可能按一个特定的顺序，询问这些问题，如此，前五个问题将会做大部分工作，整理出可以对原告断言的一个合理辩护。如果某一个宣誓作证者对前五个问题的回答是否定的，那么剩余的二十五个问题就不会导致，将会对特定案件的结果产生影响的证据被发现。在其他一些情形中，根据问答摘录，剩余的二十五个问题可能仍然是有用的，但这与对前五个问题作为否定回答的情况不同。（我们可以进一步假设，余下的二十五个问题是真正有羞辱性的，因为它涉及具体的高危性行为。）

请注意，这个问题的变化如何消除辩护律师意图的外泄，否则这可能被用作规避道德问题。在最初的版本中，律师可以从双重效应提出一种论点（比如，声称原告所受到的羞辱只是附带损害，他们实际上意欲发现可接受性证据）。对于三十个问题的变化，谈到原告对前五个问题作出否定回答，这里没有依据宣称，律师的目的不是去羞辱当事的妇女。在对前五个问题做消极回答的情况下，初审法院的命令所创制的权利，只是一个表面上的权利。而且，因为没有机会对法官的命令打赌（也就是说，在每一次宣誓作证中，如果被告的律师被允许问前五个问题，原告的律师将不能猛烈抨击他），在多数情况下，没有道德理由允许被告律师问剩余的二十五个羞辱性问题。在被告自己的专家表示有关信息无关此案的情况下,律师去问剩余的二十五个羞辱性问题,不能声称只是利用一般由初审法官的命令创制的一次机会,使这些女性遭受无端的羞辱。

在所有这些情况下,在边缘地带可能存在一些争议的空间。我们可以使用这些假设去创造或多或少的不确定性,并使律师的解释性判断更加困难。但是重要的一点是,律师采取行动的道德容许(包括在宣誓作证时进行的一系列质疑,以及作为诉讼策略的一部分提出动议的决定,等等),是客户是否有采取这项行动的法律权利的一项功能。这在诉讼、咨询和事务代理中都是一样正确的。本节剩余部分将深思律师责任的语境,这会对律师在非诉讼事务中代表客户产生更高的道德义务。但是,我们不能就此认为,什么事都适用于诉讼律师。当客户的权利用尽后,律师被许可的行动也同样受到限制。

三、对"积极"代理的注解

律师十分恰当地理解自己具有为客户服务的苛刻义务,包括听从客户的指令、保守秘密,以及以称职的和勤奋的态度提供法律服务。奇怪的是,美国律师至少倾向于,在他们自己对义务标准的自我认识中提供"积极"代理,这对其能力赋予一种奇怪的感情维度。"积极"这一术语首次出现在美国律师协会关于职业责任的《示范规则》中[82],从此,几乎所有美国的管辖权都被这个《示范规则》取代。尽管规则的前言继续承认,"作为倡导者,律师按照对抗制的规则积极地维护客户的立场"[83],但是修饰语"积极"不会出现在现有《示范规则》所有具有法律效力的义务中。尽管如此,在假设的案件中,如果有人要求执业律师,证明明显违背普通道德义务的行为合法(即吁请时效法、提出终止救济金的动议或者挑衅性地质询原告的性行为),争论通常会涉及积极辩护的职责。[84]

这个概念在律师思想中的长期流行是值得关注的,因为它似乎规定了一种情感状态而不是一种行为,并且作为一个一般规则,律师不依据情感和态度考虑法律义务。[85]如果一名律师建议其客户,侵权法中的合理注意义务要求客户让第三方感受到一种情感关注,那他将是一名异乎寻常的律师;律师的建议可能会使客户必须采取这样那样的预防措施,那这将是问题的结束。我的预感是,律师之所以被积极辩护的概念所吸引,是因为这个概念通过解决支持客户利益的道德困境,把他们的规范世界简化到一个相当的程度。但是,它只能这样做,通过执著地询问这样的重要问题,所

第二章 从党派性到法律权利：把法律还给律师

有关于积极代理的义务如何与尊重法律的义务相比是有利的，这也是律师角色的一个特征。

如果"积极辩护"的表述永远从法律伦理中消失，那将是一个不合格的智力进步。这个概念的过度使用，似乎鼓励两个明显的概念错误。其一，律师倾向于忘记他们小咒语的后半部分。《美国律师协会准则》（The ABA Code）规定，律师应在法律规定的范围内积极地代理其客户。正如《重述》（Restatement）所提供的，律师的基本职责是"采取合理谋划的态度，推进与客户协商后确定的客户的合法目标"[86]。客户合法目标的引用表明客户的法律权利，而非客户的自治权、道德承诺或律师自己的道德目标，是衡量律师职责的标准。换言之，《示范规则》强调代理法在此采取的立场，即律师作为客户代理人的基本职责，是为了客户的利益称职而勤奋地行动，但是仅限于被认为是法律权利的客户利益。即使在诉讼背景中，律师的义务也是通过合法手段，而非无限制地积极追求客户的法律权利。在诉讼中规制律师的法律，承认对积极代理设置了许多限制，包括禁止在联邦和州民事程序法规中出现轻佻琐碎的法律论点[87]，以及在律师纪律规则中出现律师对法庭坦诚的职责。[88] 尽管在某些实践领域，比如一个过度劳累的公设辩护律师在为贫困的刑事被告代理时，律师可能会被指责不够积极[89]，迄今为止，对法律伦理更紧迫的问题是，律师对以合理的方式定义的法律范围缺乏尊重。

正如蒂姆·戴尔（Tim Dare）所主张的，鉴于存在一个复杂且有些深奥的法律体系，为了能使公民利用依法被授予的权利，有必要创建一个职业群体。[90] 因此，律师有"纯粹的积极"义务来帮助其客户，围绕他们的法律权利维护和规划他们的事务。在功能性层面上，这一义务可以以同样的方式证明，法律体系从整体来看是合理的，因为它能使人们合作，尽管人们对作为一个共同体应当做什么存在不同意见。[91] 然而，律师似乎认为，如果纯粹的积极是合理的，那么他们可能也会被允许或要求运用"超积极"，追求通过法律手段为客户获得的每一项好处。[92] 律师经常因为过于积极而受到批评，但重要的是要记住，许多这样的行为是为律师管理法所禁止的。例如，律师可能会企图诋毁诚实见证人的证词，但他们不允许使用讽刺性和毫无根据的煽动性论据，使陪审团产生偏见。[93] 一名律师如果做了后者，那就已经违反自己的角色义务，而不是处于一个角色义务与普通道德冲突的局面。

请注意法律权利和"法律体系所能带来的"之间隐含于此的关键法理区别——我一直把它们当做权利与意外收获或漏洞之间的区别。正如戴尔所坚称的，"并不是每一项能够通过法律获得的合法利益都是法律权利"[94]。

这让一些律师深深困惑。如果不是那些可以通过法律程序获得的，法律权利还有可能是什么？正如前面提到的，这是一个严重的法理错误，因为它对人们承诺这样的观点：不存在这样的事情，如一种法律上的错误，一种通过贿赂或腐败获得的判决，或者一种与法律建立的权利义务框架无关的异想天开的判决。出于同样的原因，标准概念范围内所理解的党派性原则，在超积极代理方面就像创建一个许可或者强加一项义务，在法理上从来不是一种一致的看法。

如前所述，通过对有关律师业法律的透彻了解发现，律师不允许寻求可能为客户获得的"每一项合法利益"。假如法律有所不同怎么办？想象一下，一个国家为修改其职业行为的规则，遵循适当的程序，并修订新的规则0.1：

> 所有的律师，不管是在诉讼和咨询中还是在事务背景中代理客户，具有在对法律铁面无私的任何解释范围内，积极推进其客户利益的义务。[95]

这个新规则改变了这个州的律师行为规范的状况了吗？答案可能听起来像一个技术诡辩，但重要的是，职业行为的规则只是法律管理律师的一个方面，它并不排斥律师的义务。正如苏珊·柯尼卡（Susan Koniak）所认为的，有组织的律师界经常对律师的角色存在一种规范性视觉，但法院、立法机构和行政机构则可能完全不同。[96]例如，考虑凯·肖勒（Kaye Scholer）事件，在美国联邦储蓄监督办公室（Office of Thrift Supervision），因为一家律师事务所帮助其客户林肯储蓄（Lincoln Savings）抵制金融违规行为的调查，而对其发布了一个资产冻结命令。[97]有组织的律师界的反应是，主张相似的"自由主义的诉讼律师关于律师角色的观点"[98]，相当于标准概念的党派性原则和之前引述的假设规则0.1。这一观点最后被联邦管理机构的观点压过，他们实际上主张在非诉讼语境中代表客户的律师，必须充当守门人（gatekeeper）的角色，并避免在业务中为了破坏银行监管的目的而协助客户。律师界对其观点只能推到目前为止，在所有的律师角色中，在遭遇来自法律体系其他部分的严重抵制之前，允许存在一种有进攻性的、有偏见的倡导心态。最后，律师管理法是律师界积极辩护心态与坚持忠于其他制度的立场之间张力的产物。

凯·肖勒案表明了希望从律师工作的词汇中消除"积极辩护"措辞的另一个理由，它是律师经常会从对抗制范式中过分概括，并主张他们在非诉讼事项中代表客户时本质上具有相同的义务。① 具有讽刺意味的是,《示范规则》经常因为把律师的行为等同于对抗性诉讼而受到批评,这实际上明确地承认了确定律师义务背景的重要性。"法律的界限不明确时,律师的行为取决于他是作为辩护律师,还是作为法律顾问。"[99]根据《示范规则》,对法律采取积极的偏袒立场,将仅(就算真的有)适用于对抗性诉讼,而且当律师真诚地相信,其对法律的解释得到现有规范或对现有法律的扩展、修改或撤销的合理结论的支持。[100]在对抗性诉讼中,这种对法律高度偏袒的立场,可能会在法庭被对方偏袒性的陈述证明是正当的:"辩护律师通过其对事实和法律的积极准备和陈述,能使法庭以开放而中立的心态听审,并作出公正的裁判。"[101]《示范规则》接着宣称,作为法律顾问的律师,必然会对法律的适用提供一个专业意见,并从公正法庭的角度来解释法律。[102]即使根据有组织的律师界多数以诉讼为中心的规则,在许多情况下,律师根本不能从任何规范的重要方式准确地把自己作为辩护律师来理解,更不用说提供积极辩护。如果不能正确理解这些,律师就将会使自己面临严肃的法律制裁。

四、法律的不确定性与律师的角色

本书的中心论点是,法律系统作为一个整体必须对公民的需求作出反应,在出现不确定性和分歧时,能为协调行动存在一个稳定而适度灵活的框架。然而,在法律体系内,不同角色的成员被分配以不同的责任。换言之,法律体系通过直接或间接的策略,确保和解、公平和灵活性这样首要的系统性目的得以实现。这种分工的简单例证就是检察官与辩护律师之间的区别。在美国的法律体系下,检察官通常被理解具有追求正义的义务,而非尽可能让更多的人获罪。检察官如果有理由认为某项指控证据不足,必须撤回指控,且在审理前将可能开脱罪责的证据移交给被告人。[103]另一方面,辩护律师被允许支持与其客户受控罪名不符的推断,即使他们认为(或甚至知道)其客户实际上犯有被指控的罪名,并有可能依靠被告的诉讼权利,比如免受不合理的搜查和扣押的权利,并获得撤销他们相信或知道有罪的指控。这种分工是司空见惯的,并通常被律师认为是理所当然的(即便有时会被公众以怀疑的眼光看待),但是这符合一个未被充分赞赏的模式。我将会证明,所有律师的职责都具有适度的具体

---

① 不幸的是,尽管缺乏机构检查过于激进的法律解释,甚至关于法律伦理的官方声明有时会鼓励客户的咨询律师,认为自己是诉讼倡导者。参见 e. g., ABA Standing Comm. On Prof'l Ethics, Formal Op. 85-352 (July 7, 1985), the ABA's opinion on advising clients on tax returns.

背景，并在一个高层次的通用性上由法律的解决功能所构造。

尽管在通俗文化和公众想象中的律师常常被描绘为，替被指控的罪犯辩护或者至少代表个体客户与他人争端，律师的大量工作并非发生在诉讼纠纷的背景下。遗憾的是，一个常见的理论错误是，假定律师对法律的态度及其对遵守法律是什么的理解，在律师代表和建议客户的不同背景下应当是不变的。[104]许多私人执业律师花时间为客户提供关于遵守法律规定的咨询服务，协助客户组织和完成交易，设计风险管理战略，或与监管机构或私人团体进行谈判。政府律师可能起诉刑事案件，从事民事执法行动，实施一些活动监管的规章，或建议政府机构实施一些法律允许的行为。在这些背景下，如果律师与法律的关系是恒定的，这将是令人惊讶的。然而，令人吃惊的是，律师谈话时似乎有一个单一的"法律态度"，它在不同的实践环境中是不变的。这个不变的态度是，遵守法律意味着不过是避免违反明确的法律禁止。如果法律中有任何不确定性，那么律师被允许去建议客户行为是允许的。直到客户或律师的行为显然穿过了一个明确的界限，律师的工作是径直推向法律的边界。这是律师经常封装在"法律的界限内积极代理"的准则下，有关他们职业角色的观点。

对法律的不同态度或立场意味着什么，这里有一个说明。威廉·赫德（William Hodes）在法律规制的律师方面是一位受人尊敬的专家，他报告说，其作为一名客座教授在一所美国法学院任教，其间一名退休法官对学生发表关于法律伦理的演讲。法官告诉学生，法律伦理意味着律师必须"找到什么是允许的与什么是不允许的二者之间的界限，并且远远地保持在界限的好的一边"。赫德后来告诉他的学生，在这一点上法官都被搞混淆了：

> 你必须努力发现什么是允许的与什么是不允许的二者之间的界限，然后尽可能接近这条线而不穿过到不好的一边。比之更少的任何东西是少于积极代理——它已经把你留在界限上，无论留下多少距离到达那条难以捉摸的界限，都属于客户并被错误地放弃了的领域。[105]

赫德法律立场的问题是，他预先假定了一个远非不证自明地有效遵从的概念。作为一个对赫德的反例，想象一下一名大学教授曾惊叹："我和我的学生调情到什么程度，才算得上是性骚扰？"[106]我们会说某人试图径直走向可诉性骚扰的边界，而实际上没有越界并承受法律制裁，他只是误解合理应对法律反骚扰的规则意味着什么。在特殊情况下，即使他设法避免法律制裁，他仍然没有真正"服从"法律。在这种情况下，服从通过尊重法律的态度作为设置行为标准，更何况国家制度可能会附加到背离这些标准的坏结果。它也需要努力恢复

第二章 从党派性到法律权利：把法律还给律师

有效术语"骚扰"的含义，而不是利用任何可能存在于法律定义中的不确定性。

这并不是要否认，在一些律师的背景中允许径直推向法律的界限。这就是刑事辩护律师和较小范围的民事诉讼律师，理所当然地认为的对法律的适当立场。这一立场的是允许的，在这种背景下甚至是一种美德，因为它是法律体系保持开放的一种方式，以考虑为现有的法律规范所压抑的公民的看法。[107] 为了具备改变和演化的能力，法律体系作为一项投入需要对方当事人采取可能与现行法律相悖的偏袒立场。但是，从特殊的诉讼背景类推到其他环境，这是一个严重的错误。反对法律界限的看法（固然是我的隐喻，不是赫德的）表明，其他一些行为者将会被推迟。然而，在赫德作证辅导的例子中，讨论中的行为发生在私人之间，未被对方律师或审判法官注意。没有人能够推回到原来的界限，因为没有其他人知道律师正在做什么。与他做任何可以逃避责罚的事务相反，如果律师本人不愿意遵守法律的实际需要，那么在这种情况下，法律不会产生对采取行动有任何有意义的理由。因此，在各种不同的情况下，律师角色最重要的特点是，允许或是不允许维护相对有创造性的或激进的法律立场。

这并不意味着，法律必须保持静态的和不公平的特权状况，对处于社会边际化地位的公民不利。律师管理法为律师代表客户反对现有法律制度创造了一些空间。联邦民事诉讼规则禁止轻佻的讼案，要求赔偿金要充分建立在法律的范围内[108]，但是明确允许律师对现有法律的扩展、修改或撤销提出善意的争论。因此，从道德上说，讨论布朗诉教育委员会（Brown v. Board of Education）案的律师决不会被普莱西诉弗格森（Plessy v. Ferguson）案阻止追求诉讼。追求职业传统的律师致力于反对不公平，这是普通法国家职业传统的一个公认的且被广泛称赞的方面。

然而，有两个关键的事情需要注意。首先，在学校废除种族隔离的诉讼中，代表非裔美国人父母的律师都是诉讼律师——在对抗制中工作，以建立或捍卫其权利的律师。第二点是，我们为抵制压迫而限制的律师，然而在法律范围内工作，以建立新权利或扩展现有权利。他们不是违反法律的破坏者或游击战士。在某种程度上，如果一个律师变得足够激进，他不相信有可能在法律框架内工作，并尽自己的一份力量，把法律体系维持在良好的工作秩序中，那么他不再有权宣称他是作为一名律师来行动的。相反，他必须被视为已退出了这个社会角色而进入另一个角色，比如激进分子或甚至是革命者。① 尊重和支持法律的律师义务，禁止试图由于其不公正或错误而废除或逃避法律。声称作为一名律师工作却同时声称没有对法律忠诚的义务，这将是自我破坏。律师的角色因为有别于其他社会角色（例如说客、活动家或激进分子），是由角色成员和现有制定法之间的一种关系组成的。

法律不公的问题在概念上提出了两个截然不同的问题。一方面，相互关系的问题可能存在。客户的法律权利好像允许不公平，但经仔细检查其结果可能是，客户实际上没有被授权去做他想要做的事。（在第六章考虑的所谓"刑讯备忘录"问题，具有这种结构）。另一方面，可能存在法律不公无法被解释的案件。毫无疑问，在20世纪早期美国的制定法，包括"隔离但平等"的原则，由胜任的律师和法官善意解释。法律还包含资源，使一个进化过程能够导致布朗否定种族隔离案中的判决。要是一名律师在1910年为一个南部学区工作，那么对法律景观的一个温和的、理智的看法将是，没有法律授权去经营种族融合的学校。在这种情况下，律师将直截了当地面临法律不公问题，并将被迫考虑作为律师的角色和合法性价值，是否有充足的理由去继续代表学区，并根据其法律权利来经营种族隔离学校。下一章将详细考虑这些原因并得出结论，在多数情况下，律师应当根据其客户的法律权利而不是根据普通道德考量来行动。

---

① 每当一名律师不再为了客户利益以代理人的身份行动时，会有一个不那么明显而且完全世俗的选择发生。在这个法律伦理理论中，没有什么将律师作为普通公民不能从事游说活动，努力组织法律改革，并且把抗议和非暴力反抗，作为抵制不公正法律的一种方法。

第三章　从中立到公共理性：
　　　　　道德冲突与法律

第一节　合法性与合理性

　　第二章评述了律师应当在诉讼中维护其客户的权益，基于自己和他人的权利，对什么行为是合法的向其客户提供专业咨询，并使用合法手法（比如合同和遗嘱）安排其客户的事务。与党派原则相反，最后一章的论点旨在建立客户的法律权利，而不是客户的利益，确定律师忠于其客户的义务的边界。进一步说，律师认为在为其客户提供有效代理的过程中，他们应该只考虑其客户的法律权利，而不是普通道德给出的理由。从道德上讲，事实上有一些非常糟糕的事要做，如果客户具有履行这一行为的法律权利，就不能保证律师会拒绝协助客户做这些事。例如，在时效法案件中，贷款人肯定有道德义务偿还贷款，但贷方没有法律权利收回资金。因此，法律权利在律师的实际推理中，要么充当一个排他性理由，要么充当应当被贷方主张的正义价值否决的一个非常重要的理由。律师基于角色的义务，是在诉讼中维护贷款人的法律权利，如果贷款人坚持利用它，那么律师可能要承担关于采取这个立场的任何道德上的不安。在标准概念范围内，这就是所谓的中立原则。

　　中立原则的批评者质疑是否存在一个法律体系，在这个体系内的职业角色和一个法律权利框架,可以改变道德代理人的基本事实。① 当以一个角色行事时,人仍然是道德代理人;人和行为在角色内仍然取决于道德评价。[1]人的道德代理持续存在,因为人绝对存在于人的角色之前,尽管潜在的竞争性需要社会角色。批评者坚称,即使在日常运行的事物中,法律权利多数与道德权利和许可相重叠。在他们彼此冲突的有趣案件中,道德义务总是胜出。因此,即使忠诚的义务和党派偏见都是合理的,这里也可能没有关于中立原则的道德理由。律师可能具有为客户有效代理的义务,但这些必须始终坚持在普通道德约束中追求。如果证明客户的法律权利——通过在诉讼中坚持一种立场,或在此基础上为客户提供咨询——包括错误的道德做法,那么律师在道德上有义务做的要比忠于客户将要的少得多。

对建立在律师持久的道德代理基础上的中立原则的批判,是一个强有力的过程。作为回应,对律师来说,仅仅坚持认为他们的角色要求如此这般是不够的。还必须有一些理由相信,这一义务具有道德意义,并且有进一步的理由相信,这一义务应该优先于普通的道德义务——更确切地说,一个论点必须建立基于角色义务的排他性效果。本章的主张是,与合法性价值和法治相关的考量,为律师忠于法律行为提供理由,而不是根据将适用于缺少律师—客户关系时的道德和非道德来考量行为。

这里的论点需要首先建立法律体系的合理性。如果一个公民应当尊重他制定的法律,那么这个法律体系就是合法的,即使他不同意这一法律的实体内容。[2]合法的法律是这样的,它通过建立权利来设定公民的义务,例如尊重法律的义务。在重要的方面,合理性不同于实体正义。在一个民主国家,法律可能是合法的,不是因为它们是公正的,而是因为它们是通过满足公平、代表性等标准的程序制定的。合法的法律可能在实质上是不公正的,只要不公正并不十分严重或普遍地质疑法律体系的公正性。我在此要论证的合理性概念,是一个相当微弱的程序性概念,但是它根植于民主的规范性吸引力。[3]其基本观点是在一个由自由、平等的公民组成的社会里,每个人对以整个社会的名义应当做什么都有自己的看法,没有哪个人的观点能够一直占上风。在一个多元社会里,

---

① 在这里,要避免术语潜在的混乱重叠是不可能的。正如我在第二章中主张的,我就普通法的代理而言,律师是其客户的代理人。这意味着他们具有法律义务去执行其客户的合法指令,避免自我交易和其他对忠实义务的破坏,保守客户的机密,等等。这一章关注律师的道德代理,它保持人即使在以一个代理人身份行为时也具有道德责任,在此考虑的这个问题是,道德代理人是否应当明白他们自己合法地受制于政治义务,由他们作为客户法律代理人的角色产生的,可能与原本的道德义务出现冲突,由他们作为人的道德代理引起。"代理人"这个词意欲表达哪一种意思应当从讨论的背景来明确。

实体正义并非不证自明的，人们对于什么是实体不正义结果的看法并不一致。鉴于这种分歧，对于立法和法律适用过程，对所有公民平等和尊严的尊重的唯一显示方式，是创建独立于法律规范内容的义务。因此，民主平等是最重要的政治价值。

在一个源于这个政治观点的有关法律伦理的报告中，正义的实质标准在评估法律体系及其制定法律的合理性中，起到很小的作用。在第三章第二节中发展起来的这样做的原因是，合法性依赖于以整个共同体的名义发布的某种立场。当共同体的成员合理地同意不同的道德观点，制定用以管理这个共同体的制度的合理性，必须以某种方式超越这些人们不同意的事情。罗尔斯（Rawls）认为，理性的公民可能同意一个多样性的、合理而全面的学说，但从这些全面的学说中，他们也许能为一个公平的合作体系而支持一个政治理由。[4] 相比之下，这里的论点主要是程序性的而不是实质性的——也就是说，更少地依赖于程序结果的正义，并更专注于程序本身的公平性。[5] 鉴于合理多元主义的事实，我们不能对实体正义原则指望太多的共识，因为道德多元主义在实体性和程序性标准的合理性之间插入一个楔子。[6] 我们可以期待的最好的事物，是一个制定、解释和适用法律的法律程序概念。由于这个原因，律师的职责必定是面向尊重法律本身，而不是普通的道德考量。即使律师认为一个特定的法律是不公正的，或者适用于其客户的法律将会产生一个不公正的结果，但他仍然有理由尊重法律而不是绕开它。

如果法律体系是合法的，更进一步的论证仍然需要去建立，其合理性为律师尊重由这个体系制定的法律给出理由。① 换句话说，除了结果的实体正义之外，那里一定有关于合法的法律体系的某种东西，它是独立的且值得尊重的。正如第三章第三节将要探讨的，当我们担任一个政治共同体的成员时，我们寻求按照以整个共同体的名义创建的权利主张来行动。当我们说，我们有公认的权利去做某事，我们不只是声称我们有原始的力量去做某事，或者可以哄骗别人不要干涉我们。相反，我们的主张是共同体本身已经就此事采取一种规范的立场，并已决定公民可以要求一种以特定方式行为的许可。根据共同体采取的立场讲话，听起来令人费解，但它实际上仅是一个隐喻的说法，社会已制定了

---

① 通过"尊重"，我没有其他想法，只有服从法律，尤其是刑事法规，除了一个更广泛的概念，处理某人的事务时适当考虑他人的法律权利。比如，当一个人拒绝遵守合同义务，或没有正当理由从事侵权行为时，他的行为即属于不尊重法律。同样，正如第六章探讨的，当律师依赖滥用的和操控的解释，就关于他们或他人的法律权利建议其客户时，律师就不尊重法律。尊重的义务可能要求的比服从的义务更少，例如，在一些情况下，它可能与尊重的义务一致，但忽略了通常被认为是过时的法律。

一个程序，用以解决分歧和建立共存与合作的框架。如果这些程序还算公平，那么它们就为公民提供一种方式，把他们相互的主张，从野蛮的要求转换为通过合作建立的权利。[7]提到这些法律权利，可以被视为一种尊重其他公民平等和尊严的一种方式。因此，尽管道德存在多样性和分歧，法律体系的程序构成一起生活、互相尊重、共同合作的一种方式。因为有别于纯粹的事实上的权力，尊严和平等价值因此承担法律体系拥有尊重公民权利的主张。因为律师是其客户的代理人，他们没有从其客户尊重法律的义务中获得特别豁免。因此，律师基本的道德义务是对法律的忠诚。

第二节 政治环境

任何公共道德理论（包括法律伦理）的起点，是认识到我们必须找出一种彼此生活在一起的方式，并通过暴力与强迫之外的手段，来解决有关规范或实证问题的分歧。正如17世纪的法律理论家雨果·格劳秀斯（Hugo Grotius）所评论的，我们是生性爱争吵且具有社会意识的动物，我们每个人寻求自己的好处，但我们渴望一个和平的社会。[8]在更现代的术语中，问题是一个由平等、自由的人们组成的社会，将具有广泛多样的道德和宗教观念，因为这些分歧在许多情况下将是合理的，因此只是通过理性（包括关于正义的理性）将无法获得一个稳定、公正的社会。[9]所有的道德代理人和人类社会公认一组基本的善，包括生活、知识、游戏、审美经验、友情、实践理性，以及人和神之间的关系。[10]然而，协议的存在和抽象道德价值的重要性（生活，或者说平等），可能掩盖价值结构内部大量的复杂性，它可能包含竞争的以及可能不相容的观念的概念。[11]因此，人们可能是出于真诚，对如何说明一个抽象的道德价值作为一个具体的行动准则存在争议。[12]

杰里米·沃尔德伦（Jeremy Waldron）曾经把我们的窘况称做政治环境。政治环境包括三个方面：（1）认为在一个社会中人与人之间需要一个稳定的合作框架；（2）人们对那个规范框架或体系的范围存在分歧，以及（3）人们认识到彼此平等，并承认以尊重的态度对待同胞及其反对意见的道德义务。[13]一些对政治环境的理论反应，可能以不同的方式与法律伦理相关联。一种反应将是寻求改善制度和程序，这样政治可能会更加审慎——也就是说，更好地适应不同观点，并能更好地促进公民的参与。[14]一个协商民主的法律伦理将强调律师作为公民参与政府的引导者的角色，并且提升律师有创造性的立法功能。对于分歧，不同的理论反应将寻求达成一致的领域，并试图在可能存在于多元化社会的共识方面，为政治制度构建一个正当理由。一个合法、稳定的社会的基础，不可能是全面的道德、宗教或哲学学说。但是，尽管他们存在差异，公民可能出于道德原因同意某些政治原则。[15]这些政治原则可以被作为所阐明规范的一个正当理由来援用，并可能以整个共同体的名义，使用强制手段实施。公共理性的法律伦理将指示律师在这些共同价值的基础上行事。使用这两种方法中的任何一种，对法律和政治制度合理性的测试，至少在某种程度上是实质性的。结果必须只是为了被认为是合法的，因此，如果律师不尊重正义和道德的要求，他们可能会被批评为非正义的同谋。

在此辩护的立场对分歧问题采用第三种方法。它强调合理性和民主之间的联系，特别是平等看待公民的民主制度和程序的能力，不管他们对正义和道德的实质性看法是什么，都享有同等的尊重。[16]如果它们充分地（不是理论上的）回应公民的参与要求，那么民主的政治制度就应该被视为是合法的。如果法律能够使用充分（同样不是理论上的）公平的程序制定，那么，法律作为这些政治制度的产品就是合法的。

这公认是团结的一个薄弱基础，但它可能是我们能做得最好的（有人可能复述温斯顿·丘吉尔的妙语，民主是政府除所有其他的之外，最糟糕的形式）。只保留忠诚，对于实质公正的制度和法律，将意味着否定任何理由，去尊重实际的政治基础，而不是理性的社会。[17]拿当代美国的现象举例，选举政治被富有的捐赠者的势力扭曲，团体和个人的决策受到利益集团游说的影响；许多公民参与政治过程的能力受到财富差距的限制，而不能组织有效的联盟；财富和权力的差异也被结构性特征加强，比如在小学、中学教育方面的不平等，以及中等收入家庭对精英高等教育的实际难以接近；妇女、有色人种、性少数人群和残疾人面临显性和隐性的持续歧视，这强化了政治、经济和社会领域的不平等；对最贫困和最没有权利的公民，国家根本不能被视为一种参与的手段，而是他们所感受到的一种异己力量，如果有的话，也是通过强制性的管制和官僚主义的冷漠。[18]这听起来很残忍，但对于实际存在的任何适度体面的民主社会，一个类似的名单可能会生成。律师的职业道德并不依赖于正义的理想概念；相反，它是所有关于我们通过法律程序所能尽力做的，以回应人们的处境，他们即使不同意却仍需在相对和平与稳定的条件下彼此一起生活。

政治的目的是让人们和平共存，在互利项目上合作，并承认他人获得尊重和尊严的要求。法律和法律体系是社会政治秩序的必要组成部分，因为它们建立了一种特殊评估的可能性，就一些国家行为的事务而言是合法的。合法不仅仅意味着符合拥有权力的人或者机构的意愿。相反，它意味着通过颁布程序，实施符合比如普遍性、公开性和前瞻性需求的规范，以一种特定的、通常是复杂的方式被验证。[19]这本书最主要的主张之一是，律师角色的规范性吸引力取决于合法性的规范性吸引力。一个社会为了约束强有力的参与者（不管是公共的还是私人的）而保持制度和程序，如果你对此觉得不错，那么你可能倾向于在律师的角色中看到价值。当然，合法性并不是唯一的价值，但它对建立合法性价值与道德之间的广泛关系很重要，并且对使用民主程序制定的法律的权威设定限制。（这将是第三章第三节的任务。）这一部分将首先详细阐述政治环境的观点和法律的价值，作为对这个人类困境的一个回应。

一、分歧和协议的需要

政治冲突是合理多元主义的结果。[20]政治经常表现得没有吸引力，容易因为被游说撕裂而受到指责，并被"派系"或"特殊利益集团"寻租（注意这些术语被用来代替"与我们有分歧的其他人"）。虽然在某些情况下他们可能如此，但政治的这些特性不一定是贪婪、腐败、愚蠢或预谋的结果。相反，它们常常是善意分歧的副产品。财富对选举政治的影响，部分归因于对一个强大的言论自由原则的政治承诺（由一系列最高法院的案例实施），其中包括公民有权使用金钱作为参与政治的一种方法。[21]收入不平等在某种程度上是普遍自由市场的结果，支持者认为的反调控思想是合理的，基于市场的能力能更有效率地分配决策，并避免出于好意的政府监管，而产生意外的消极后果。这里的观点不是要为美国社会提出辩解，而是指出依靠合理性实质标准的困难。政治道德，包括法律职业道德，对在一个理想世界中公民和官员的职责必须说点什么。[22]非理想的道德的一个特点是，它必须适合于实际应用的情况，其间人们对应该做什么的意见不一。正如约翰·罗尔斯（John Rawls）所提出的，理性公民承认彼此自由、平等，并寻求共存与合作的基础，必须认识到他所谓的判断的负担，这表明，为什么人们可能完全理性并善意行事，却不同意有关道德或正义的事情。[23]

罗尔斯强调产生于合理多元主义事实的政治需要，而不是多元化本身。[24]大量的规范权重依赖于"合理"这个词，因为没有要求一个公正的社会要容忍不合理的综合学说，如白人至上主义者或暴力的宗教狂热分子所坚持的学说。罗尔斯认为，合理的综合学说是理性的公民赞同的那些，但又仅仅把分析的重点转换到合理的条款。在我看来，合理多元主义意味着一个多样性的综合学说，该学说尊重对什么是一个道德观点的特定基线的约束。例如，有人可能会说至少道德规范关注的是避免某些邪恶：

第三章 从中立到公共理性：道德冲突与法律

> 在人类经历的大罪恶中，没有什么东西是神秘的或"主观的"或受文化制约的，在每个悲剧和小说中的每段书面经历，在每个时代中被重申的文化界限：谋杀和死亡、监禁、饥饿、贫困、生理痛苦和酷刑、无家可归、无依无靠。[25]

道德规范也可以建立在人类基本的利益上，比如生命、健康、与他人的关系等等。[26]否则，有人可能会采取一种道德功能主义的策略，并主张任何适当的道德必须考虑到道德的作用，它能让人们根据基本的人类需求和能力生活在一起。[27]正如研究者有时在介绍性的伦理课程中所断言的，在任何情况下，道德不是"仅为一个见仁见智的问题"。人类的需求、利益和能力实际上正如它们被描述的，而且我们共同人性的认识使我们有理由以某种方式，对那些需要和能力采取行动。尊重这些人类需求和能力的一种道德立场，并旨在避免更大的罪恶，是合理的道德立场，并有权得到同胞们的尊重。

公民中的分歧威胁到他们生活在一起的共同利益以及实现合作的好处。有人可能会谈论"在某个团体成员之间，对一些事情感到需要一种通用的框架、决定或行动方针"[28]，但是没有必要依赖有关各方心理状态的假设。事实上，公民对和平共处有兴趣，无论是他们对他人怀有好感，还是积极寻找合作的基础。有关动机的事实，没有必要去建立某人有做某事的理由。在此，如果看起来像有什么心理假设，那么它们更多的是关于人类本质的基本前提，比如霍布斯（Hobbes）所制定的那些，他假设"使人倾向于和平的激情，其实是对死亡的恐惧，对舒适生活所必要事情的向往，以及通过他们的勤劳来获取它们的一种希望"[29]。在和平共处中的共同利益和为了合作活动的稳定框架，与邻居之间仇恨的感情是相容的。事实上，由于缺乏一定数量的摩擦，程序性解决分歧的需要，不会从一开始就出现。这里的假设是，即使是与那些与之存在分歧的人，人们在与他人形成一个相对稳定与和平的社会时，天生分享一种利益。我们分享这种利益，尽管可能或多或少是出于自私自利，或者甚至可能与他人竞争，一个共同社会的框架，是每一个人都认为是作为实现自己目标的手段而值得维持的东西。[30]

对能够达成合作的稳定框架的需要，有时被称为一个协调问题。尽管这不应该像在博弈论中那样援引那个术语的含义。在博弈论中，当参与者选择一个行动步骤很重要时，协调问题就会产生，但是选哪一个对参与者并不重要，只要这个解决方法能够被他人遵从。协调博弈的标准范例是，一个社会应该需要汽车在路的左侧还是右侧行驶。[31]无论是左侧还是右侧，都不具有任何真正的前社会意义,但是道路混乱的可能性需要司机提前选择靠左还是靠右。相比之下,在政治环境中,选择哪一个对公民("参与者")会有重大影响。细想两个例子,它们说明根据合理多元主义的事实,选择一个共同的行动步骤的难度。这些都是法律体系回应的各种协调问题。

第一,设想一所大学希望采用招生政策,以录取种族多样化的一班新生,既是因为它认为多样化具有教育效益,又是为了帮助纠正历史上对弱势群体歧视的影响。[32]一些公民认为这个政策违反了平等的道德价值,这应被理解为禁止政府和个人在决定如何分配各种利益时,包括大学入学的稀缺资源,考虑种族问题。他们认为,不管使用种族划分的动机如何,所有的种族分类都是不恰当的。大学的批评者认为,在申请的过程中对白人学生不利,如果理由是纠正歧视,其间这一代的白人学生不能受到牵连,这将是不公平的。

大学政策的支持者回应称,平等的概念具有形式的和实质的两个方面,种族意识的招生政策可以推动实质平等,即使它们是在一个形式不平等的基础上运行。他们认为,试图仅仅使用种族中立的手段弥补种族歧视的影响,这将是徒劳的。[33]结构性种族主义,其大学政策旨在改良,这在某些情况下造成与主观种族主义一样多的危害。在任何情况下,道德上禁止的各种种族歧视,出于种族仇恨,只是针对特定人群的成员。然而,反对者的回应是,歧视就是歧视,应该一直受到道德谴责,不管是出于种族自卑的信念,还是出于值得称道的要纠正社会不平等的愿望。

第二,假设一所医院正在考虑,如何回应在照顾身患绝症病人时反复出现的道德问题。尤其是,医院必须为撤销生命支持,以及甚至可能在病人结束自己的生命时(正如一些病人所提倡的有尊严的死亡)协助病人,建立指导方针。[34]这个医院的慎重考虑吸引了大量的公众关注,公民力促医院采取政策,尊重人的生命、尊严和自主的道德价值。然而毫不奇怪,他们对在特殊情况下应该如何看待和优先化这些价值存在分歧。[35]所有人都同意人的生命有价值,但不同意是否唯有生物生命是宝贵的,因此永久性植物状态的病人应该保持生命支持,或者是否需要一些生活质量的测试,来评估一个生命是否值得活下去。从病人的角度,仅有伴随着严重的和非人的痛苦的生物生命,可能比死还要糟糕。然而,对于使用什么生活质量标准存在进一步的争议,有人怀疑这些标准是否能够被充分精确地阐明,以避免为了这些目的认为弱智人的生活属于"低品质"。

当谈到医助自杀,分歧就变得更加清晰了。许多公民担心自愿安乐死会成为一个"楔子"或者一个滑坡,并且医助自杀会为最终国家批准的优生计划奠定基础。也有人回应说"楔子"的论点不够有说服力,不同的情况存在明显的道德区别,医生知道区分帮助某人有尊严地死亡,与处死有严重残疾的新生儿、医疗保健花费很多公共资源的老年人或者其他"多余的"人。自愿安乐死的批评者回应说,如果身患绝症病人的生活质量被认为不高,或者如果生命的价值被认为将被其他利益超过,那么就似乎没有理由不去扩大道德上允许杀人的范围,其结果将是灾难性的。这些争论背后时隐时现的是对堕胎的道德允许,所有的参与者都意识到,他们在临终背景所选择的政策,将会对堕胎争论产生影响。

这些情况不是纯粹的协调问题,因为公民感知价值不仅在于采取一些政策,而是在于把事情做对的过程中——也就是说,要追踪比如真理和正义这样的实质性道德价值。然而,重要的是我们不能解决这个问题,它意味着通过诉诸实质性道德价值得到正确的东西。因为道德分歧恰恰制造了这些棘手的公共政策问题,罗尔斯认为,正义的实体性和程序性标准是有联系的,因为只有在大部分时间给出正确(公正、公平、真实等等)的结果,程序才是公平的。[36] 坚持公平取决于实体正确的结果,让我们没有任何独立于内容的方式,来评估用以解决分歧(比如刚才征询的)的程序合理性。大学和医院需要一种构建展望未来的决策基础的方式,它考虑到由不同意指南内容的当事人给出的理由,但它取代这些理由,并为决策提供了新的依据。因此,作为一个道德问题,双方当事人都有把事情做对的双重目标,并且选定一个明确的立场,代表相关共同体关于什么是必须要做的事的观点。政治环境起因于这两个目标的冲突。人们会喜欢把事情做好,可是考虑到其他人不同意关于正确的结果将是什么,他们愿意接受达成使用公平决策程序的立场。[37]

为了让人们处于这种政治环境,他们的分歧不能如此全面而基本,以至于他们不能被称为一个与他人共处的共同社会。这里着手的法律伦理概念,受限于在或多或少的公正社会执业的律师。这并不是说,所有的公民应被认定在诚信中推理,并在所有的情况下遵循他们当成是道德义务的东西。我确实打算排除由这种极端的分裂所标志的社会,这种分裂把向自己的邻居发动战争视为对于和平地合作的一个真正选择。这种社会最明显的例子是当今的伊拉克(Iraq),及其痛苦而暴力的宗派分裂。它可能会在将来发生,什叶派(Shiites)和逊尼派(Sunnis)作为同胞来见对方,相互的和平共处是值得期待。但在目前的情况下,伊拉克不能被称为是在这种政治环境中。我还打算排除由道德怪物经营的社会,比如纳粹德国(Nazi Germany)。基于和解的论点,尊重法律的义务不支持尊重纳粹法律的道德义务——不是因为根据一些基于渊源的有效性标准它们不是"法律",而是因为,这些法律是通过确保压迫一大批公民的程序来采用的,并且因为法律控制道德罪恶严重的行为。[38]

当然,存在通常被看作是合理的公正社会的公民,他们认为那些社会的法律实质上是道德邪恶,或者通过确保压迫一些少数民族的程序来采用。除非大多数人对少数民族采取这样的残酷迫害,公民不能被说成是相互处于一个政治环境中,法律的实质性非正义不是一个切实反对尊重法律职责的基础。法律在我们居住的社会,使一个可行的、持久的共同体成为可能,具有宗教和道德观点的多样性特征。恰好是这个多样性,不可避免地制造了关于特别法是否是公正的这样深刻而棘手的分歧。这种认识论的谦卑,反映在对相反道德观点的容忍中,也可以被视为治理的一个理想,因此尽管存在实质性分歧,通过我们社会政治机构的调解,我们仍然承认相互的义务。

使法律成为必要的分歧,不仅仅关乎正义和道德。事实上,大部分法律用于解决纯经验性质的分歧。公民之间的许多争端不取决于某件事是否公正、正确或公平,而是事实(根据可适用的法律理解)是否创制做某事的义务。例如,在第一章中假设的双方当事人,如果制造商的缺陷产品造成消费者的损害,可能会同意产品责任,那么在矫正正义中,制造商将有义务支付赔偿。然而,假设双方当事人同意这个规范性问题,在这个特例中,仍然对损害是由产品缺陷还是由其他东西(比如原告的冒险行为)导致存在分歧。在正义一般原则水平上的协议,不会导致适用于特定情况水平上的一致。制造商和消费者仍处于有关彼此的政治环境中,即使他们之间的分歧本质上是纯粹经验主义的。从这种情况概括,可能会有许多关于经验主义分歧的主要问题。尽管一些有关它们引起危险的事实存在不确定性,许多制药产品和医疗设备,以及工业排放和其他污染物都被监管(或未监管)。因为这个不确定性不能使用公认的科学技术来解决,但是有必要确定这些活动是否被允许,以及在什么情况下可能被允许,政治环境在这些情况下对公民产生,就像它会在纯粹的规范性分歧的情况下一样。

二、大致的平等与还算公正的程序

在这种政治环境中,人们无法为关于善的综合学说或权利实质理论的合作活动,建立一个稳定的基础。但是,他们把自己和他人设想为平等的同胞,据推测拥有被尊重对待的权利。[39] 承认异见公民的平等政治自由,这创建了一个对用来解决冲突的所有方法的基本约束。[40] 对霍布斯来说,这是一种实际的约束——虽然知道其他人也在努力获得更多的权力,但我们都设法增加自己的权

第三章 从中立到公共理性：道德冲突与法律

力，来保护自己免受他人掠夺。然而，我要更进一步主张，同胞的平等是对用以解决分歧的程序的一种道德约束。[41]存在很多解决全社会争议的方式，但这不代表同样的成就，就把公民当作假定平等的人而言，其道德信仰有权得到其他人的尊重。一种选择是将权力移交给一个强人，他只是把自己的意志通过命令强加于公民。在巴尔干的铁托（Tito）和在伊拉克的萨达姆·侯赛因（Saddam Hussein）的历史经验表明，以这种方式来消除冲突是可能的，但这不是保证公民尊重和拥护（而不是默许）的方式。一个任命的独裁者缺乏规范性吸引力，因为尽管它实现了冲突的解决，并导致一些像和平和稳定这样的社会产品，但是这样做的代价是，未能对公民关于协议的内容应当是什么的竞争性意见，给予尽可能多的切实可行的考虑。

平等的约束需要我们给予政治辩论的参与者一个平等的发言权，这样产生的法律解决就能反映每个人尽可能多的观点。平等反映在合法性上，因为"所有受影响的人必须能够感觉到他们所做的以及他们合理地希望做的"[42]。如果它依赖于实际的诱因和参与者的态度，那么这显然是一种理想化的事物。不过，利益和价值而不是动机和情绪，是对权威法律主张的基础。[43]如果公民事实上有权享有平等的尊重，那么它将有希望为法律的权威所取代，在社会分歧的背景下，它使公民彼此尊重地平等相待。这里深厚的道德理想大体上是康德式的；"无论我们可能如何不同意他人并拒绝接受他们所代表的，我们都不能仅仅把他们视为我们想要的对象"[44]。在与别人交往时，我们接受这一约束，因为我们承认他们是跟我们一样的人，在他们具有信念和理想的能力中，仔细考虑如何生活并采取理性的行动。[45]使用武力解决分歧，为这种关于人们能如何对待别人的道德约束所排除，所以下一步就是尝试交换意见。然而，通过假设来理性地说服也不成功。因此，社会成员可能会理性地选择使用程序机制，来超越使他们分离的分歧，并建立一个协调行动的框架。试图仅仅通过推理解决分歧可能是没有希望的，但是也许大家都能同意，因为提交问题进行表决，或者通过一个公正的裁判者作出裁判，将是公平的。

当然，这对用以制定解决问题的法律程序表示反对的任何公民（和对这个过程的任何观察者）是开放的。然而，正如之前所提出的，程序的合理性并非基于使公平尽可能有效，而是基于尽可能给予平等的尊重和终局性的需要。[46]这个过程不需要为了是合法的而满足"一个理想情况下进行讨论"[47]的条件。相反，合理性的一个充分条件是，一个政治秩序也足够在允许个人影响政治决策方面起作用。在一个比如政治这样的非理想领域，所有对一部合法的法律所必要的是，该法律是使用程序制定的，这个程序能使公民参与立法过程，又能在一个大规模的、多样的和分散的社会可以被期待。[48]乌托邦式的政治概念，取决于理想的公平程序，或者坚持实质性公正结果作为一个合理性条件，它未能认识到，在一个体系中存在能使公民至少参与一个有序过程的价值，以整个共同体的名义建立一种权利主张，作为对强大的公民简单支配他人的一种取舍。

程序中的缺陷

看报纸和维护任何一种立法过程的理想主义观点，都是不可能的。立法程序因为有比如"达成交易、互相吹捧、迎合利益、政治分肥、讨价还价和见风使舵"[49]这样的缺点而存在缺陷，这是传统的智慧。例如，在美国国会，立法领导者挑选将发出领导命令的委员会主席；少数党往往被冻结在起草议案和提交修正案的委员会过程之外；两院的领导可以使用委员会协商程序，参议院和众议院的议案因此得以协调，增加或删除未经充分辩论的条款；精明的立法者可以利用程序手段，以拖延或阻碍他们不同意的立法；以及仅仅为了这个地区居民的利益，立法臭名昭著地夹杂着"专项拨款"或为代表的家乡选区拨款。

几个有代表性的逸事应该足以说明问题。在乔治·W·布什（George W. Bush）政府第一任期期间，在《新共和国》中的一篇文章描述了首次当选的民主党代表，努力获得众议院对一项立法所提修正案的全部投票。[50]由共和党9：4控制的规则委员会，拒绝允许考虑该法案的修正案。（正如另一个民主党众议院成员所提出的，委员会的行动不是仅定位于基础问题，而是国会是否应当讨论基础问题。[51]）除了文章中描述的事件，众议院共和党领袖，尤其是多数党领袖托姆·德勒（Tom DeLay），因使用强硬的议会策略推动立法在议会通过而闻名于世，对修正案没有辩论或修订的机会，无论他们的行动是否获得大部分代表的支持。在一个臭名昭著的事件中，德勒坚持对医疗保险处方药法案进行公开投票，直到早上6点。因此，共和党领导人能够说服（有人可能会说强迫）他们政党一些不同意见的成员投赞成票。[52]甚至糟糕的是，德勒对拒不妥协的尼克·史密斯（Nick Smith）承诺，如果史密斯把他的"反对票"改为"赞成票"，他在国会竞选中会支持史密斯的儿子；如果史密斯仍然继续反对，他就威胁对史密斯的儿子不利。[53]

无论人们如何看待由这些鬼把戏产生的立法功绩，很难表征这个过程作为对竞争的观点和分歧者尊重的考量。在这些情况下，德勒和规则委员会主席都举止蛮横，违反每一个公民在政治环境中应有的认识，"他的声音不是社会中唯一的声音，而且他的声音在政治进程中应该不比任何其他权利持有人的声音更有价值"[54]。除了在微观层面从道德上批评立法过程，整个政治过程的一些特征，可能是断定一个给定的法律是非法的基础。例如，人们可能会认为，这个融资选举活动体系如此严重地偏向富有的捐赠者,特别是大公司,以至于任何由选举产生的立法机关通过的法令,都可能由于公民个人的利益在立法过程中没有得到代表而遭到反对。[55] 同样,有人可能会认为,当前的选区划分系统未能纠正对少数民族的历史积怨。其他人或许会反驳说,最高法院在承认种族方面走得太远,种族甚至被认为是重新划分选区的一个因素。然而,由现代民主的政治机构创制的大多数立法和普通法判决,根据非理想政治理论来衡量都是合法的。

尽管它们存在一些缺陷,把这些程序视为合法的理由是双重的。首先,很难设计出一个处理复杂立法任务的程序,这个程序不易受一定数量粗鲁的党派之争、操纵和滥用的影响。即使在一般由相互尊重和礼貌所表征的立法中,对于多数人把问题的优先解决方法强加给少数人,偶尔也是必要的,并且仅仅因为它是多数,它也有权这么做(问题当然限制在《人权法案》和程序性正当法律程序的要求中)。而在《新共和国》一文中描述的程序性操控,听起来是令人讨厌的,在一个由 435 名成员组成的团体中,经常产生长达 3 000 页的拨款法案,因此有必要对辩论和提供新的修正案强加一些限制。为了压制异议,这些限制可以被滥用,但是为了避免对一个特定的程序性策略是滥用的还是公正的陷入分歧,有必要对由这些程序产生的立法给予假定的合理性。如果一项立法可能被断定为非法,如果辩论和修正程序对竞争的观点没有予以最大限度的尊重,立法将无法实现其面对分歧能够协调社会行动的功能。对相反的观点尽可能地重视是一个理想的民主进程[56],但是,立法过程最大限度地尊重异议者的观点,这不能是民主合理性的必要条件。在某种程度上,多数人有权说"我们已经听够了",然后继续前进。

其次,所有这些可评估的条款(党派性、滥用等)都是关于人们可以善意地反对的归因。公平是程序的一个重要价值,但这是终局性的。作为一个充满竞争修正案的措施,能够提高公平的程序,比如给少数政党成员一个机会提出立法修正案,可能会削弱终局性利益。美国参议院以保护审议著称,并且因此导致公平,但是它也以低效率而臭名昭著。像拖延方案和允许单个参议员持有司法提名权(被称为"蓝条")这样的实践,均以终局为代价有争议地高估公平。类似地,比如似乎创建参与政治分肥机会的专项拨款这样的程序,可能就提高立法的代表性和民主反应性而言是合理的。专项拨款可能被指责为政治分肥,不过,某一政治分肥是另一个有效政府对当地一些迫切问题的回应,否则会被争论的问题淹没,因为某种原因会更加广泛地突出政治。[57]

鉴于程序性美德的多元化,一个立法团体可能寻求实现比如效率、审慎、终局和公平等价值,理性的人可能不同意应该规制这个机构活动的规则,这并不奇怪。通过来自合理的规范性分歧的暗示，如果程序必须足够公平，那么没有人会相信有什么对他们是不公平的，这将使得社会没有办法使用法律体系来引导自己走出政治环境。因此，如果对程序公平的协议是合理性一个必要条件，那么立法过程将永远无法解决冲突，并为协调行动建立一个临时基础。比照与竞选资金诸如此类相关的宏观层面的公平问题，可以得出同样的论点。

当然，在法律被认为合法之前，我们应该对其需要什么谱系仍然存在大量的分歧，与之相随，有人可能会指出合理性有一个多元化的合理概念。[58] 解决这个二阶分歧的唯一方法是，在使用正式法律程序解决社会分歧时，为发现足以破坏公民共同利益的不公平，设置非常高的门槛。（这是我使用"粗略的平等和还算公正的程序"这一术语作为这一节的标题的原因。）换句话说，充当合理性一个必要条件的程序公正，其任何标准一定都非常微弱。有一种风险就是，合理性这个程序性概念将如此薄弱，它适用于使用公平程序制定高危法律的真正糟糕的政府——德国纳粹政权就是很明显的历史例证。这样的回应是吸引人的，如果事情真的超越了一个文明社会可以容忍的范围，那么一个适度公平和功能完善的法律体系给予其法律认可，这是极其不可能的。

实质的非正义

问题是，在纳粹的情况下，以及在美国法律历史上臭名昭著的非正义例子中，法律问题并不被视为完全超出了社会的范围。事实上，它们被绝大多数的人狂热地支持。但正如道德哲学能够被过分专注于高度异常的假设，比如与另一个人一起被困在救生艇中，而淡水只够一个人用；或者醒来发现自己通过肾脏与一个著名的小提琴家相连；法哲学太专注于德瑞德·斯科特（Dred Scott）、普莱西（Plessy）和是松（Korematsu）。"围绕德瑞德·斯科特（Dred Scott）（或纽伦堡[Nuremberg]），而不是围绕当代政治家，关于堕胎或学校祈祷的观点，设计一套权威系统，是要作出一个显而易见的理论决策选择。"[59] 从重建后到19世纪五六十年代的民权运动时期，南美吉姆·克罗（Jim Crow）政权甚至没有满足以尊重态度善待反对意见的最低标准，并且至少对影响非裔美国人的问题不压制异议。在那个政权中，非裔美国公民仅仅被当作大多数人意愿的对象。

不能从在合法性上存在缺陷的这些例子推断出，现行制度的各方面缺乏一种理想，致使其指令都是非法产品。正如前面提到的，这将是一个不同寻常的限制情况——可以想象但并不经常发生——人们有理由相信政治制度如此普遍地歧视他们，由此产生的与他们有关的法律都是不合法的。更有可能的情况是一个局部不公正的看法。例如，性小众群体（男同性恋者、女同性恋者、双性恋者和变性人）成员可能相信，政治进程已经被一些公民占领，他们的非理性偏执使其无法公平地决定关注这些群体的事情，比如，同性婚姻和同性伴侣的收养权利。问题由此产生，通过允许公民对所适用法律的含义提出异议的法律解释实践，是否可能治愈局部不公正，并从公正的立场坚称，法律的"官方"版本是错误的，并且应该有不同的理解。这种可能性将会在第六章考虑。如果不可能正确解释法律以达到公正的结果，那么可能会出现这种情况，律师必须容忍局部不公正，即使这遭到公民的反对。（如果公民是律师的客户，那么律师将处于一个尴尬的地位，告知其客户法律与客户利益是不一致的。）律师的道德可能比普通市民的要求更高，而且在特定的情况下可能强加尊重法律的更高义务。

合理性的纯程序标准的批评者，反对一些实质性约束当然必须放在政治程序中以确保结果公正。正如罗尔斯所主张的，我们不认为合法的法律制度承认"奴隶和农奴制、宗教迫害、工人阶级的征服、对妇女的压迫以及巨额财富的无限积累……"[60]。对这个异议的一个肤浅的回应是，事实上美国法律制度容忍许多实例，人们可能称之为工人阶级的压迫（例如使工会组织难以承受的法律）、宗教迫害（正如通过一些宗教原教旨主义者眼中看到的，最高法院禁止在公立学校祈祷）、对妇女的压迫（例如法律允许较多的色情作品），以及美国的政治机构当然地容忍累积巨额财富。

尽管这种回应有点肤浅，但是因为法律体系不接受最严重违反正义的这些实质性原则，到目前为止它应该是很清楚的，如果不显示讨论中法律的支持者是不合理的，合理多元主义的问题会使得难以利用像征服、压迫和烦扰这样的概念。前面所述肤浅回应的事实是，争执双方可能都有合理的立场。比如，作为反对主张，法律允许色情导致女性受压迫，至少在美国有一个悠久的历史，起保护作用的司法判决不受欢迎，甚至因为与不信任国家权力和官方正统信仰有关的理由，而应受谴责。[61]我们不应急于去宣布一项不合法的法律，因为从我们的眼光看来它不公正。在政治领域里，一个公民必须考虑他"自己关于正义坚定信念，正好也作为存在于他人心中的一套信念"，并"愿意采用一种相对公正的方式，解决在关于正义的社会中，针对人们喜欢与他人不同意见的事实，可以采取什么措施的问题"[62]。

当然，对这种宽容必须有一个限制。罗尔斯的自由主义政治理论，只是将宽容扩展到分歧是合理的观点，而不是像这样的反对意见。[63]遗憾的是，罗尔斯并没有说明这个区别。他写道，合理的综合学说不仅仅是自身或阶级利益的那些表达。而且，它被认为是一种立场合理性的证据，它由公民自由确认，而不需要施加强制性国家权力。[64]然而，除此之外，似乎只有一个关于合理性的正式标准：一个合理的综合学说是能识别互惠和一般理由的一个标准[65]（即，某人必须做好准备，以可以被受影响的人接受的理由，来满足正当理由的要求）。"道德理由必须是一般主体间性的共享的理由，它可以通过推论予以挽回。"[66]像吉姆·克罗（Jim Crow）政权这样非正义的极限情况是，这些法律与生俱来无法从公民可以接受的角度公正地影响公民。吉姆·克罗的实质性不公正，不把非裔美国人看做完全平等的公民，他们的利益不跟那些白人公民的一样重要。把他人看做不如常人的一个综合学说，可以作为不合理的学说被排除，法律仅以这样一个学说为基础，将缺乏合理性。然而，这些极限情况是罕见的，因此律师应该谨防，在不公正的法律中，假定他们自己的信念是把它视为非法的一个充足理由。

第三节　道德理由与法律义务

在法律伦理中，传统的观点是，对遵守法律的部分公民没有显见义务，因此律师没有义务对法律忠诚。[67]依照这个观点，律师在给客户提供建议时，同样没有义务把法律作为一个理由，因为公民没有遵守法律的道德义务。因此，法律只会成为一个对律师为了其客户的利益而做什么的实际约束。被抓到违反法律和受官方处罚是不愉快的，律师可以帮助其客户避免这些糟糕的后果。但这并不是一个道德理由，只是一个审慎的理由。律师可能没有道德义务根据法律的需要去建议其客户，因为客户他们自己没有遵守法律的道德义务。这个立场的结果是，要么律师有义务把客户利益作为行动的最重要来源（理解标准概念的通常方式），要么律师应该直接按照普通道德的考量行动（批判标准概念的通常方式）。为了超越辩论的框架，证明法律为公民创建理由的主张是必要的。

罗伯特·保罗·沃尔夫（Robert Paul Wolff）提供了一个例子来说明，应其他人的要求有充分的理由行动，与把这个人作为一个权威，二者之间的区别——也就是说，作为一个人，他的指令可以创建行为的理由：

> 如果我在一艘沉船上，船长下达命令给救生艇配备人员，假设其他每个人都因为他是船长而服从他，在这种情况下，我可能会决定，我最好按照他说的去做，因为不服从他而引起的混乱一般将会有害。但只要我作出这样的决定，我不服从他的命令，那就是我不承认他对我有权威。[68]

可能有充分的理由遵循另一个人的指示，但是以自治为核心的道德责任要求，我们从未因为它们来自于其他人而遵循这些指示。这样做将是放弃构成我们作为人的东西。对一些事情来说，构成一个理由意味着它能经得起深思熟虑的审查。反思是与规范性密切相关的，由于我们从自己的立场来反思问题，以此它使得做某事有意义。[69]通过考虑我们在反思中依赖的理由是否将会为那些受我们行动影响的人所接受，他人的利益能够被考虑。[70]

因此，对于价值的产物和道德责任的归属，理性的自治是根本的。道德假设人们能给出他们行为的理由，并且根据其他人的理由行动是道德机构逊位的必要先决条件。正如沃尔夫的例子所表明的，我们可以做某人告诉我们的，但只有在我们反思之后独立得出结论的时候，才确实有充分的理由去做别人告诉我们做的事情。基于这个理由，从一个自治的观点来看，"严格地来说，不存在命令这样的东西"[71]。遵从船长命令的唯一理由是，不管船长是否发布一个命令都会存在的理由——也就是说，有序地撤离以拯救尽可能多的生命的重要性。船长不能创造那些理由，他的命令仅仅促进人们做他们已经有理由做的事情。

真正的船长的命令，也是真正的法律命令，如果他们不遵守，就通过强制制裁威胁公民，潜在地甚至更多地干扰负责任的道德机构的活动。沃尔夫是一个哲学的无政府主义者——也就是说，有人相信法律绝不能创建理由——但是许多政治哲学家采取一个更稳健的立场，声称法律只有在特定的、相当严格的条件下，才能创造新的行动理由。[72]如果一些法律命令已经是道德要求，比如避免伤害别人，那么公民有义务按照法律的要求去做，但那是因为行动命令已经是一个道德要求。法律也可能把道德要求"具体化"[73]，例如，通过具体说明合理地行动，以保护其他高速公路用户所需之安全的道德要求，在某些情况下，人们不能超过特定的限定速度。此外，有可能存在这样的情况，法律保护一个合作的公平计划，这就需要那些受益于该计划的人尽其责任来支持它，而不是对他人的合作搭便车（free-riding）。然而，除了这些情况，来自同意、默许、公平和联想服从的传统论点，被发现希望作为遵守一般义务的基础。如果有的话，很少有现代民主下公民的行为，可以貌似合理地被看做，让自愿通知（实际或隐性）的同意受法律约束，而且大多数公民在大部分的时间内，都不愿意接受来自合作的公正计划的好处，这样一种遵守的义务可能是基于互惠的考虑，或防止搭便车的需要。[74]

紧接着的部分（第三章第三节第一部分）认为，存在尊重法律的一般义务。如前所述，这是一种不像遵守法律的义务那样强烈的义务。这可能是政治义务，而不是遵守法律的义务。[75]在这种政治环境中，不使用解决歧义的程序机制，而为合作和共存建立一个基础是不可能的。所有公民都有兴趣在公共项目上一起生活和工作，而且这么做是基于他人会作为合法权利来接受的权利。这表示公民相互有义务以尊重道德多元化的方式行为，这意味着承认他人可能善意地不同意人们应有的权利。就在一个特定情况下应该做什么而言，公民通过按照法律准则行为来遵守这项义务，机构和程序以整个共同体的名义，建立了确定受托责任的一种立场。第三章第三节第二部分直接处理由法律制度所创建理由的力量的问题。约瑟夫·拉兹（Joseph Raz）认为，法律主张当权者和法律部门创建排他性的行动理由，这是一个概念上的必要性。[76]虽然我追随拉兹式的对法律权威本质的一般考虑，但我会坚决主张，法律创建了假设的义务，而不是决定性的义务。

一、义务、权威和排他性理由

对于遵守法律的义务的标准理由——同意、默许、公平等——被夷为平地的争论，已经说服一些哲学家，法律不创制一般道德义务，即使在某些情况下，它可能承担相对分离的和局部的义务。换句话说，人们可能否认法律拥有合法的权威。拥有权威意味着某人或某事有权利指挥行动，而且这个权利对服从这些指令的部分权威对象，带有一个相关职责。[77]权威通过创建"应当"来改变其对象的规范情况——当一个权威命令某人完成 A 行动时，这个对象至少有一个去做 A 的初步理由。[78]船长的例子是为了彰显道德机构和权威之间的冲突。因为他是船长而遵从其命令，似乎涉及一种责任的放弃，让·保罗·萨特（Jean-Paul Sartre）称之为恶意的行动。[79]然而，值得注意的是，如果某人遵从船长的命令，因为船长过去已经证明是一个安全航海的可靠指导者，并且有兴趣在海面上保持安全，那么遵从船长的命令可能不是非理性的或一种责任的放弃。

这个观察报告表明一种方式，法律的权威可以根据公民在任何情况下具有的理由来辩护。这是由约瑟夫·拉兹提出的解决方案。[80]拉兹认为，把任何事情或任何人看做权威，其唯一可以接受的道德理由是，与一个人没有权威的帮助而仅试图靠自己相比，它能使一个人把他已经具有充分理由去实施的某些事做得更好。[81]这就是所谓的标准的正当化命题（Normal Justification Thesis）。这种说法根植于一个代理已经采取行动的理由，并依赖于一个权威的身份（一个人或像法律体系这样不具人格的制度），使得代理人在实现其已经有理由去追求的目的方面做得更好。

标准的正当化命题听起来晦涩难懂，但权威专家的类比表明了它是如何工作的。[82]假设我想使用清汤或酱做一份好的牛肉汤。我是一个合理的、称职的厨师，可以应付这些工作，但设想一下，我有喜爱美食的朋友过来吃晚饭，我希望这份牛肉汤做得非常好。在实现目的方面，如果我翻阅了雅克·佩平（Jacques Pépin）的烹饪技术纲要中的操作指南，将比我试图按照自己的程序做得更好。我知道佩平是一个超出我的想象的好厨师，并且在漫长的职业生涯中，他已经学会了解关于经典烹饪技术基础的所有事情。至于沃尔夫"不负责任"的批评，要注意的一件重要事情是，我不是在恶意行动，或者我的意愿低于佩平，因为在遵循他的指令时，我是根据自己的理由行动的——即，渴望做一份好的牛肉汤。我没有遵从佩平，只是因为他是一个非常受人尊敬的厨师，但是因为我意识到我已经达到了自己可以达到的极限，而另一个人（即佩平）可以帮助我在实现一些真正属于自己的目标方面做得更好。[83]

然而，专家的类比仅能达到这种程度，因为许多专家的权威只是理论上的。一个理论权威的指示，如佩平及其经典烹饪技术的书，提供了独立于权威言论的关于理由平衡的信息。[84]无论任何人对这件事有什么看法，一位细心的厨师有理由去烤骨头，并保持水在刚好沸腾的温度，以及撇去在制作高级牛肉汤时上升到锅顶的浮渣。没有大厨或食谱汇编可以改变存在的理由平衡；权威能做的最好的事情就是，改变权威的对象在处理好理由平衡时可能发生的事。[85]理论权威对那些有兴趣把理由平衡处理好的人们是有用的，但是他们并不取代代理人的推理，代理人试图完成总的来说他们所应当做的事。纵然有人可能会普遍遵从理论权威，这个遵从只是被便利或信息成本考量微弱地保证。也许有人是这样一个新手厨师，如果他违反雅克·佩平的操作指南，他将永远不会成功地做任何事情，但是当他获得经验，在某些情况下他可能有理由一意孤行。提到潜在的理由，它总是对理论权威的对象开放，并直接对他们起作用。[86]一个理论权威能做的最多的就是，为事情是这样的一个信念提供充分的理由，它不直接对一个人应当做什么的问题产生影响。

相比之下，实际权威（包括法律）要求改变其对象的规范情况。[87]这些权威主张创造行动的理由，而不只是信念的理由，依照拉兹的说法，这些理由取代了不然会适用于权威对象的潜在理由。[88]也许在一位专家的指导下，而不是通过平衡潜在理由，作为行动的一个决定性理由，实际权威的对象必须把权威的指令作为约束。回想一下，把某事作为权威的正当理由是，遵从它的指令能使一个人对他已经有理由去做的事情做得更好。所有的权威"充当人们之间的调解人以及适用于他们的正确理由"[89]，但是实际权威仅能通过取代本应采取的行动理由，使人们更好地遵守理由，而不是在一边或另一边添加平衡理由。这听起来有悖常理，甚至含糊不清，但是有一些相似的情况，遵从另一个人的指令是实现自己目的的最好方法。[90]意志薄弱就是一个例子，在这个例子中，只是通过作出一个遵守他人指令的预先承诺，而此人的意愿被认为是稳定的，就可能实现一些目标。类似地，也可能存在这种情况，决定行动的适当过程，导致太多的焦虑或花费太多的时间，因此有人将有正当理由允许一个可信的人（就像一个家庭成员）为他做决定。①

110　　政治权力的正当理由可以从另一个案例中进行归纳，这次以拉兹的一个著名例子为基础，在实现协议和解决协调问题中，说明法律权威的功能。试想在具有长期商业关系的双方之间出现争议。[91]假设其中一方是另一方所设计和制造机器零件的经销商。制造商认为，经销商已经盗用相关商业秘密或制造过程，而且违反经销权协议卖它自己的部件。经销商回应说，争论中的技术不受商业秘密保护，他自己这边的经销不违反协议条款，制造商干预经销商订立的合同属于侵权行为。即使解决这个非常简单的争端，也将涉及许多事实、合同解释和法律问题。合同相关司法权的法律、商业秘密和对合同的不正当干涉，创设了法律问题；合同的措辞和双方的交易过程，设置了经销零件私人协议的限制因素；双方当事人的行动（经销商出售部分这样那样的类型给这一方当事人吗？）都作为事实问题争论。当事人各方都有关于解释合同和可适用法律，以及引起争议事实的正确方法的看法。但是当各方试图说服对方其观点的正确性时，双方意识到推理本身并不足以解决纠纷。双方都陷入僵局，但进一步假定，他们都发现一个从持续关系获益的机会。他们渴望互利关系的继续，但需要为此超越争端。因此，他们同意将争议提交给仲裁员，并以仲裁员的决定作为冲突的一个有约束力的决议。

　　正如拉兹所指出的，仲裁员的决定具有显著的特征。首先，这个决定对当事人是有用的，只要它具有约束力，不管以当事人的观点是否是正确的。[92]仲
111　裁员的权威性因此被说成内容是独立的。[93]鉴于争端难以处理（或者，解决它至少是复杂的和高费用的），如果各方在决定是错误时都有权驳回这个决定，那么提交纠纷给裁判员将无济于事。[94]其次，尽管裁判员的决定代替了潜在的理由，但它必须基于那些理由，而不是与争端的解决无关的东西。[95]当事人希

---

①　在某些情况下，权威专家对权威的特定对象可能会失效。对于拉兹，权威是一个权威、对象和理由领域三者之间的关系。Raz (1986), p. 28. 对于特定的理由，一些对象可能比权威有更多的专业知识；"一个药理学专家在药物安全事务方面，可能不受政府权威的支配……"同上，p. 74. 这种观察不破坏该案件的法律权威，因为正如拉兹所指出的，政治权威合理性的主张根植于它们的公共性。同上。正如我在此已经讨论的，法律使所有的公民都能够根据以整个政治共同体的名义已经建立的权利和职责，向其他人证明他们的行为是对的。如果持有那样的理由，它将通用于共同体的所有公民。

第三章 从中立到公共理性：道德冲突与法律

望裁判员根据关于哪一方的理由最具说服力的观点，而不是通过任意地选择一个赢家来解决一个纠纷。如果裁判员掷硬币，或者作出对付出了最大贿赂的一方有利的决定，这个决定将不会合法，因为它不代表仲裁员正当行使其所主张的任何权利，并可能在事实上强迫默许它。同样，一些充满智慧的决定，允许经销商只出售一半给他从前的客户，这将不会反映当事人支持自己法律权利主张时的理由。仲裁员决定的力量——如果它将被视为合法——不是来源于仲裁员迫使服从的实际权力，而是来源于仲裁者在其决定中反映平衡潜在理由的企图。拉兹将这些潜在的考量称作从属理由，并强调，尽管仲裁员的决定必然会取代从属理由，但其合法性不能被理解为远离了已经适用于当事人的理由。[96]

最后，仲裁员的决定不仅仅作为另一个理由，被添加到平衡当事人已经采取行动的潜在理由，这对拉兹描述权威至关重要。[97]如果它是为了双方当事人行使职责，正如他们想让它做的，仲裁员的指令必须替换纠纷所根据的潜在理由。这个决定对当事人的行动是一个优先的或者排他性的理由，在某种意义上，当事人原本依赖的理由（比如，关于对一个合同条款应采用的解释方法的一种看法），可能在仲裁员的决定作出之后不再被依赖。[98]决定被提交之后，在当事人对一些被决定覆盖的问题感兴趣的范围内，比如经销商是否有权利用制造商的某些知识产权，当事人双方的行动理由仅限于仲裁人的决定。当"销售机器零件给某人不被合同禁止"，不是一个允许的理由，"订单显然允许我出售机器零件给某人"，这对批发商的行动是一个允许的理由。

拉兹认为，为了权威服务于当事人所需的目的，权威的理由必须具有排他性。在仲裁员的例子中，每一方都认为它有适用理由的平衡权利。除非其中一方策略性地或恶意地（当然有可能）行动，各自都会被要求，为他们基于合同条款和可适用法律事实的立场，提供一个理由。对方认为，自己的主张也同样有充分理由，这创造了一个僵局。双方当事人都愿意在这个联合建立的商业关系中行动，但是各自都发现，对方的存在以及对评估他们各自索赔权利的正确方法的分歧，妨碍了他们做任何事情的能力。因此，为了更进一步，当事人需要诉诸一个程序性机制，来解决他们的分歧，并且建立一个行动理由，以取代给双方带来争议的潜在理由。目前正在进行的关系不仅限制了当事人的选择权，而且还对他们为了摆脱僵局而诉诸的各种考量造成一种约束。只要当事人各自的立场存在一些合理的基础，对支持这些立场正当理由的诉求就将是徒劳的。在某种程度上，当事人可以说是必须"撤退到中立态度"，并找到了一些他们都同意的继续合作的基础。[99]

拉兹关于仲裁员的例子，表明了法律权威一个简单直观的画面。[100]这不是一个"看不见的手"的解释，表明任何社会的法律实际上以这种方式进化。相反，这个例子是为了更像一则寓言，与在经济学教科书中发现的用以说明货币或银行体系发展的故事相似。它通过带来如果我们放弃法制观念将会失去的救济，解释法律的权威不是作为一个历史系谱的东西，而是基于其规范性吸引力。[101]该理念是，如果人们不同意最符合理性要求的行动过程，但仍然同意需要做一些事情，那么实现其目标的唯一途径可能是，遵从一个权威人物或制度的指令。如此，他们实际上同意把权威的理由作为做应该做的事情的理由。在仲裁员的例子中，该决定的权威来自于双方同意遵守仲裁员的裁决；对于法律，权威则来自于政治环境。

从约翰·菲尼斯（John Finnis）的现代自然法理论，到拉兹式对权威的论述，这里的论点增加了一点特色。菲尼斯开始其所有人都要服从道德要求的评论——正如他所言，我们必须进行关于我们自己的幸福与他人的幸福之间关系的实际推理。[102]虽然我们能够在一个高水平的普遍性上，同意某些基本价值的重要性[103]，但是，我们必须确定这些道德价值在具体的实际行动中意味着什么。我们关于道德要求的推理必须与其他人相协调——没有这种协调，我们不能说是在一个共同体中行动。[104]当我们在共同体中与他人行动，并且我们的行动影响到他人的利益时，我们必须考虑我们作为个人的道德要求，并且敏感到他人可能不认同我们对具体行动的说明，以及应该如何对竞争的原则加权和优先。

这对菲尼斯不是一个独特的立场。罗尔斯在很多方面与菲尼斯不同，他强调判断的负担导致人与人之间合理的分歧。[105]菲尼斯的独特之处在于其这样的观点，在一个政治共同体中，一个权威对协调所有公民遵守道德要求的努力是必要的。[106]如果处于一个大范围共同体的人们以遵守道德要求为己任，并且这些道德要求包括（它们必须）涉及他人的利益，那么共同体中的公民会面临一个问题：每个人关心的是实现自己的利益，与道德强加的要求一致，其追求自己利益的行动没有正当理由不得妨碍他人利益。因此，肯定有一种使道德要求得以协调的手段，以便人们能够根据引起正当理由需要的他人利益，正确合理地行动。在能使得个人按照公共利益行动的范围内，法律应当被认为是合法的，那里的"公共利益"被理解为"倾向于青睐共同体中每个成员实现其个人发展的材料和其他因素的一个整体"[107]。个人理性本身将不能得出一个结论，认为在一个共同体中需要什么道德要求，因为在一个共同体中，遵守道德意味着协调自己与他人关于道德的信念。

二、假定的或决定性的义务

我已经说过，我在不认为权威创造行动的排他性理由方面，与拉兹不同。在此，辩护的立场是法律制度足以建立非常重要的理由，这应该只有在特别的情况下被否决。在更多的规范性和更少的概念性方面，这里的观点也不同于拉兹和菲尼斯。诉诸作为一个概念性问题在共同体中的服从意味着什么的观念，菲尼斯提供了一个构成性观点；重要的是，他没有诉诸权威性协议的良好后果，比如秩序和稳定。[108]拉兹同样认为，它是一个涉及权威概念的事实，这种权威的指令取代不然将适用于权威对象的理由。[109]与拉兹和菲尼斯相比，我的论点的基础是，在政治环境中以尊重对待其他公民价值的一个更坦率的规范性诉求。

不同意的人可以用不同的方式对待彼此。最不尊重的方式包括试图通过胁迫的武力手段控制他人。对分歧的这种回应相当明显地显示一种态度，他人只是满足某人愿望的阻碍，更不用说创建霍布斯所深刻描述的暴力和恐惧的循环。一个处理分歧的更值得尊重的方式是寻求说服别人。至少就考虑能力的理由而言，说服的尝试需求助于另一人作为能被共享的利益和价值诉求打动的身份，从而在对话中显示对参与者同等的认可。[110]然而，假设劝说是无效的，那么我们将处于政治环境中，其间人们善意地不同意应当对各种迫切问题采用的解决方案。在这种政治环境中，审议不足以确保，对能以整个社会的名义追求的行动过程取得一致同意。[111]为能使所有人都同意的行动成为必要，还需要别的东西。

这个"别的东西"应该是一种程序，它在把所有公民的观点看作推定有权得到尊敬方面，做得尽可能好，与以整个共同体作的名义最终解决争端和选择一种常见做法的需要一致。法律能使人们把无理性的要求转化为权利主张。换句话说，作为一个被标以深刻而持久分歧的社会，法律解决规范纠纷代表我们所能做到的最好的，在我们的相互关系中体现平等，并按照承认所有人固有的尊严而行动。平等和尊严是这个争论的规范基础，并且体现对人的尊重是尊重法律的义务来源。

的确，公民常常把法律体验为一种刺激物，而不是什么值得效忠的东西。流行文化充斥着对违法者的赞美，从撞击乐队轻蔑地唱"我反对法律，但法律赢了"，到好莱坞中的陈词滥调，特立独行的警察希望打破一些规则来抓坏人。[112]很少引人注目的是，人们把二角五分的银币放入停车计时器，是因为他们不愿意买票，而不是出于一些有关停车规则的宏大社会价值概念。但是，不管人们的动机如何，法律实际上建立了一种生活方式，与同胞生活在一起，并把他们当作权利持有者对待。如果某人宣称法律并没有真正创建一个义务，他实际上是主张一种超出其同伴的更高权力，免于必须与其他人遵守同样的规则。这与挤到一个队列前面，或利用关系让孩子进入一所精英私立学校，没有什么不同。这些都是相对次要的无礼实例，从这个意义上，如果一些人拒绝遵守规则，那么混乱与无序不太可能爆发，但他们仍然冒犯他人的平等和尊严。想想人们对插队者的反应："嗨，你这个混蛋！是什么让你特殊？"一个人所经历的冒犯的感觉，与被冒犯者当成一个不受平等对待的人的感觉相关。

与自助的实例相比，法律以一种认真考虑其他公民的主张，使其偏好能够以被公正考虑的方式解决分歧，在决定以整个社会的名义应当做什么方面，不使他们的声音比别人少。[113]无视法律基本上收回了通过法律程序扩展到个人的尊重，而代之以原始力量的行使，或者个人独立于整个社会而实际上是有法律保护的态度。拒绝根据法律权利向他人证明自己，这使人处于简单地表达赤裸裸愿望的一个相当尴尬的境地，就像一个蹒跚学步的小孩发脾气一样。一个人可能只是勉强地遵守法律，就像通常讨厌的法律侵入人们的日常生活一样，不过即便如此，也是勉强符合对某人同胞尊重的表达。我们在通俗文化中可能限定不服从，但它不能因为不尊重他人无视法律的表现，而一直作为公民道德的基础。因此，只要法律不超过一些不公正的限度，存在一种义务服从即使不公正的法律。[114]

因为这是一个规范性的论证，而不是像拉兹和菲尼斯所提出的那样的概念性主张，尊重法律的义务的权重必须分别设立。在政治环境中，对他人平等和尊严的承认，以及法律把要求转变为权利主张的能力，创建以显示对法律尊重的方式行动的道德理由。这些理由可能有如下所示不同的权重：

1. 一个道德理由，但是没有更多的，不是一个遵守法律的义务。

2. 一个表见证据或（更有说服力的）假定的理由。也就是说，当缺乏以另一种方式行动的某种理由时，驳斥的推定将会有一种遵守法律的义务。

3. 一个遵守法律的决定性理由。

立场（1）代表法律伦理中的传统智慧。[115]标准概念的批评者认为，律师试图把道德的兔子从限定律师角色积极职责的帽子里拉出来。但是诀窍当然取决于一开始就把兔子放入帽子，并且没有道德理由去要求尊重法律，那这里将没有理由去要求尊重监控法律义务的角色。[116]这些批评者也不得不承认，有时可能会存在遵守法律的理由，但这必须基于特殊情况独立地建立，比如法律追踪什么是另外的一个道德要求，或创建一个公平的合作计划。即使在特殊情况下可能存在一个义务，也不存在遵守法律的一般义务。

从逻辑上讲，立场（3）是作为应用到法律权威的标准正当化命题（Normal Justification Thesis）的结论。对于拉兹，官方创建排他性理由必然是正确的。然而，与其制造这类论点，倒不如人们依靠法律作为首选的观点，更可能会提供规范性（或者更好地描述为功能性）的论点。[117]这个争论将开始于询问律师在一个实践中工作为什么重要，在这个实践中法律规范与非法律的道德考量是有区别的。本章的主张是，正是因为它独立于有争议的道德考量，法律作为一个独特的治理模式可以履行其功能。在一个多元社会中，法律为面临分歧的协调行动提供一个框架。"如果这样一个体系的普通操作，不需要人们为了发现法律是什么而运用道德判断，与法律、合法性和法治相联系的价值，在一个相当丰富的意味上，能够最好地实现。"[118]通过指导律师（代表公民个人或政府部门）不要直接遵行他们认为是道德或正义所要求的，合法性的价值能够最好地实现，因为道德和正义的要求出于诚意，在大多数有趣的情况下是有争议的。法律作为一个共同体提供了一个框架，通过制定规范性分歧的一项临时解决方案，以处理这些问题。

因为这不是一个概念上的争论，所以它没有声称所有的法律在任何地点和任何时间都是正确的。相反，它是一个关于法律规范性吸引力的主张，基于它可能保护的价值，在一个多元化社会里有相当公平的程序可供制定法律。因此，认为它承担一个绝对服从的义务是难以置信的。因此我们大约处于立场（2），剩下的问题是，这里给出的论据是否证明一个表见义务，或像推定义务这样更有力的东西。在任何情况下，这个问题可以在平衡的另一边，从多少必须被显示角度被看到，以证明不服从。这个问题的答案，放在这些条款中，取决于我们是否正在讨论公民或律师的义务。公民也许被允许，以对律师禁止的方式不尊重法律。律师社会角色的特殊性及其相关权利和义务，必须被理解为关于合法性的价值。相比之下，公民的角色没有被如此狭窄地定义。

在考虑公民和律师的义务中，重要的是不要过多关注于边缘情况。尽管一个法律义务理论肯定对纳粹法律和美国南部的吉姆·克劳政权（这将放到下一节）有话要说，但作为适用于法律伦理的一个法律义务理论，在普通的法律实践背景中，应当对律师应如何设想在其代表客户时客户法律权利的重要性有更多的话要说。对执业律师大多数有趣的问题，证明不是类似于纳粹德国公民的情况。相反，它们往往是法律分析和解释的问题，以及人们应对法律所采取的本质上是一个体面和公正的组织方式的一种态度。尊重法律的义务证明是以有趣的方式语境化的，取决于律师的特定角色以及法律存在歧义。与其笼统地谈论这个尊重义务，不如更富有成效地把讨论置于律师遇到的不同实际问题的背景中。

　　例如，合法性价值使得律师在建议客户或构建交易时，错误地对法律规范进行过度"创造性和激进的"解释。[119]律师知道，不管一个规则如何清晰，都会有一些可利用的歧义和一些操作空间。然而，这些回旋的余地是有限的，尽管这种观念在非律师中间流行，但是体现于法律规范的语言具有无限的可操作性，并且一个足够聪明的律师可以使法律表示客户想要的意思。这种态度体现在来自约翰·皮尔蓬·摩根（J. P. Morgan）的著名引述中，他坚称，他没有"想要一名律师告诉我不能做什么；我雇他来告诉我如何做我想做的事情。"[120]然而，律师们知道，至少如果他们对自己诚实，那么这个话根本不能用来表示任何东西。这里有一种解释未能通过众所周知的直面测试，并且从"似是而非的"（意思是对于解释有一定的支持，但不多）解释，到那些可以有不同的合理思想的解释，再到那些大多数律师都将同意的解释，这些都理所应当地包含在见多识广的法官和律师的主流观点内。正如在第二章中着重讨论的，容许依靠一个更激进的解释，在很大程度上取决于存在多少对抗性程序检查，无论是在诉讼中还是在某些监管或事务安排中。作为未来法律建议或事务规划的基础，同样的法律立场（"我的客户有权做什么，理由如下……"）可能是容许的，但在诉讼中是不可接受的。

　　同样，在评估削减对法律忠诚义务的普通道德考量的相关性方面，语境发挥作用。大卫·鲁班（David Luban）写到一个案件，曼哈顿地区检察官办公室的公诉人，据说投出一个案例支持辩护律师，因为他本人确信被告无罪。[121]公诉人丹尼尔·比布（Daniel Bibb）被要求进行一项关于一个谋杀控告的内部调查，经过两年复审，结论认为在监狱的两个人是无辜的。代表这两人的辩护律师已经获得了法庭听审的可能性，新发现的证据显示他们是无辜的。比布敦促其主管要求法庭驳回定罪，但主管命令他去听审，并为政府提出最强的案例。比布没有遵从这条指令，他帮助辩护律师理清新的证据，说服能提供对被告有帮助证词的不情愿的证人作证，告诉目击者在听审中期望什么问题，并在交叉询问中拒绝企图破坏证人的可信性。谈到这个情况，斯蒂芬·吉勒斯（Stephen Gillers）说，比布在颠覆政府的情况下应受到处罚。鲁班回应说，比布应该得到一枚勋章，而不是谴责。

　　吉勒斯和鲁班之间的辩论可以被理解为，打开律师在以代理人身份服务时应当给予普通道德考量的权重。正如吉勒斯所说，比布可能有权有自己的良

第三章 从中立到公共理性：道德冲突与法律

心，但他的良心只允许退出此案，而不是投入辩护。相比之下，鲁班相信公诉人的角色纳入了普通道德决策的一个重要组成部分。公诉人的角色是寻求正义，而不是要不惜一切代价获胜。鲁班承认，管制公诉人的制定法明确提出，"追求正义"准则应该以某种狭窄的方式被理解，包括没有合理的理由不追求诉讼的义务，以及移交可能开脱罪责或减轻处罚的证据的职责。[122] 不过，他主张公诉人角色的一个实质性道德概念，其中寻求正义意味着不仅仅要遵守纪律规则和宪法法律规定的要求。至少，寻求正义的意思是，"如果你认为他们没有做这种事，你就不应该试图把他们关在监牢里。"如果律师有一个真诚的而又有说服力的信念认为他是无辜的，那么对法律忠诚不可能意味着积极地寻求把对方关进监狱。

鲁班论点的弱点是，它忽略了比布所作决定的制度环境。整个机构的决策过程是，一个人真诚信仰的东西只是一个输入的过程。比布的两名被告无罪的确定性，对于应该对他们的案件做什么不是决定性的。一个有说服力的决定只是紧随系统中每个参与者从事其工作而来，展示的必然是证据的一个片面的党派性观点。这里的相关过程不仅仅是对抗制，其间辩护律师（如果没有比布的帮助，他也许已经保证无论如何撤销定罪）提出了反证，而且包括大型组织中必然会促进决策的部门内部审查程序和管理系统。值得注意的是，比布的主管不同意他的观点，断定有充分的理由相信两个人都有罪。为什么我们应该比信任他的主管更多地信任比布的意见？大概是他们根据比布在内部调查中所开发的所有证据作出决定的。只是通过确保他对被告无罪作出了正确的分析，比布在这种情况下可以看起来像个英雄，但是这只是引出了问题，因为建立部门的分级结构和内部调查过程的目的是，得出结论认为，是否有充分的有罪或无罪的证据来证明审判的正当性。

更一般地说，像比布这样的律师，他们把自己关于正义所需要的信仰作为行为的基础，其措施反映了法律职业伦理学者对制度的普遍不信任。[123] 有倾向认为，如果一个制度进程已经得出了一个结论（例如，"足够的有罪证据"），而一个个体参与者得出了相反的结论，那么个人一定是正确的。没有人可以否认，制度可以得出不公正的结果，并且能够迫使或同化个人做错。[124] 米尔格林姆（Milgram）实验、斯坦福的监狱实验，以及其他社会心理学的研究表明，团体中的人们回应微妙的行为暗示，以及无意识地化解道德疑虑，都可能是处于骇人听闻的为集体目的服务（如给予致命电击）的状态。然而，对此观察的反应不是更多地依靠个人道德决策，因为整个这些发现的关键是个人判断可能会被情境因素破坏。不是或隐或显地通过赞美像丹尼尔·比布这样的律师，号召人们去做正确的事情,而是我们应该寻求更有效的管理方法,确保制度不会腐败。[125]有人可能回应称,在一些管理失败的事件中,个人决策者可能仍然能够避免不公正。是否有可能有一个更好的方法来防止错误定罪是一回事,但是这完全是另一种说法,如果已经有一些系统性失败,比布不应当为避免一个错误的定罪而承担个人道德责任。

比布的辩护人可能回应称,他的行为是基于其关于事实的信念,而不是像公共利益这样有争议的规范概念。比如,鲁班长期以来一直是这一主张的有力批评者,对抗制能够在发现事实真相方面证明其功效。[126]对抗制诉讼经常受到抑制而不是披露相关事实的关注的驱动。民事诉讼中大量显示证据的实践,旨在确保某人的对手不能发现全部事实。资金不足的当事人可能缺乏资源去进行全面的调查,所以他们不仅将不知道在其对手知识范围内的事实,而且他们可能也没有意识到,如果给予更多的时间和金钱,他们可能早就发现的事实。这当然不是难以想象的,在为期两年的内部调查中,比布能够掌握表明两名被告无辜的前所未知的证据。在这些证据的基础上,比布认为他的事务所应该做一些事情以确保被告判决无罪。

这场辩论至关重要的省略,出现在言词证据和关于事实的推理结论之间。假设比布获得证据,在某种程度上被告是否有罪或清白仍有待确定。因为事项的重要性、充分性和证据的可信度,都是人们可能存在分歧的事情,我们已经建立处理这个分歧的各种制度程序。对抗性诉讼是一种这样的程序,但这都是部门内部的管理系统和审查程序。建立像律师事务所和公诉人办公室这样的机构,在某种程度上是着眼于根据组织中的律师所知道的证据,作出关于应当做什么的可靠决定。这些决定往往都是在对从证据中得出的正确结论善意争论的背景下作出的。在这种情况下,比布提交给其主管所有他得到的证据,主管得出结论称,有充分的理由继续相信被告有罪。必须有一些理由相信比布更可能正确地权衡所有相关证据。如果他遵守其事务所的程序,比布不会"回避他的道德责任"[127]。相反,做合乎道德的事情意味着,尊重用以实现一些道德上有价值的目的的制度安排。

比布的例子是为了说明本章的主要论点,那就是律师有很充分的道德理由根据客户的权利行动,并逐渐通过既定的程序,而不是基于像真理和正义这样的普通道德观念行事。对法律忠诚的义务包含于合理完善的政治体系,并取决于该体系的能力,使人们根据以整个共同体的名义建立的权利,安排自己与他人彼此之间的关系。蛮横无理地根据自己关于正义需要什么的信念行事,或得出自己关于什么是与事情有关的事实的结论,这表现出对法律体系的不尊重,从而是对同胞公民的不尊重。律师的职责不是绝对的，而且可能有如此明显的非正义情形，由法律体系的正常运作授权的结果也如此不堪，凭良心来讲，没人能够相信展示对法律的忠诚是所有考虑到的事情中做得正确的。当然，这里会对哪种情况属于这一类存在分歧，但是为了这个论点，重要的事情是注意，对法律忠诚的义务是非常重要的，而且律师应当把它视为背离由客户法律权利支持的结果的特殊情况。

  这是代表法律权威的一个强烈主张，但法律和道德义务之间的关系对执业律师有点儿复杂。原因在于，法律通过公民和律师包含了决策中可酌情行事的许多机会，它可能允许提到普通道德。做一名律师不是一件盲从法律而罔顾道德的事情。下一章将根据律师以代理人的身份行为经常发生的几个问题，探讨在律师的道德决策中，法律忠诚义务的实际效果。

第四章　法律权利与实践中的公共理性

如果迄今为止的争论是合理的，那么律师角色的基本义务就是忠于法律本身。然而有点空洞，法律取代道德分歧，并为社会合作与团结提供一个基础。律师应该成为其客户的忠诚代理人，确定和捍卫其客户的合法权益，即使他们与其客户存在很多道德分歧。然而，在包括客户的选择、撤回代理以及客户咨询在内的一些重要领域，律师管理法在律师的决策过程中为普通道德考量思忖了一个角色。在这些领域中，律师的角色并不是严格区别于普通道德。即使当以一个代理人身份行为时，律师也拥有一些道德自由裁量权。即便如此，仍然存在一个支配一切的忠于法律的职业理念，告知行使这些自由裁量权。[1] 尽管偶尔引用普通道德理由，法律的整体结构在一个高水平的普遍性中，致力于法律理想，而不是逐案对客户追求的公正作出决定。这一义务并不是绝对的，但却相当重要，否则，在大多数情况下，律师将会采取行动取代普通的道德理由。认识到一个近乎绝对的义务，改变了律师职责在一些重要方面的分析。本质上，想起那些政府官员，律师应该被看做负有更多职责，而不是直接被理解为，只是碰巧代表其他人做事情的普通道德代理人。

除了这些被律师管理法所承认的自由的道德决策，许多在法律伦理中成问题的案件有一个共同的结构，包括客户拥有实际的或明显的法律权利，将允许客户违反像正义、尊严或平等这样的普通道德价值来做事。在那些情况下，为了帮助客户，不但律师似乎是道德上作恶的人，而且法律本身也似乎是一种违法行为的手段，因此不应受到尊重。在该系列的批评中，漏掉的是法律仍可能有价值，这种价值能够如此广泛地构建律师角色，以至于律师伦理偏离普通道德。合法性具有道德价值，而这也是支撑律师角色的价值，同时提供规范的意义。在本章，这些问题都以这种或那种方式产生关联，这样，就应该在实践中为律师达成普通道德与有关法治的道德价值之间的平衡。这里所辩护忠诚于法律的概念的意蕴是，律师的道德主要由尊重法律的政治义务构成，而不是普通的道德因素构成。

第一节　不服从和废弃

我们所考虑的法治和合法性价值的一个持续性特征是，在违反实质上非正义的法律时，我们保持合理性。在某些情况下，我们相信道德许可，甚至要求可能被认为为非法的各种形式的异议。

> 这确实将会经常发生，在"合理的和理性的公民之间合作的一个公平体系，被视为自由和平等"的"一个秩序井然的社会"，可能只是少数的一群公民发现其最强烈的道德确信，在被持异议者自己认为是公平的基本制度中，为相当公平地选择的政策所蹂躏。持异议者不是非理性的狂热分子，而且他们一致认为，公平和公正的制度应该得到尊重和遵守，除非他们制定的政策对他们在道德上是不可接受的。[2]

这不是无政府主义哲学。因为持异议者在此也承认，公平的制度一般应当得到服从。而问题是，在一个公正的法律制度内可能会存在非正义的口袋。尽管像朗·富勒（Lon Fuller）这样的理论家希望，遵循公平的立法程序会产生实质上公正的法律[3]，但是存在太多的反例，基本公正的法律制度使用正式的合理程序，却制定实质上不公正的法律。在美国，《外国人与煽动叛乱法案》、《排华法案》和《逃亡奴隶法案》以及《纳粹德国的纽伦堡法律》，都符合作为合法性概念固有产物的形式标准。[4]当忠诚法律的义务跑出来面对实质正义时，法律伦理理论一定有话要说。一种可能性是，在律师代表客户时，应该被授权无视不公正的法律。然而，正如我将讨论的，法律伦理中最有趣的情况，并不真正涉及非暴力反抗或良心反对，因为那些做法通常是得到理解的。

一、非暴力反抗和良心反对

非暴力反抗是公众的、非暴力的、本着良心的违反法律，目的是提醒注意其实质的和明显的不公正。[5]非暴力反抗的目的是说服——要么改变政治共同体的价值观，要么从共同体的误入歧途提醒其现有的承诺。[6]它因此诉诸那些实际上在共同体内共享的政治原则，或者共同体应该渴求的相对于特殊个人道德理由的那些原则。[7] 因为非暴力反抗的目标在于，说服政治官员和自己的同胞们，它必须体现对社会基本法律制度的尊重。马丁·路德·金（Martin Luther King）著名的非暴力反抗，公开、深情地且以接受处罚的意愿，呼吁打破不公正的法律。[8]

金（King）的"深情地"不遵守指令听起来也许很奇怪，特别是从其成长的宗教背景中抽象出来，但它关注通过服从或不服从法律对其他公民转达的态度。非暴力反抗背后的观念是，正义在特定的情况下将会得到比违反法律更好的促进，与此同时，仍然表达对自己同胞和社会基本制度的尊重。为此，有必要证明，行为者会因为其违反法律而接受法律制裁的非暴力反抗是有道理的。对那些愿意接受处罚的人的正当不服从进行限制，也使得不服从的范围受到限制，这样它一般不会威胁到社会或其法律的稳定。[9] 来自美国历史的非暴力反抗的熟悉的例子是，由非裔美国学生在午餐柜台静坐抗议吉姆克劳法（Jim Crow Laws），以及燃烧征兵卡抗议越南战争。

良心反对指的是一个公民在道德驱使下拒绝遵守法律，理由是该法律会涉及他在道德上做坏事。[10] 它不是一个对整个共同体的公开声明，提出说服其他公民或政治官员的目标。相反，它本质上是一个私人行为。为此，它可能是基于道德理由而不被整个社会所共享。[11] 良心反对的典型例子是和平主义者拒绝登记入伍，或一些药剂师拒绝分发避孕产品，他们认为这会把他们牵扯进夺取人的性命中。在决定惩罚是否必要时，法律可能也可能不接受真诚的良心动机，作为一个借口或者一个缓解因素。

一个体面的、宽容的社会应该认识到受道德驱使拒绝服从的一些范围，但只能在符合某种政治环境的限度内。换句话说，不同意良心问题的人仍须共存与合作，并需要这样做的一些基础，为陈旧的法律权利建立一个基础。然而，在许多情况下，不存在破坏法律权利的共同框架，以承认良心反对的主张是可能的。例如，在一个有许多相互竞争的药房的大城市，一名顾客获得处方避孕药的法律权利，将不应该实质上由许多相互竞争的药房的良心拒绝来承担；在一个只有一个药剂师的孤立区域，分析可能是不同的。同样，律师管理法思量来自律师的良心反对，并且一般不需要律师认为厌恶的客户代理，也不需要使用道德上讨厌的策略。在一个小镇上，很少有律师具备相关的经验和技能，这种道德驱使的拒绝可能实质上负担某些客户的法律权利。然而，在大多数情况下，法律服务的市场竞争对良心反对提出了一个相对边缘的问题。

正如适用于律师的情况，非暴力反抗和良心反对的类型只覆盖到一个小范围的案中。这些概念不应被广泛地理解，例如，"律师出于良知的政治承诺，把行为违法或不道德作为他们'客户服务'的一部分"[12]。如上所述，非暴力反抗伴随着一种接受处罚的意愿，只覆盖公开的违反法律。良心反对只有在这种情况下被允许，其中律师存在一个基本的道德分歧，以至于它本质上上升到利益冲突的水平。（这一点在本章的第四节第二部分将有进一步的详细说明。）法律伦理学者所讨论的在非暴力反抗或良心反对的标题下的大多数情况，通常涉及别的东西，像暗地里或不明显地规避法律的情况，其间律师具有不去采取一些他认为不道德行动的法律权威。

二、法律权限与法律责任

一个简单却重要的论点可能被权威和法律义务的分析所掩盖。在许多情况下，法律设立去做某事的权限，而不是做某事的义务。此外，很多法律是促进性的，因为它为公民做某事提供了工具，但另外对可能会做的事设置了一些限制。这是大部分合同法、公司法、其他商业协会法以及信托和遗产法的特点。这样，很多法律不能被理解为"你必须做某事"的强加义务的形式；相反，法在效果上是说，"如果你想做某事，这是允许的，但也可以被允许不做某事"。当法律强加义务时，它通常排除其他理由。另一方面，当法律使某事在法律上是允许的，它就会使理由的基本平衡在很大程度上保持不变。如果有人想开办出售小部件的业务，法律不会改变一个人为卖小部件所具有的理由的平衡；相反，法律会让它更容易筹集资本，建立清晰的预期，使第三方消除顾虑，等等。这些都是法律秩序有价值的方面，但他们并不依赖于法律创建排他性理由的能力。因为基本理由的平衡在这些情况下不被法律改变，对行动者决定的评价在普通的道德方面也不受法律影响。

作为法律许可和法律义务之间相区别的一个例子，可考虑来自第一章的诉讼时效案件。诉讼时效是可能由债务人主张的一个积极辩护，但绝不是义务。虽然债务人在法律上被允许依赖法规，作为驳回债务偿还诉讼的一个基础，但法律并没有改变债务人所具有的要求偿还的道德理由。因此，人们把债务人视为不偿还贷款的混蛋，这将是合理的。但债务人的律师怎么样呢？如果律师奉其客户之命，坚称诉讼时效正处于驳回诉讼的请求，那么标准概念就认为律师不是做坏事的人。然而，只有律师管理法要求律师遵守其客户有关代理的合法指令，这个结论才会由此产生。就律师代表客户使用侵略性或进攻性策略的义务而论，有一些含糊的纪律规则常常不被人注意，而由非律师写进法律伦理著作。关于决策权分配的纪律规则规定，律师必须遵守客户关于代理对象的决定，但保留自由裁量权以作出涉及它们将被执行的手段的决策。[13] 某些决定是如此重要，以至于它们是在客户的专有权范围内。这些决策包括是否作出或接受一个民事案件的解决提议，或者是否将在刑事案件中认罪。以此类推，其他事项可能是足够重要的，律师应当听从其客户的愿望。[14] 其他关于"技术、法律和战术问题"的决策，都在律师的专有权范围内。律师应该与其客户商议这些战术决策，即便客户的知情同意书不必授权给作出这些决策的律师。[15]

因此，如果债务人坚持主张诉讼时效，律师必须首先确定这一决定是否是为客户作出的，或者他是否有法定自由决定权来拒绝遵守客户的请求。鉴于主张诉讼时效作为一种积极辩护具有决定性影响，我认为它应该被视为在客户专有权范围内的一个决定，而不是在律师拥有自由裁量权范围内的一个决定。如果是这样的话，律师的合法选择将遵守本指令，以试图劝阻客户或退出代理（如果被允许）。① 债务人在这种情况下拥有两项法律权利——第一，维护诉讼时效作为辩护；第二，要让律师（如果一个人一直保留，那么就没有权利在民事案件中请律师）通过提出动议驳回诉讼，协助维护这项权利。注意，法律并没有改变债务人对于行动将具有理由的平衡。如果借款人拒不偿还贷款，法律的唯一效果是用判决债务人的形式去除法律处罚的可能性。相比之下，法律大大改变借款人律师具有理由的平衡。作为与债务人进入律师—客户关系的一个结果，律师已经受到代理和侵权法的约束，为了债务人的利益履行合理注意，并遵循债务人的合法指令。诚然，律师退出代理可能是法律允许的，但这将被认为是最后一招，只能在例外情况下可用。当律师代表债务人工作时，自由裁量权受到所适用法律的限制，因此法律以不影响债务人实际推理的方式改变律师的实际推理。

有人可能仍对结论提出质疑，律师不应因为帮助债务人避免偿还公正的债务，而在普通道德上受到指责。诉讼时效是一类诉讼权利中的一部分，有时会产生就案情对诉讼解决宣告无效的效果。（其他还包括上诉法院的豁免规则［waiver rules］、人身保护令程序中的制裁程序默认学说、为各种类型的诉讼不端行为排除制裁、因为外部政策的原因排除提供证明的证据法规则。）在此，我想表明的是，一种立场的价值对客户与对律师相比可能会有不同的重大影响。直观地说，人们在这种情况下把债务人视为作恶者，因为他的处境是在偿

---

① 在这种情况下，撤回将需要得到诉讼法庭的许可。见《示范规则》，第一章第十六节第（c）条。法官往往因为撤回的动议而受到律师的怀疑，认为（往往是正确的）它们只是导致诉讼延迟的战略手段。

还债务或避免债务之间直截了当地作出一个选择,尽管是通过法律授权的方式。但是,律师的情况是不同的,因为在维护法定权利方面拒绝协助债务人,就是剥夺客户构成律师角色的同样的东西。这里有与律师的角色相联系的道德价值,因为律师有助于一个具有道德价值的体系的运行,体系的价值反过来取决于,其为有序地解决分歧建立一个框架的能力。值得注意的是,这个体系所涉及的比所主张的价值要多。例如,程序规则将被"解释和管理以确保每个行动和程序的公正、快速和廉价"[16]。正义是法律体系所服务的许多价值中的一种,并且律师必须尊重所有这些价值,直到这些价值体现在制定法律规范内。

然而,律师的道德批评在这种情况下可能是基于一种感觉,在一般情况下,无论人们一般而言可能会对程序性权利的价值说什么,在这种情况下,这种权利只是战胜实体正义,在终结性、可靠性、降低费用或任何其他诉讼价值方面没有相应的好处。没有利益来自这个特别的代理,这样律师似乎只是在一般意义上引导有道德价值的东西符合于诉讼时效。然而在某种程度上,法律权利的重点是,它们在特定情况下对正义或非正义相对不敏感。法治的经典理想是,"国内的所有人和当权者,无论是公共的还是私人的,应当受制于并享有由法院公开或前瞻性地颁布和公开实施的法律的效益。"[17]前瞻性颁布和公正实施法律的需要,势必带来对个案不正义一定数量的不敏感,这也是一件好事。[18]这是有益的,因为正是法律的这种品质能使它起到检查权力恣意行使的作用,并使人们围绕以整个共同体的名义建立的权利主张协调自己的行为。因为法律的道德价值取决于它的一般性和前瞻性,律师应该理解他们的责任,不是从单个案例水平的正义方面,而是从对法律体系的忠诚方面。因此,根据诉讼时效,在提交一项驳回请求中批准律师的行为时,律师和客户行为的道德品质可能会有所不同,并且我们可能因为债务人逃避一项公正的债务而一直批评债务人,同时在提交动议驳回时效法令的根据方面同意律师的行为。

三、律师的变化

需要强调的是,法律只是创建一个临时解决,对相互不同意的公民的立场给予应有的重视。法律创建了稳定性适中的一个结构或框架,但在这个框架内歧义仍然可能存在。[19]法律体系可能因此建立程序,能使公民挑战现有的和解和伴随的法律权利分配。一些程序顺理成章地要求公民通过律师来工作。例如,民事权利诉讼使公民能够挑战国家权力的滥用,并在这一过程中建立国家行为的允许范围。影响性诉讼寻求带来像学校种族隔离和监狱改革这样的大规模制度变革。一些宪法权利可能由原告在赔偿行为中对政府主张,在这些法令中的费用转移条款，为律师提出这些主张产生激励。[20]刑事辩护律师代表其客户主张诉讼权利，这些审讯和上诉的结果进一步完善所建立的个人能对国家主张的权利。即使通常被禁止主张轻浮的索赔（即，那些为现有法律似是而非的解释所不支持的）的普通民事诉讼律师，也被允许对现有的法律提出扩展、修改或撤销的诚信论点。[21]禁止面对面教唆潜在客户的规则，对律师寻求帮助愿意挑战不公正法律的个人有免责条款。[22]最后，律师受职业传统的鼓励去代表不受欢迎的客户，并挑战不公。

远非默许现有的纠纷解决，律师使用诸如这些抵制它的程序，但是他们通过依法设立的手段抵制它。一旦一个法律体系承认代表被剥夺权利的客户提出索赔的权利，从法律权利的角度来描述，律师可能会使用这些程序挑战现有的纠纷解决。"合法性因为提供了有权势者的合法性意识形态，而可以作为政治斗争中的一个重要武器。"[23]因此，可能看上去是一个保护有权势者利益的体系，在为弱势者服务中可能打开自己。所以，合法性概念以及律师的一个普遍吸引论，可以容忍并可能甚至依赖，对现有法律权利分配某种程度的对立行为，但在某种情况下有一个限度，超过该限度的激进主义是不允许的。对法律的彻底反对，反映了合法性没有资格享有任何尊重的态度，否认了法律代表的成就。即使该成就对一些受影响的公民并不是很有价值，但可替代的东西可能会更糟。

丹尼尔·马克维兹（Daniel Markovits）等认为，法律体系的合法性必须被理解为依靠一种以共享的集体参与为特征的政治进程，而不仅仅是先前偏好的聚合。[24]从这个角度来看，政治必须是法律生成的。（即，有能力把私人和自私的人转变为公共的公民。）[25]根据一些聚合过程，政治参与必须以这样一种方式建构，它不只是简单地投入外生性偏好作为输入，而把产生法律作为输出。相反，该过程必须允许公民要相互说服对方，以改变先前存在的偏好，并以整个社会利益的名义作为一个共同体一起工作。公民必须非战略地行动，并且致力于从一种理想化的第一人称复数的观点做起，而不是试图最大限度地满足他们的喜好。

正如所应用到法律伦理的，法律的政治合法性不仅是法律得以颁布的进程的一种功能，而且是法律被代表客户的律师解释或适用的进程的一种功能。这是因为法律规范的含义为了使公民明白易懂，必须借用通过活动，而不仅仅是制定和遵守法律创建的文化的显性含义。[26]任何时候，由其对特定道德价值来源的忠诚构建的一个共同体，寻求使用说明理由的法律话语规制自身，法律的含义将会由共同体现有的描述来塑造是不可避免的。因此，谈论法律适用是法律含义自上而下地强加给一个在基本构成价值方面已经拥有理解自身的丰富资源的共同体，这是荒谬的。相反，法律应被理解为一个"斗争的竞技场"，或者是对共同体政治承诺的含义进行争论的场所。[27]

即便假定法律体系作为一个整体必须对合法性需求作出反应，并假设这意味着法律体系必须提供公民参与政治的有意义渠道，但这不意味着，在任何特定情况下，律师的角色应该被理解为促进参与法律理解的进程。代表特定客户的个人律师，可能会在一个全面的制度划分中扮演一个角色，这以提高公民政治参与作为它的一个目的。然而，这不意味着律师的角色被看成是一个整体在每个案件中将是相同的，或者它将与体系角色是相同的。某些律师的角色可能最好地被理解为能促进政治参与。各种各样的"义务律师"（cause lawyer）渴望变革法律实践，而不是简单地维持经济、社会和政治的现状。[28]刑事辩护律师把自己看做站在无依无靠者一边，为失败者战斗和抵制国家权力，他们可能更一般地把自己视为严厉的惩罚性刑事司法制度的一个政治对手。[29]其他律师则代表对参与政治并不是特别感兴趣的客户，公平地处理日常事务。许多大型机构的客户认为法律制度是他们欲望的一个障碍，或者充其量是由聘请的专家管理的成本，并会发现律师代表他们旨在政治转型的可笑说法。

人们不应该从这些案件中太笼统地概括，就如同一个人应当从刑事辩护代理的范式中笼统概括的。律师业作为一个整体不需要成为一个保守的实践，但它也不需要总是对抗的。更重要的是，个人律师不需要在他们的实践中针对法律体系的所有优点。一些律师可能致力于向权力讲真话，或促进公民参与政治，而其他人可能满足于在日常索赔处理或规则遵守中扮演一个角色。合法性是一个复杂的政治价值，包括稳定性和灵活性两个方面的理想。一个法律体系作为一个整体应该被设计具有合法性思想价值，并且这个价值贯穿于个人律师的实践，但每个律师不需要在他自己的规范伦理系统中实例化法律体系的反应。

四、废弃与颠覆

被忠诚于法律的义务所排除一种异议途径，是对律师认为不公正的法律予以隐蔽地废弃或颠覆。自称是激进的法律教授的邓肯·肯尼迪（Duncan Kennedy）曾经建议，进步的律师应该是自己潜入强大的组织并从事破坏活动，目的在于干扰不公正的权力行使和破坏非法的层次结构。律师应该致力于通过使用"狡猾的集体战术……去面对、包抄、破坏或操纵坏人和建立可能更好的东西"、"把他们的工作政治化"[30]。如果尊重合法性意味着什么，那就是应对非正义的这种形式，对律师以代理人身份行事是关闭的。这不意味着，其立场与主导的权力结构相左的客户律师，必须默许其客户的主从关系。但律师反对非正义的斗争，必须始终在法律允许的范围之内。相对于非律师积极分子，这是对律师使用法外手段反对非正义的能力的一种约束。然而，与积极分子不同，律师们可以利用法律手段反对非正义。律师可以辩称，他们的客户有或者应该有合法权利，即使这些权利目前未被现有的法律承认或完全发展；律师可以使用程序的手段来确保其客户得到公平对待，即使实体法并未站在他们这一边；律师可以敦促决策者行使他们的自由裁量权，支持其客户的立场，然而，它是不受欢迎的。值得注意的是，如果没有一个运转良好的法律体系，所有这些事情他们都不能做。肯尼迪的建议，律师应该设法破坏的就是这个使抵抗的法律战略成为可能的东西，因此是不相干的。一个人在道德上不能利用他同时试图颠覆的制度。

律师可能会回答他并不关心法律的有效运转，这是立法者、规则制定者或法官的问题，而不是他或其客户的问题。如果这些"他人"都无法使法律完全有效，那对他们会更糟糕，但这对于律师或其客户是无足轻重的。尽管遭受了一点过度适用，但《良相佐国》的场景保持了合法性价值的一个强大捍卫，其中莫尔（More）为魔王（Devil）隐藏在法律背后的权利进行辩护：

  罗珀：因此现在你应当给予魔王法律效益。

  莫尔：是的。你会做什么呢？砍掉一条通往攻击魔王的法律的伟大道路？

  罗珀：我应当砍倒英格兰每项法律去那样做。

  莫尔：哦？当最后一项法律被砍掉，魔王会转过身来对你，所有的法律都被荡平，你会躲藏在哪里，罗珀？这个国家从东海岸到西海岸建立了厚重的法律，这是人的法律而不是上帝的，如果你砍掉它们——你只是去这样做的人——你真的认为你可以直立在风中任凭吹拂了吗？

  罗珀：是的，我应当给予魔王法律效益，即使为了我自己安全的缘故。[31]

莫尔的观点，至少如他在这个经常被引用的段落中给人的印象，看上去似乎是纯粹的战略或工具。他会给魔王法律效益，但只是因为他自己未来的安全可能取决于它。这并不一定是捍卫法律的坏理由，对法律的大量尊重可能受到认识的驱使，总有一天利用它的保护可能是有用的。律师必须关心法律的有效运转，因为没有它，无论是他还是其客户，都不能实现自己的利益。市场经济预先假定了一个稳定的法律、习惯和实施背景，强制私人秩序。[32] 即使律师和客户只关心追求他们狭隘的自身利益，自相矛盾的是，它也只可能在关心他人的义务框架内出于私利来表现。在一种情况下，律师可能通过某种"创造性"交易结构来规避监管要求，但以侵蚀法律体系促进客户参与这类市场运作的能力的形式，造成了长期的破坏。律师不能漠视这种长期损害，还宣称要制造一个关于其角色义务的道德论点，因为它具有道德争论的性质，他们必须适用于相关的类似情况。这可能是正确的，一旦没有带来灾难性的损失，律师就能够与该体系博弈，但这将在他人的合作中构成不许可的搭便车。公平的考量从而对法律体系的运转耗尽冷漠的态度。

肯尼迪的游击战修辞学和莫尔对罗珀的反应，作为描绘大部分律师实践的一种方式，可能有点夸张，但暗含闪避的问题不过是法律伦理理论必须处理的一个问题，因为它是许多有问题案件的一个特征。考虑由底波拉·罗德（Deborah Rhode）和威廉·西蒙（William Simon）讨论一个案件。[33] 一个从事法律服务的律师代表公共援助的（福利）利益的受益者。客户免租金与其表亲生活在一起，但即便如此也只能靠国家补助勉强糊口。律师认识到，根据有关规定客户应该报告，免费住宿以公允的市场价值作为非现金收入；如果客户这样做，其利益将会减少 150 美元。律师想知道他是否应该通知客户关于监管报告的要求，并且他那样做，是否是建议客户对其表亲名义上每月支付租金，以避免报告免费居住收据的义务。（后者的问题实际上是，关于名义上的付款是否将是一个法律规避的策略，而且如果这样，规避是否在道德上是正当的。）

西蒙处理这个案件，他如此通过主张正确解释的法律为客户创建一个法律权利，以接受全部数额的利益，而不是简化为非现金收入的数量。他通过依靠一个德沃金式的法律内容的概念，完成了这一壮举，如前所述（参见第一章第五节）。如此，一个所宣称的最低限度足够收入的基本权利，胜过要求客户报告免费住房规则的朴素语言。另一方面，罗德鼓励律师"做优质的事情"，并从道德角度而不只是从客户法律权利方面评估其优点。[34] 她不做德沃金式的提议，认为适当解释的法律将包括一项法律权利全部的利益，而不是简化为非现金收入的数量。相反，她发现"许多贫困的客户存在法律未能承认的引人注目的援助需要"[35]。为了帮助客户实现正义——法律应该在道德上提供却未提供的权利——律师钻法律的空子可能是合理的，采用规避策略来回避不公正的法律。例如，当这是离婚唯一法定的可用理由时，罗德似乎赞成像出示照本宣科的通奸"证据"这样的小字猜谜游戏，并从事选择性无知的策略，比如确保小心地质疑客户避免了解秘密的非现金收入。这是经典的"在法律范围内的积极辩护"立场,因为她坚持律师使用比如做伪证或伪造文件这样的非法手段。[36] 然而,受约束的罗德将会让律师对其客户利益进行道德评估,如果律师认为客户的法律权利在道德上不是公正的,那么律师应当根据其什么是公正的结果的观点,直接采取行动。具有讽刺意味的是,虽然她经常批评标准概念,但在这种情况下,罗德赞同其有疑问的方面,这是无视法律权利的限制,这里客户的利益是截然相反的。

西蒙和罗德的提议读者不禁会感到,他们道德自由裁量权的要求,以及他们关于律师应该如何行使这项自由裁量权的概念,都受到他们的政治承诺的驱使。罗德声明,假设她的读者会同意这一结论是不证自明的。"一个贫困的母亲竭力逃避社会保障金与富有的执行官试图逃税相比,是站在不同的伦理基础上的"[37],西蒙的例子同样出现了偏见——例如,在代表选举中支持工会和反对管理。[38](西蒙扩展的示例是复杂的,但他的分析本质上是雇主的律师有义务不利用工会程序上的错误,正如劳动关系的法令文本所允许的,因为法令的目的是使当地的工会代表谈判的单位,而在选举中的错误不会影响工会的代表性。)作为回应,人们可以注意已经提出支持强大客户行为的明显道德论点。安然公司的高级官员认为,在真诚的主观诚信方面,他们公司的商业模式是改变游戏规则,以至于已经简单地超过了法律条例,并且在动态市场中,忠诚于过时的法律只会阻碍必要的创新。[39]

因为他们愿意接受这些关于被僵化的管理规范所约束的非正义论点,安然公司的律师都非常愿意从事由其客户的管理者建构的橡皮图章交易,来规避法律的约束。同样,乔治·布什当局的政府行政部门中的许多律师认为,"911"袭击创造了一个行政权的"新范式",其间总统必须拥有无限权力,以忽视在应对国家安全威胁时束缚其双手的法律。[40] 该论点缺乏法律的支持,但这不是一个公共利益所需要的难以置信的概念。直接对他们认为是公共利益的东西起作用的政府律师,因此准备通过以一种难以置信的狭窄方式解释法律,破坏法律。[41] 因此,政府官员以一种几乎必然构成法律禁止的酷刑的方式,命令或允许在押人员的待遇。

正如下一节将解释的,与某人的客户进行一段关于是否实施客户的法律权利的道德对话,没有任何问题。但离这样的立场还有很长的路要走,律师应当认为自己绕过法律禁止客户的行为在道德上是允许的,只是因为律师认为法律已经错误地把它作为一个正义问题。

第二节 基于道德的客户咨询

　　一个对标准概念经常听到的批评认为，律师尊重特定角色的义务以排除普通道德考量，将栖息于一个过于简单的规范领域，以狭窄的技术方法理解他们的角色，并参与一种道德决策风格，一点都不像有德行的道德代理人应当培养的关于道德考量和判断的实践。[42]这一观点是说，把律师和客户卷入一种道德上贫困的关系，在这种关系中法律利益单独构建关于客户应当做什么的对话。律师将其客户的价值和计划只等同于法律权利，而忽视很多客户所带到法律办公室问题的非法律维度。客户可能存在道德问题，要么在法律权利方面不能单独被概念化，要么制造与客户或其他人法律权利之间的紧张关系。如果他们只关注其客户处境的法律维度，那么律师将因此提供不完全的、无益的建议。

　　作为这一批评的一个说明，应考虑托马斯·谢弗（Thomas Shaffer）的这部著作，他已经非常敏感地写到律师—客户关系的伦理。例如，他认为遗产计划的整个法律纪律，只有在文化和家庭道德观念的背景下才有意义。[43]如果没有家庭，就不存在任何人会担心遗产计划的理由。然而，当律师在遗产计划的实践中遭遇道德上的困境时，他们倾向求助于技术性的条文主义"方案"，来解决这些问题。例如，当律师从一个配偶那里了解到，她存在跟与其丈夫共同准备的遗嘱条款相反的意愿，谢弗注意到法律道德内的标准反应是，因为从两个联合的被代理客户其中之一了解个人信息，而批评该律师。[44]然而，这个反应把家庭置于分析之外，并假定配偶的利益对法律利益是可简化的，这转而依靠根本的个人主义前提。更普遍的是，它忽略了客户处境的道德维度。

　　担心忽略律师与客户关系道德维度的学者，将使得律师根据客户带到办公室的整套人类利益理解其角色。[45]律师应当希望客户不仅避免侵犯他人的法律权利，而且还要在更一般的道德方面做正确的事情。律师应出于任何人应希望这个的同样原因而希望这个——因为我们在共同体中生活在一起，并共同致力于过道德的生活。与他的合著者罗伯特·科克伦（Robert Cochran）一道，谢弗提出，律师以朋友处理道德问题同样的方式，处理在代表客户的过程中出现的道德问题。[46]在此，谢弗和科克伦心里有一个更深厚的友谊概念，被查尔斯·弗里德（Charles Fried）所使用的"特殊目的的朋友"的隐喻，证明党派之争的原则（参见第一章第五节第二部分）是合理的。他们强调，朋友之间相互看作良好的合作者，因为正确的理由而共同致力于正确的行动。因为这里有比尊重法律更多的好处，律师和客户以客户法律权利的考量开始和结束的会话，不可能独自构建良好的合作。因此，律师不应以从客户自己的价值来源中隔离的观点，来看谢弗遗产计划例子中的配偶。对于客户，可能没有办法解决涉及考虑某人死后财产处理的道德和法律问题。因此，由于没有考虑法律和道德问题从客户的角度来看是不可分割的，当他非常短视地致力于客户的法律权利时，律师提出了思考问题的一种彻底疏远的方式。①

谢弗和科克伦不是对道德多元化的问题无动于衷。事实上，因为二人在一定程度上都是在神学伦理学传统内写作，他们特别地注意到了宗教和道德传统的多样性。他们的解决方案是一个道德对话的概念，强调双方当事人平等：律师的职责是协助客户把自己的道德资源用于承担问题，并且律师自己的道德资源是以一种临时的方式提供的，在某种程度上来说，他们可能有助于通过客户可能没有从他们自己的角度感知的替代解决方案来指导客户。[47] 然而，在咨询服务的背景下，问题不是真正的道德多元化。尽管存在善行概念的多样性和持久争论，人们通常以一个道德词汇和关于对与错的中层原则（middle-level principles）的方式，充分分享一个富有成效的道德对话。[48] 相反，顾虑则是一方当事人可能会在关系过程中非法支配另一方。

大多数州的纪律规则允许律师在建议客户时"不仅涉及法律，还要涉及比如道德、经济、社会和政治因素这样的其他考量"[49]。在法律上，关于律师咨询客户，不存在什么明显不许可的，虽然他可能有做某事的法律权利，但这是一个道德上错误的事情。尽管如此，这也许是客户能感知道德建议作为侵犯其自主权的一种情况。老练的重复玩家（repeat-player）客户，往往是有内部法律人员的公司，是不可能为他们雇用的律师所吓倒的。另一方面，就律师而言，即使律师尽力区分道德和法律建议，缺乏经验的客户也可能处于脆弱地位，并可能倾向于受到律师所给予的任何建议的强烈影响。此外，正如法律社会学家已经表明的，律师与客户打交道，经常夸大其作为系统中的"知情者"的重要性，并相应地贬低正式法律的意义。[50] 在咨询过程中，制定法经常只是作为一个起点[51]，律师强调影响法官的因素，像地方风俗、官员个性和法外因

---

① 律师与其客户分离的一项实证研究，描述了律师和委托人协商的方式，他们的方向朝着对过去的理解和对日后应该做些什么的协议。Sarat and Felstiner（1990）。客户使用有罪、过错和责任的道德语言，来理解他们配偶的行为，尽管律师坚决地致力于法律的类别和程序。律师可以理解他们所相信的是在客户的法律利益内，但客户可能根据这不容易转化成法律权利的语言，非常不同地描述他们的利益。这些各种看法分歧的结果是一个错综复杂的相互作用，其间权力通过被双方当事人使用的语言，描述他们问题的本质和期望的结果。

素。[52]律师提出他们自己具有内部信息,这些甚至对于受过教育的、成功的和有能力作出重要决定的客户都是无法接近的。[53]客户可能会通过混淆律师正努力作出的法律权利和法外考量之间的区别,自然地对这种反形式主义的建议作出反应,而律师刚刚煞费苦心所表明的,对争议的解决很重要。因此,律师必须意识到涉及"其他考量"的这种风险,虽然法律上容许,但可能导致,客户认为律师的法律判决是不可避免地依赖于所引用的道德考量。

有一个重大的对抗风险,具有道德导向的客户咨询的许多支持者强调,律师因为太担心而不强迫其客户放弃法律权利,可能把客户的目的等同于法律权利,而不考虑其客户可能具有更重要的目的,该目的不同于法律允许他去做的。[54]这种危险同样存在于学术法律伦理,有时会倾向于"忽略客户,除了作为律师可以帮助满足其邪恶欲望的人,或拥有道德上不安全的法律权利的人"[55]。在原则上这当然是可能的,而且作为一个实证问题似乎是真实的,即客户并不总是想利用他们所拥有的法律权利。例如,在斯波尔丁诉齐默尔曼(Spaulding v. Zimmerman)(第二章第二节第二篇第二部分)案中,原告律师未能要求独立的体检报告,这创建了一个程序性权利,允许被告为体检报告保密。因此,被告没有法律义务告知原告危及生命的身体状况。法律伦理老师有时会问学生,如果被告选择站在其权利这一边,他们将会做什么,但重要的是要注意到,在现实情况下辩护律师从未与他们的客户商议,显然是他们自己决定不去披露信息。[56]如果被告已经被咨询,他很可能已经选择就其伤害对原告提出警告,尤其是因为斯波尔丁和齐默尔曼的家庭在一个联系紧密的小农村既是朋友又是邻居。[57]

当律师在此情况下应付客户时,将法律、道德和现实考量统统混合在一起是不可避免的,并且力图从咨询进程中排除非法律因素,这将是职业道德一个难以置信的、不切实际的概念。客户不可能总是作出自私的选择。齐默尔曼可能并不想冒险拿其个人资产暴露于超过其保险政策界限的判断,但他也不可能想完全保守斯波尔丁受伤的秘密,特别是因为斯波尔丁是一位世交和邻居。[58]客户和律师关系的基本委托代理结构,意味着客户对代理目标的最后定夺。[59]只要他们的目标都是合法的,他们可以自由地把它定义为他们认为合适的东西。齐默尔曼可以选择把"做正确的、道德的、友善的事情"作为代理的目标。正如他还可以选择"通过一切合法手段尽量减少我的金融暴露"。未经咨询客户,律师也没有办法知道其目标是什么,并且律师认为任何客户的目标都仅仅是使经济收益最大化或从事法律允许的任何行为,这对律师将是一个重大的道德失败。

不言而喻，律师提供给客户的任何建议，必须坦率地把道德建议从法律建议中区分出来。假设没有强迫客户的可能，律师这样说仍没有错，"你想这样那样，并且你有法律权利这样做，但从道德的观点看，我认为这是一件非常糟糕的事情"。并不是每一位客户都欣赏这种建议，但依据律师角色的道德，律师给出这种建议是允许的。但是，如果律师试图把道德建议装扮成关于法律许可什么的判断，这将是一件非常不同的事情。尽管这可能在某些情况下发生，风险并不完全在于律师说谎。相反风险是，律师关于什么是在法律上允许的判断，将被其关于法律应当允许什么的信念巧妙地影响。我主张，由法律顾问办公室的律师提供给布什当局的法律建议，其品质恶劣的一个解释是，律师是真正的信仰者。[60]他们坚定地致力于战时总统权力的新视野，在先例中有过一些支持，但它们从未以他们信仰的强烈形式被接受。他们给的建议是不合格的或被认为拥有比竞争的法律地位少很多的支持。相反，它被作为法律允许什么的一条乏味的声明提出。

对这个批评的一个回应是，法律建议从来不是一个简单总结法律允许或禁止某事的东西。这里有不确定的领域；进化学说的综合症状；可能看上去牵强的立场直到被一个有才华的律师充实；等等。此外，法律解释的进程不可避免受到道德判断的影响，因为法律在某种程度上反映道德价值。教科书的例子包括：宪法第八修正案禁止残酷和不寻常的惩罚；合同法中的诚信和公平交易的要求；在过失法中的合理性标准；以及来自警方调查监管的规则。如果程序"震撼良心"，那么调查可能是不合理的。[61]这些条款都涉及道德价值，具有除法律之外的重要意义，并可用来给予法律规范的内容。然而，作为一个法理学问题，已被纳入法律的道德概念与没有纳入法律的道德概念之间是有区别的。为了决定包含它们的一个法律主张，是否实际上是一个给定法律体系中法律的一部分，当作出法律判断时，可能没必要查明一些道德原则的真相（例如，"单独监禁是真正残酷的惩罚"）。[62]把道德纳入法律可能是一种社会事实，在某种意义上，人们可以把法律主张的效力追溯到它一直被官方机构的行为者（比如法官或立法者）依赖以作为法律判决的一个理由。如果道德真理与法律效力无关（从社会资源的角度理解有效性），那么它是无关乎律师是否认为一些法律解释从道德上讲会更好。讨论中的道德原则要么是法律的一部分，要么不是。作为得出一个法律结论的过程的一部分，这里没有与道德原则的真相相关的开放性问题。

如果道德原则被纳入法律，凭借一个它们事先纳入的社会事实，而不是凭借它们的真相，他们可能认为支持一个法律判决有价值。尽管如此，这没有完

第四章 法律权利与实践中的公共理性

全回答这个反对意见，即法律在某种程度上是不确定的。除了道德分歧，法律中有很多不确定性来源。第六章将讨论如何处理法律中是否会有足够确定性的问题，以满足其功能性目标，最终建立一个与人们原本不同意的事情分离的合作框架。如果肯定的回答是可支持的，而且对于法律解释者，善意区分一个真正的法律权利和一个法律的操纵是可能的，然后可能坚持这里提出的观点，即律师必须确定其建议的那些方面，是法律管辖之外的道德或审慎考量，并且与律师的法律判断无关。谢弗（Shaffer）认为，因为识别客户的利益，法律咨询本质上是道德化的，这是提供法律建议的前提，需要识别和判断，而这些都是道德行为。[63]假如它被理解为一种特殊的识别，其旨在理解客户的利益如何适应可适用的法律权利的方案，那我对将咨询服务描述为涉及道德识别没有意见。律师不是一位大臣、法师或受信任的亲戚，并且虽然可能有道德概念以某种方式纳入法律，但律师的专业知识一般限于，只有在它们被纳入法律时，才就这些道德概念提出建议。如果谢弗意味着具体道德识别是必需的，那么我们就有一个真正的分歧。

关于客户咨询是没有争议的这一点，已经说了很多。困难的问题——同大部分学术法律伦理一样——是以这样的形式出现的，使律师的道德机构与律师根据客户受法律保护的权利所拥有的相一致，其中存在法律与正义之间的一些真正冲突。为了说明这个问题，可以考虑斯蒂芬·佩珀（Stephen Pepper）关于诉讼时效案件的讨论。[64]债务人没有法律义务偿还债务，并且佩珀宣称，对律师拒绝告知客户这项法律权利，这将是一个不被允许的欺骗。这是佩珀观点的一个合理暗示，律师的作用基本上是通过确保所有公民可以使用法律，来保护自治的政治价值。但他仍然受到另一种在此可用的道德描述的困扰，即律师正在促进非正义。客户可能没有偿还贷款的法律义务，但他有道德义务去偿还。佩珀然后宣称，有些令人惊讶的是，如果客户没有被告知在他这件事上有一个道德选择，这将是难以容忍的，并且如果客户不去选择做正确的事情，不公正的责任将是客户的，而不是律师的或法律制度的。[65]要求这个建议的观点，似乎是为了调和律师与客户的自治。作为一个道德代理人，律师有责任不去促进非正义。正如佩珀所指出的，"律师应当负责确保客户在道德上对行为（比如不偿还债务）是负责任的"[66]。

佩珀、谢弗和其他人担心的问题是，如果它是从关于客户道德状况的建议中脱离出来的，那么咨询服务和协助客户主张其法律权利，依据全方位的人类道德经验在道德上是败坏的。天地间存在更多的东西超过梦想的法律权利。例如，谢弗宣称，在一个联合遗产计划代理中对配偶一方的咨询，没有考虑配偶与家庭的联系将是不负责任的。[67]律师应该明白其作为整个客户咨询的角色，并且整个客户被绑定到一个家庭和一个"更大的道德生态"[68]。这里有不像人能做的奇怪的事，关于将所有复杂的家庭关系，减少到由正式的国家法律创建的权利和义务。

虽然我很乐意承认，律师在以其角色行为时仍然是一个普通道德的代理人，但我不理解，为什么仅仅因为律师处于与别人的契约关系中，他就应该不只是道德代理人。换句话说，道德咨询是额外的——超过或高于道德职责正常范围的义务，被理解为"我们欠彼此的东西"。我们对陌生人有避免以特殊的方式伤害他们的职责，但这不是帮助他们变成更好的人的义务，乃至帮助他们避免成为道德败坏的人。我们对家庭成员和亲近的朋友有不同的义务，但这些被归因于共享的历史价值和描绘这些关系的相互脆弱性。另一方面，大多数律师和客户关系是公平的经济交易。当然有些不是，但是谢弗从文学和现实生活中举的许多例子是有意义的，涉及律师与作为同样紧密的社区成员的客户，其间独立于律师与客户关系的其他种类的联系继续存在。在这些情况下，可能有义务提供道德建议，或者至少是律师（他也是一个朋友、邻居和教友等）提供道德咨询的一个强烈理由。然而，在普通的律师与客户的关系中，对于提供这种建议，与这将作为任何其他经济交易的一部分相比，没有什么是更大的义务。

谢弗自己宣称，有趣的事似乎将强化这一点。他指出"遗产计划工作是看待死亡和财产的一种方式"[69]。有人可能会轻微地改述，并评论遗产计划工作是通过财产看待死亡的一种方式。面对死亡的必然性是人类当务之急的一个中心，并且有些人——教会成员、小说家，可能还有治疗绝症患者的医生——可能有一些能够用以帮助人们应对死亡的相关专业知识。相比之下，律师的专业知识仅限于在它影响与他人财产关系的范围内处理死亡。这不是一件坏事。死亡的一个方面是它破坏经济关系，并且人们对遗产计划感兴趣，以确保在他们死后能提供给他们的亲人。拥有一个职业群体，关注理解使得这种计划成为可能的规则，这对于一个社会是有用的。

此外，不存在关于作为一个职业群体成员的腐败问题，该群体致力于处理完整美满的人类生活的一个方面。人生不止拥有健康的牙齿，但拥有牙医或某人成为牙医对于社会是一件好事。客户可能期待从他们的律师那里，比病人从他们的牙医那里所做的，获得更多的道德咨询，但最后，就他们在道德咨询中的专业知识方面，这两个职业是同等的，即便在一些道德和法律问题之间存在表面上的相似性。诚然，通过一辈子都暴露于其客户的人类问题，律师在道德决策中可能会获得一些额外的专业知识。即使这可能发生在某人职业生活的过程中，但这对于律师带给其客户问题的必要专业知识是附带的，这是带有法律权利和义务方案的功能，允许人们在社会认可的合法性之下彼此相互作用。一个律师，具有熟悉客户情况的真正道德知识，并具备足够的共同历史来赢得客户的信任，可能会在这种情况下提供有价值的道德建议。但是，这种情况是证明规则的例外，因为在许多日常代理中，断定律师是一个适当的道德顾问的条件是缺乏的。

第三节 道德驱使的客户选择

在美国，按照管理律师的制定法，律师没有一个法定的强制性义务为任何给定的客户服务。[70]律师必须接受代理的唯一情况是法庭指定律师[71]，且在这些情况下，律师先前已同意将其名字添加到一个愿意接受法院指派的律师名册。此外，律师纪律规则考虑道德自由裁量权在客户选择中的一个重要作用。甚至接受法院指定的规则，基于客户的目标是道德败坏的律师信念，允许律师决定不参加一个特定的代理。[72]

至少从表面上看，美国的立场似乎离英国"驿站规则"相去甚远，这要求大律师（barristers）（但不是律师［solicitors］）按照他们进门的顺序接受客户的表示，像出租车排队等候乘客。[73]这个规则被广泛地认为在违约中是值得尊敬的，因为大律师可以拒绝基于各种理由的表示，包括不胜任、利益冲突、客户无法支付或只是太忙没时间接受新的案例。[74]但它仍然通过法律职业强调一个重要的规范承诺，避免作出关于客户目的的道德判断，从而在道德中立的基础上，确保使用法律的权利是分配给所有潜在客户的。正如一个重要的英国案例所说：

> 倘若律师出于职责代表［一个不受欢迎的］人，明智的人不会因为这种业务关系而非议这位律师。但是，倘若律师可以左挑右选，而他偏选择代表这样一个客户时，他本人的声誉反倒可能受损，而这样的一个客户也可能极难得到恰当的法律援助。[75]

"驿站规则"应被理解为意欲阻止可能由观察者得出的评价推理，从客户恶毒的道德品德或行动，到律师在应对法律制度中协助客户的道德责任。

在美国，虽然没有绑定"驿站规则"，但律师管理法的最好解释是，道德决定不代表客户应该被视为一个例外的情况。例如，关于接受法院指派的注释规则，为基于反感而退出代理设置了一个很高的门槛。反感的例外"只有在代理受到威胁的时候才能适用"[76]。换句话说，在许多情况下律师需要捏着鼻子继续进行代理，只要他能够为客户提供合格的法律建议。同样地，管理终止律师与客户关系的规则允许在这种情况下撤销代理，"客户坚持采取律师认为反感的行动，或者与律师有一个基本的分歧。"[77]撤销权经由律师确保客户未受撤销伤害的要求而得到许可[78]，并且如果法院下令，律师有义务在一个诉讼问题中继续代理。[79]此外，允许撤销并没有扩大到律师和客户只是有分歧的情况，相反，它限于如此深刻和无可挽救而不能一起工作，以致没有明智的律师能够继续代理的情况。[80]这里还有一个奇怪的非规则，它没有强加代理的义务，但还是提醒律师"[一个]客户的律师代理……不构成客户政治、经济、社会和道德观点或行动的担保"[81]。最后，美国许多司法辖区的准入誓言包括一个承诺，律师"从任何个人考虑到我自己，绝不拒绝毫无防备的或受压制的诉讼"[82]。把所有的这些放在一起讨论，有人可能会说，尽管缺少一个可执行的规则，一个规范的"驿站原则"构成美国规则方案的基础。[83]

在律师因为代理不受欢迎的客户而受到批评时，个人律师和法律界人士经常引用这个"驿站原则"。艾伦·德肖维茨（Alan Dershowitz）在其著作中专列了一章关于欧·杰·辛普森（O. J. Simpson）的刑事审判来反驳指控，在打击反犹太主义的光荣事业后，他已经转向了邪恶的一面。他援引了在纽约的大街上走近他的一个人，因他为辛普森代理而责备他："我曾经如此爱你，现在我对你很失望……你曾经为像斯凯任斯伽埃（Scharansky）和波拉德（Pollard）这样的犹太人辩护。现在你为像欧·杰（O. J.）这样的犹太人凶手辩护。"[84]这种批评的言外之意，德肖维茨支持其客户的目标（杀害犹太人），这可能是荒谬的，但这是一个熟悉的主题。它在普通道德中有等价物，尤其是像"当局者迷，旁观者清"这样的民间格言，或更通俗地说"近朱者赤，近墨者黑"。

考虑刑事辩护律师迈克尔·泰格（Michael Tigar）的类似案件，他曾代理指控俄克拉荷马城（Oklahoma City）爆炸案共犯特里·尼克尔斯（Terry Nichols）和林恩·斯图尔特（Lynne Stewart），因帮助其客户而被控告的刑事辩护律师，被宣判有罪的恐怖分子阿卜谢赫·杜勒·拉赫曼（Sheik Abdel Rahman），从监狱中传送消息给他的追随者。如果有人要夸耀，他可能还会提到泰格（Tigar）的代理人约翰·德米扬鲁克（John Demjanjuk），被指控为臭名昭著的集中营警卫，并被称作"恐怖的伊凡（Ivan）"。这些代理意味着泰格偏爱恐怖分子和纳粹分子，并分享他们谋杀无辜的目标吗？当然不是。得出这个结论将只会与认为艾伦·德肖维茨是犹太人凶手共犯一样愚蠢。

这种批评是错误的，其理由不是律师有代理不受欢迎的客户的法律义务。德肖维茨从其恶意邮件堆里援引了另一封信，观察——相当正确地——"[你]不是被迫接受一个案件"[85]。没有人强迫德肖维茨代理欧·杰·辛普森，并且尽管泰格被法院指派代理尼克尔斯（Nichols），但他自愿代理其他臭名昭著的客户，包括德米扬鲁克。相反，这些律师通过他们的自发行动，表达对法律体系及其所包含价值的忠诚。[86]正如泰格所辩称的，我们并不通过允许以国家名义犯其他的罪，来给犯罪受害人以荣誉。在尼克尔斯案中，"看来，政府中的许多人已经决定，风险已足够高，规则并不重要"[87]。如果法治概念代表什么，那就是政府不得任意行为，但必须受制于公正适用的相对稳定的规则。确保遵循法治并不等同于赞成恐怖主义，不管律师是否有义务代理任何特定的客户，但这是真的。①

在古巴关塔那摩湾美国拘留中心，被拘留者主要律师事务所的律师关于公益性代理的争论，很好地说明了，代理人的自愿是与所讨论的问题无关的。被拘留者向布什政府对他们政策的几个方面提出挑战，包括试图否认对他们案件有意义的司法审查。由于为精英律师参与到这次抵抗政府权力的行为所激怒，被拘留者事务副助理国务卿查尔斯"卡利"斯廷森（Charles "Cully" Stimson）试图说服涉及威胁扣留业务的律师事务所的客户，除非律师事务所同意停止代理被拘留者：

> 老实说，我认为在2001年，当公司首席执行官们看到那些律师事务所代理触及他们底线的恐怖分子，他们将会使这些律师事务所在代理恐怖分子或保持律师事务所良好声誉之间进行选择，并且我认为，这将在接下来的几周内起主要作用。[88]

---

① 应该承认，如果我们关注客户对律师道德承诺的第三方属性，不管管理律师的制定法还是法律伦理的理论方法，可能都是无关紧要的。调查数据显示，公众对律师群体的抱怨主要围绕贪婪、侵略、不诚实以及追求伤害经济的轻浮诉讼主题。Galanter（1998）。没有一个熟悉的反律师主题似乎通过把他们与其客户的道德败坏联系起来，反映一个指责律师的趋势。此外，大量在社会心理学方面的文献显示，观察者将得出关于发言者信仰的结论，即使他们知道发言者被随机分配到一边。在一个著名的实验中，即使当观察者知道分配是随机的，观察者也把赞成或反对卡斯特罗（Castro）的态度归因于，发言者已经被分配去发表一个支持或反对古巴领导人的演讲。如大卫·鲁班总结的这一文献，"我们从倡导行为推断态度的倾向，导致我们对几乎全部关于对其他人倡导什么的外部约束的信息打了折扣"。Luban（2007），p. 270. 艾伦·德肖维茨是否自愿代理欧·杰·辛普森或由审判法官非常违背他的意愿指派，观察者都可能得出德肖维茨支持屠杀犹太人观点表面上的荒谬结论。

他随后公开命名律师事务所，正式宣布看到这些律师事务所为被指控的恐怖分子做公益工作是"令人震惊的"[89]。作为回应，查尔斯·弗里德（Charles Fried）在《华尔街日报》写了一篇严厉的社论。弗里德说斯廷森（Stimson）"显示了无知和恶意"，称律师代表不光彩的光荣传统，并把这个传统与自由社会中的法治相联系，与"今天的中国或普京的俄罗斯"[90]相比。（注意，弗里德谨慎称作的这个光荣传统，不是一个法律要求。）然而，弗里德更进一步，并认为对任何律师决定代理特定客户的任何批评都是出格的。他指出，"[左翼] 理论家的奢侈修辞"经常批评大型律师事务所代理大型烟草公司和制药公司。在道德方面，如果政治左派为帮助成瘾的孩子得到一种致命的药物，想要因为香烟制造商而谴责律师，并为帮助推动卫生保健费用超越普通美国人的水平，而因大型制药公司批评律师，那么他们必须接受，政治右派对在关塔那摩湾的被拘留者的自愿代理，无异于"帮助基地组织"。

147　　弗里德的困境对律师不仅是一个战略或修辞问题。它揭示了一定数量未解决的矛盾心理，关于律师就那件事而论，是否应该为了他们所代理的客户而受到责备或称赞。尽管作为标准概念在许多方面最热心的辩护者，律师有义务证明他们代理任何给定客户的决定在道德上的合理性。[91]因为指的是迈克尔·泰格（Michael Tigar）代理约翰·德米扬鲁克（John Demjanjuk）的决定，弗里德曼推定泰格一定会问自己"我在哪一边？"，并作出一个个人的道德决策，支持一个甚至在特雷布林卡（Treblinka）坚持其暴行的人。[92]同样，威廉·西蒙（William Simon）赞许地写了由精英华盛顿哥伦比亚特区卡温顿和伯林（Covington & Burling）律师事务所作出的决定，在政府的种族隔离政权期间停止代理政府国有南非航空公司。[93]由于卡温顿拥有一项法律权利去代理或不代理任何客户的愿望，因而断定律师事务所必须作出一个关于每一个客户的"价值"的比较决定。西蒙觉得，在比较南非航空公司与其他潜在客户二者之间的要求和目标的基础上，作出的这个决定是正确的。律师事务所应该因为给予潜在客户较低的优先权而得到赞赏，因为潜在客户的业务深深卷入南非政府种族压迫的系统。弗里德曼和西蒙都假设，在职业角色的范围内存在道德自由裁量权的空间，且律师可以在他们如何行使自由决定权的基础上受到表扬或批评。[94]

然而，在角色范围内存在自由决定权并不意味着，律师代理一个不受欢迎的客户就支持客户的目标或价值。相反，律师应被视为支持体现在法律体系中更广泛的政治价值。因为弗里德曼承认，迈克尔·泰格具有代理约翰·德米扬鲁克的良好道德理由，泰格提出为什么他接受德米扬鲁克作为客户的解释。首

第四章 法律权利与实践中的公共理性

先,大屠杀的记忆不应该通过否认即使是肇事者充分的合法利益而遭到玷污;其次,大屠杀的教训之一是,政府权力必须一直受到检查以防止其滥用。[95] 同样,律师事务所代理被拘留者(和其客户,包括许多大公司)回应一个基于公平、正当程序和法律面前人人平等价值的反道德辩护,拒绝律师事务所试图"攻击支持基地组织的比赛场地"的建议。[96] 显然,这些价值是与合法性而不是与客户的目的相联系的。因此,法律伦理中的一个重要问题是,无论是在考虑代理哪些客户中,还是在随后的决定理由中,这些是否是可以适当援引的唯一价值。

这个问题的答案必须是与合法性有关的政治价值,对律师应该有重大的意义,并被视为在所有但非常特殊的情况下采取行动的理由,但是来自普通道德的其他价值可能导致遗憾或不安的感觉。作为道德代理人,即使是在他们以职业角色行动时,律师也受到普通道德的要求。更通俗地说,律师也是人。然而,在大多数情况下,律师角色的一方面是它创造超过普通道德要求的义务。在律师根据职业价值和义务讨论关于他应当代理的客户时,可实施的驿站规则的缺乏,制造了一些并发症。正如我已经指出的,美国的律师管理法中有一个非强制的但却是真正的驿站规则。此外,弗里德曼—泰格(Freedman-Tigar)辩论表明,政治考量构成法律体系的基础,比如,以尊严对待甚至是道德怪物的重要性,以及检查国家权力的需要。当审议代理什么客户时,律师应当把这些因素考虑在内。虽然弗里德曼想要从律师必须在一个已建立的职业关系中采取的行动中区分选择客户的决定,但是引起这两种情况的评价考量都是相同的。[97]

这不意味着律师不可能继续感受普通道德考量的影响力。安东尼·格里芬(Anthony Griffin)的例子生动地说明了这些竞争的价值流,他一度成为3K党的律师。[98] 格里芬是德州东部一个非洲裔美国律师,他曾担任美国公民自由联盟(ACLU)的一名志愿律师,以及全国有色人种发展协会(NAACP)当地分会的总顾问,该协会是最著名的非裔美国人的公民权利组织之一,且在为种族平等的法律斗争中历来发挥核心作用。格里芬的冲突起自3K党从事恐怖活动,反对一些黑人居民搬进一个以前的白人居住项目。为了起诉对黑人居民恐吓的成员,得克萨斯州的人权委员会试图强迫发现3K党成员的名单。对3K党这边,格里芬自愿接受案件,由于他的承诺对宪法权利利益攸关,包括言论自由和结社自由的权利。他指出,自20世纪60年代发现以来,这些都是特有的权利,保护了全国有色人种发展协会(NAACP)的会员名单,当时,阿拉巴马州种族隔离的执法官员试图起诉曾多次参加示威游行的成员。

为了在道德上评估一种行为,某人必须说明行为者及其处境。在这种情况下,我们可以把安东尼·格里芬的决定描述为"以全国有色人种发展协会法律总顾问的身份,帮助犯下他斗争了这么长时间来要消除的非常种族主义的行为"[99],或"在这些情况下保持根本的宪法权利处于危险之中"[100]。使描述的任务进一步复杂化的是,格里芬作为一个非洲裔美国律师的身份。从这方面的情况,人们也可以把他描述为"以与在这个东德克萨斯州小镇的黑人没有什么关系的一个空灵原则的名义,出卖了美国黑人真实和具体利益的'犹大'"[101]。这些描述都有一些真实性。强调描述中的一个,并不是排除其他的。就帮助犯下种族主义行为而言的描述持续存在,即使就保护宪法权利而言的描述也是适宜的。[102]正如亚瑟·阿普尔鲍姆(Arthur Applbaum)曾经认为的,尽管它可能是一个实践的情况,比如棒球,除去构成它的规则它就不存在,但这并不意味着棒球球员的行为只可以根据实践的规则来描述。他想象一群孩子在自私的老邻居的草坪上玩棒球,并且当邻居抗议他们践踏其草苗时,孩子们反对,"你不明白,我们不是破坏幼苗,我们在打棒球"[103]。阿普尔鲍姆的观点是,构成棒球实践的规则并不能抹去在非实践依赖条件中的描述。实践前描述在根据实践规则的描述中持续存在,并且为了某些目的,这两种描述都是适宜的或贴切的。①

非依赖实践条件中的描述持续性显示在安东尼·格里芬的例子中,在批评的形式中他是犹大,或者他是在帮助延续3K党的种族主义活动。格里芬的论点本质上是孩子们正在玩棒球——你不明白,我不是帮助和教唆种族主义,我正在保护宪法权利。虽然阿普尔鲍姆坚持在普通的非实践依赖条件中持续的描述是正确的,这只是表明存在多个潜在的贴切描述。除了描述性的问题,还存在进一步的评价问题,即这些描述中哪个是最贴切的。在本质上,客户选择问题是第三方观察者是否应当在"犹大"的描述下审视格里芬,或是否适当的道德评价受到在实践方面的描述的陷害。阿普尔鲍姆担心,先占从一个实践相关描述的可能性到一个规范性结论的推理。

他担心不同角色道德的捍卫者,正试图"通过压制部分真实历史,避开道德辩论的艰苦工作"[104]。这可能是角色分化职责简单断言的一个公平批评。律

---

① 在另一个有帮助的例子中,阿普尔鲍姆注意到描述性说明"点头","告诉乐队的领队演奏马赛曲","帮助抵抗组织",并"追求作为演员的职业"都符合汉弗莱·博加特(Humphrey Bogart)作用于《卡萨布兰卡(Casablanca)》的设置,或博加特的影像在播放电影中投射到一个屏幕上。Applbaum (1999),p.78. 有人会不同地描述同一组事实,取决于他是否是一个表演技巧的初学者、一个电影历史学家,或者一个试图找出《卡萨布兰卡》情节的观众。

第四章　法律权利与实践中的公共理性

师有时以一种结论性的方式指向相关角色（role-dependent）的描述，好像通过重复咒语"在法律的范围内积极辩护"，他们可以避开道德辩论的艰苦工作。阿普尔鲍姆指向潜在贴切描述的多样性是正确的。律师可以被描述为道德代理人、经济市场的参与者、专业人士、"法庭上的官员"等等。[105]这些描述中的每一种都带有一些规范性包袱，因此有人可能会试图通过捕获一些有关描述的价值，先占道德辩论的工作。

一个更复杂版本的论点不能天真地认为，依赖角色相关或实践相关（role- or practice-dependent）中的一种描述，"吃光"了根据自然事实或普通道德的描述。棒球被称作"强酸性球"不是阿普尔鲍姆的发明，它消除所有其他非依赖实践（practice-independent）的描述。[106]强酸性球未能击败非法入侵的描述，但这是正确的，只是因为我们没有理由认定为玩强酸性球而僭越法律的默认例外。相比之下，我们可以理解价值自治领域的规范性意义，与普通道德问题和在共同体中共同生活的问题相关。两个领域都为一个贴切的描述情况打下基础，任何一个都不能声称击败另一个。然而，评价的问题是，因为给出所有可以给出的描述，争论中的行动（代理一个客户，打棒球，诸如此类）是否是合理的。在这种情况下，安东尼·格里芬可能得出结论，作为一名律师，其行动最恰当的描述是"保护宪法权利"，并且这一行动在这个基础上是受到赞扬的。另一方面，他可以作出决定，作为一个人（或者一个非裔美国人），最恰当的描述是"促进种族主义"，这是一种不被允许的行动。如果这里给出的论点是可信的，那么政治评价角度会控制道德评价，即便同时从普通的道德观点查看相同的情况是可能的。

选择客户的争论可能有顽固的性格，因为美国管理律师的制定法没有明确提出这些描述中的哪一个应该控制评价。一个真正的驿站等级制度，对律师接受所有潜在客户有一个可执行的义务，将使它变得更清晰，对行动方案（"保护宪法权利"）相关角色的描述是理解评价是怎么回事的最佳方法。严格地说，在美国律师业法律中，除了一个一般的驿站原则（正如我早些时候主张的），任何东西的缺乏都意味着律师不被要求代理任何特定的客户。法律允许格里芬拒绝把3K党作为客户，为他的批评者称他为犹大足以创造一个充分的开口。[107]如果律师有权选择拒绝客户，那么自愿决定接受该客户，必须基于某种理由。然而，这不意味着这个理由必须是与客户的信仰或目标是一致的。

考虑熟悉的刑事辩护背景，同意接受法院指派的公共辩护人和私人律师不选择个人客户，但他们仍然自愿同意代理来自一个已知包括许多暴力、危险人物群体的客户。当被要求证明这一决定的理由时，律师有一个相当可预测的回应。事情大概是这样的:"美国宪法的《权利法案》致力于保护个人自由。"当然,法律的实施和公共安全是重要的,我们应该处罚那些违法者,但至关重要的是,只有他们被法律制度公平地对待后人们才能被处罚。这是宪法保证正当法律程序的意义。在审判时找出真相是重要的(也就是,这个被告是否犯了他被指控之罪)。但是我们想要公平地找出真相,我们需从无罪推定开始,并要求政府向同侪的陪审团证明其案件超出合理怀疑。我们也担心有警方和检察官滥用政府权力。为了保护个人免受国家权力滥用的侵害,宪法还为公民提供反对非法搜查和扣押财产、逼供、检察官的不端行为以及残酷惩罚的权利。为了执行这些权利,法院提供了各种各样的补救办法,例如在审判时排除非法获得的证据。有时,这会导致一个有罪的人被判无罪的结果,但这是我们作为一个社会为了保护个人的权利,有时不得不承担的代价。[108]

大多数律师与法律专业的学生甚至可以在睡觉时脱口而出类似这样的东西,但这并不意味着它是简单的。事实上,在这场争论中有很多事情要做,包括诉诸辩护律师与比如警察和法官这样的其他行为者之间的一个道德分工;法律体系试图打破实质(例如,有罪或无罪)和程序(例如,过程的公平)相关价值之间的平衡;并且也许是最重要的,为了造就一个对社会有价值的机构,律师有时需要去做道德上不愉快的事。请注意这不是简单的结果主义的观点,如果律师基于道德考虑选择客户,不得人心的客户将无法获得法律代理。在与学生的无数次讨论中,我曾经听到否认代理烟草公司、"污染者"(大概是在化工、能源或林产行业的客户)、从事破坏工会和职场歧视的公司以及"大企业"(其他所有人)的利益。不用说,这些客户往往没有困难获得由精英律师事务所提供的代理。即使潜在客户作为个人极其令人反感和当然地不受欢迎,比如约翰·得米扬鲁克(John Demjanjuk)(如果他实际上是集中营警卫"恐怖的伊凡"),犯下了俄克拉荷马城(the Oklahoma City)联邦大楼爆炸案的国内恐怖分子组织,得克萨斯州3K党格兰德·德拉贡(the Grand Dragon),以及被指控用一把扫帚强奸尼珥·路易莎(Abner Louima)的警官,他们都已经找到非常能干的律师来为其代理。

这并不是说,不存在不受欢迎的客户获得法律代理的实例。在19世纪50年代和60年代期间,南方的白人律师在民事权利案件中几乎无一例外地拒绝代理原告。[109]也有少量报告案件授权增加律师的收费奖励,在此基础上,对于一个挑战对堕胎服务限制的客户,在某些社区找到代理人是困难的。[110]不过,总体而言,似乎不存在一个普遍问题,潜在客户由于其道德上令人讨厌的品质,而不是他们无力支付而遭到拒绝。当然,总是难以证明一个否定的观点,但值得注意的是，喜欢类似于英国"驿站规则"的规范的美国评论家，似乎不能引证资料，而不是分散的逸事，显示道德动机的拒绝代理已制造一个无法获得律师帮助的普遍问题。获得律师帮助的差异机会的真正丑闻是财富，而不是准客户目标的道德性，它决定律师是否会愿意接受代理。[111]因此，很多律师认为他们基于道德拒绝代理的决定是无害的，或者对原来是一个相当虚幻的问题至少有一个边际贡献。

如果代理任何客户的理由根据在一个体系中扮演一个角色来理解，那么这个边际成本/效益的论点是不相干的，就其能使人们在一个多元化的社会协调遵守道德要求的能力来说，这个体系是合理的，具有道德多元化的特点。考虑西蒙关于律师事务所决定是否代理南非航空公司的例子。看来，该律师事务所具有其他客户，其代理从社会正义的考量不弱于南非航空公司。也许这些假设的其他客户没有牵涉到南非种族压迫体系，但他们可能牵涉其他的错误，比如加强美国的种族压迫体系，基于性别或性取向的歧视，试图削弱工会，或造成环境破坏。大型的律师事务所往往代理令人讨厌的客户。在某种程度上，这是由于法律服务的市场——大型律师事务所的客户往往是具有广泛运营的大型实体，它按照事情自然发展的程序，与声称被大型实体不公正对待的各种选区发生冲突。因此，在社会普遍存在规范冲突模式，被复制在实体客户和员工、交易伙伴、联邦和州监管机构以及基于价值行动的其他人之间的相互作用中，大的律师事务所的律师可能会与这些价值产生一定程度的共鸣。因此，当律师无可非议地认为存在一些道德价值，在帮助客户管理其专门成立以调整规定性冲突的有关法律权利事务时，可能会选择代理一个不受欢迎的客户。

不过，代理一个特殊客户或行业的道德许可，与代理任何给定客户的道德义务之间，似乎有一个实质性差距。有人可能把这个差距看做一件好事，看做一种方式，在超过必要的程度上阻止职业角色的要求妨碍律师道德机构。一些评论家表示担心，过度强调道德中立，相对于客户可能会导致"褪色的职业精神"，其中律师们会脱离他们身份的中心基本方面。[112]安东尼·格里芬的情况特别困难，因为他不仅是一名律师，也是一名民事权利律师，而且还是一名非洲裔美国律师。同样，一个国家反歧视机构的结论，即一个女性离婚律师，因为拒绝代理男性客户已经犯了性别歧视，似乎低估了律师对其身的一个重要方面的承诺——她不只作为一名律师，还作为一个人。[113]

像这样的情况表明，承认义务（无论是一个可执行的监管职责，还是一个道德义务）是律师代理所有客户的一部分，这将把律师转变成可取代的提供服务的机器，而不是道德代理人。对这种担心的一种反应，可能是接受服务提供者的身份，并试图给它一个道德基础。[114]一个不同的反应将是，在选择客户的阶段为道德决策确定一个广泛的范围。[115]（这至少是美国律师业法律正式的状态。）然而，还有第三种选择，其中政治价值贯穿于法律体系，而不是普通道德理由构成客户选择决策参考的适当框架，并且对律师决策最贴切的描述是在那些方面给出的。然而，普通道德考量持续存在，并促成由像格里芬这样一个人经历的"道德残余"，他必须使普通道德理想服从职业道德的要求。

根据政治价值作出选择客户的决定，意味着像安东尼·格里芬这样的律师或者婚姻律师，希望把自己的实践限于代理妇女，必须准备提供一个就似乎能在法律体系中查明的考量而言的正当理由。在格里芬的案件中，构成法律体系基础的相关价值，包括实质平等原则和形式平等原则。律师可以通过捍卫宪法权利是否被3K党或全国有色人种发展协会（NAACP）主张，来尊重正式的平等。另一方面，律师可能通过拒绝帮助一个暴力的种族主义组织，来选择尊重实质平等。形式平等和实质平等在婚姻律师案件中同样可作为可能证明的价值。重要的事情是，价值在某种程度上附属于法律制度，而不是法外的道德价值。这可能在许多情况下发生，普通道德价值与附属于法律体系的考量重叠。格里芬可以轻松地决定，他反对种族主义的承诺要求他不去代理3K党。虽然法外道德或其他承诺可能作为动机，但作为一名律师，他将不会遭到道德批评，只要有一个可用的正当理由根据法律价值能被兑现。在格里芬案件中，任何一个决定都将无可非议，所以格里芬有自由裁量权去选择代理或不代理3K党。

容许行使这些类型的自由裁量权，在更高层次的一般性上，可以构成律师的整个职业生涯。许多学生进入法学院的目标不是只成为一名律师，而是把自己作为未来的民事权利、刑事辩护、环境、并购或人身伤害的律师。专业化是法律职业中的一个无法改变的事实，并阻碍律师考虑他们的职业生涯。[116]此外，法律领域的专业化显然意味着一定数量客户身份的专业化。穷人不需要专门从事资产支持证券交易的律师，而公司不雇用离婚律师（除了可能对他们的职员有益）。因此，在客户选择中一定数量的自由裁量权，作为法律职业分化为实践专业的一个副产品存在。一些律师可能无力致力于自己的实践专业，也许会或多或少偶尔陷入一些领域。然而，对于其他人，为道德或政治目的服务成为一名律师的动机中不可分割的一部分。一名工会方劳工律师也许能够想象，自己反倒作为劳工组织者工作，而不是作为管理方的劳动律师。更广泛地说，"义务律师"受渴望带来社会转型的驱使，为弱势客户服务，或执行一些政治议程。[117]对于义务律师，对一个潜在政治理由的承诺，逻辑上先于并强于成为一个律师的承诺。

在所有这些情况下，如果在法律体系的范围内有价值群支持律师客户的立场，那么这些专业化的决定也许是合理的。因为构成法律体系基础的价值不能简化为一个包罗万象的主要价值（比方说，形式的而非实质的平等），一个适当有积极性的律师有很大的自由裁量权，遵循有意义且正好符合其法外目标和承诺的职业生涯路径。这是律师可以减少在一个独立的规范体系内工作的有时异化作用的一种方式。在许多情况下，它可能集合某人的职业角色。（参见第五章）可能还有这种情况，这种快乐的巧合不会发生。当这发生时，像安东尼·格里芬这样的律师可能无可非议地相信，他有义务按照支持法律体系以及这个体系内相关律师角色的政治价值行事。虽然这些政治价值胜过道德考虑，否则会造成格里芬对与3K党的大巫师（Grand Wizard）混在一起的前景感到厌恶，但他们并不能完全把它们抹掉。这些道德价值持续存在，其结果是格里芬可能理性地感觉自己像一个做坏事的人，即便他根据以一个职业身份行为时应当被遵循的原则正确地行为（这个可能也将在下一章加以讨论）。这样，政治的和普通道德的领域对法律伦理有一定影响，即使作为对行动原则的一种推理，律师也应当服从普通的道德考量。

第五章　从非问责制到悲剧：
其余的道德要求

第一节　清白的理想

即使在以公共或政治的角色行为时，人们仍然会保持道德的角色。如果公共角色的道德曾经发出这一见解，那么将很难避免平庸之恶的问题，其间占据制度角色的普通人合作犯下骇人听闻的恐怖事件。对平庸之恶问题的一个反应可能是，认为没有像公共角色这样的鲜明道德。这是大卫·鲁班（David Luban）的立场。他挖苦地评论道，个人错误和制度错误之间的区别"自第二次世界大战以来不是很流行"[1]。他关心的是，把评价的轨迹从个人道德代理转移到机构，倾向于把责任扩散到"机构中的每一个代理将以放弃道德责任告终"的问题。[2] 为了避免这种激进的扩散，并最终逃避责任，鲁班认为每个代理必须从头开始推理，可以说是从一个普通道德价值基础开始。这就是我所说的角色透明度的命题。[3] 角色透明度要求从普通道德理由对角色义务进行基本的直接推导——在论证的每一步，机构及其相关角色以及特定角色必须基于，道德考量在普通道德领域将会提供一个借口被证明是正当的。[4] 因此，法律伦理利用像自治、尊严和诚实这样的普通道德考量，变成一种应用道德哲学。

我认为，律师业的伦理应该被理解为，以诸如固有的尊严和人人平等以及合法性理想之类独立的政治考量为基础。这些政治价值都与普通道德价值相关，但它们之间的关系又不是直接推导出来的。相反，有人可能会说，政治道德与诸如固有的平等和尊重所有公民的权利之类的普通道德理想，处于一个更微妙的关系。在这一点上，事情可能会有点神秘。例如，伯纳德·威廉斯

第五章　从非问责制到悲剧：其余的道德要求

(Bernard Williams) 声称政治价值在普通道德考量方面"有意义"，但对这种关系没有更正式的东西可以阐述。[5] 例如，根据诸如所有人的平等尊严之类的普通道德考量，程序公正的理想是有意义的，并且需要以至少一定程度的尊重，对待那些我们持异议的人的观点。我们认识到，程序公正作为政治领域内的一个规范性理想，在某种程度上是合法的，因为根据比行使赤裸裸权力更多的东西，它反映被证明合理的事情的重要性。根据我们的历史经验和道德反思，诸如前瞻性声明和规则的公平应用这样经典的法治价值，同样有意义。法治的核心理想，是对权力恣意行使的一种限制[6]，而不是可见于普通道德的一个真正理想，即使它与普通道德理想以及历史和文化概念有一种当然的亲属关系。为法律伦理打基础的各种政治考量，本质上与以问题的性质和人们在社会共同生活的可能性开始的观点相联系，尤其根据人类作为好争吵但又善交际的动物的属性。这些问题和可能性为政治共同体的规范性评价打下基础。

在其标准概念的辩护中，提姆·戴尔（Tim Dare）认为，通过区分实践的理由和实践范围内行为的理由，理解普通道德和政治道德之间的联系是可能的。[7]这种方法有比威廉斯诉诸一个"有意义的"关系更严谨的优势。一个像承诺这样的实践，有意要排除采取将适用于实践之外的各种考量。一个承诺的规范效力，不能根据若无承诺将会存在的理由来解释。一个承诺的重点是，给予某人一个理由去期待，在履行涉及是否去做所承诺的事情时，契约者将不会作出一个全面考虑的判断。承诺的实践对道德理由是合理的（它促进信任和依赖的关系，允许人们对彼此承担义务，等等），但是请注意，承诺的功能是要排除，在未来的某个时间考量不然将需要违背承诺的行动理由。如果没有这个排他性影响，承诺将不能履行其功能。如戴尔正确地指出的，这意味着对于在实践范围内一些行动的正当理由，不同于将在实践外某人给予的正当理由。[8]他认为，职业角色以同样的方式工作，并因此创造一个正当理由的分支结构。实践（在此，法律制度和律师的相关角色）作为一个整体从道德上讲是有道理的，但为了履行其功能的实践，它必须排除若不存在实践将会适用的理由考量。

普通的和政治的规范性考量之间的联系，无论以什么方式理解，似乎很明显，政治评价的观点在性质上与来自普通道德的立场是不同的——因为它的规模、非人格性和制度结构。[9]在一个来自其《清白与经验》一书的生动片段中，斯图尔特·汉普希尔（Stuart Hampshire）把教友派信徒会议室的建筑风格与梵蒂冈的走廊和大杂院进行对比，教友派信徒会议室的粉刷墙壁和缺少装饰，强调一个朴素、正气和"扫除任何污染或损坏或肮脏的东西"的道德视角，而梵蒂冈的走廊和大杂院，其"分量和辉煌……似乎压倒代表其行事的单一个人"¹⁰。梵蒂冈的建筑风格以及欧洲的大教堂提醒牧师,"在教会的问题中,他们不希望看到为维护个人诚信的某种理想的场合"。事实上,当某人以一个官员的身份行事时,建筑风格的借喻在公共生活中充当政治价值优先于普通道德理想的提示:

> 在大臣官署和宫殿中,以及在世俗权力的走廊中,个人操守和道德清白的理想一直被搁置。根据一个善的概念,一个压倒一切的忠诚应归功于一个机构的某一部分……这种忠诚提供在许多情况下覆盖个人正直、诚实、友好和温顺的职责。¹¹

正如汉普希尔正确观察到的,也正如我在本书中一直强调的,有一种似乎从职业生活排除道德的道德论证。政治行动者不是"道德的颠覆者",但是显示对一个以程序公平为基础的道德职责概念的忠诚。¹²这是一个不同的道德观点——某人利用像在普通道德中没有明确相对物的合法性这样的评价概念,把大规模的共同体和机构看做分析的基本对象。——并且它以个人操守的理想和道德清白,覆盖原本平凡生活的道德。

这样看来,这一制度视角(被汉普希尔的意象戏剧化)仅仅清除了个人道德机构。其结果将是一个可怕的、疏远的社会生活景象,就像是"一个罗马建筑式的世界(a Goffmanesque world),其中没有自我,只有角色中的自我,无摩擦地从角色转换到角色的自我"¹³。标准概念的批评者有时谈论,好像律师栖息于这种存在主义的深渊,其间某人的道德人格无情地颠覆其角色的要求。¹⁴然而,汉普希尔的观点是,政治道德仍然是道德,并且善良的人们还可以从事政治活动,尽管个人操守的理想和清白可能必须服从其他理想。这一章将考虑个人理想与以公共角色行动的需要之间的关系。把与律师业相关的政治价值融入某人自己的目标和承诺是可能的。第一节将考虑职业价值是否可被制成一个来自个人诚信视角的关心。我所称的"社团主义"反应已被作为整合政治和个人两个领域价值的方式提出。接下来的部分着手讨论不可能影响这一整合的可能性,并且政治角色的要求与某人的个人理想之间可能存在差距。在这种情况下,一个人可能会服从犯错误的情感——例如内疚和耻辱的情绪。这可能是众所周知的"脏手"问题,并被提供作为一种方式,理解以职业角色行为的现象学。

本书中发展的观点迄今为止依靠像合法性、平等和公平等政治价值,作为法律伦理的基础。但是在这些方面的谈话使得个人诚信和"脏手问"题听起来缺乏新意,好像它们仅是抽象的理论问题,并不会被律师体验为一次真正反思的机会。问题是，像合法性这样的规范性考量，并不是人们作为个人代理人生活的道德经验的真正部分。它们是制度的属性，且应适当地考虑，在构建行为者伦理中，谁在这些制度的运行中扮演至关重要的角色。困难在于，制度的观点往往不是一个人们从中观察自己行为的观点，包括那些在一个制度框架内实施的观点。这种参与世界的不同方式之间的双重性，就普通人类而言，并在一个人的职业能力中，使得这些概念问题对律师在实践中很真实。

第二节 协调角色和个人的要求

诚信："社团主义"解决方案

正如亚瑟·阿普尔鲍姆（Arthur Applbaum）必须做的，他已经明确地把一名仍然作为道德代理人的公务人员的窘况戏剧化。他想象查里斯·亨利·桑松（Charles-Henri Sanson）与路易斯·塞巴斯蒂安·默西尔（Louis-Sébastien Mercier）之间的一个对话。前者是在旧政权和恐怖革命政府时期练习其专业工艺的巴黎刽子手，后者是作家和前议员。桑松第一次基于法治的价值，提供中立原则的一个复杂辩护：

> 可以说，我将从外面开始，并指出为什么我的角色对社会是有用的和必要的。一个公正的社会需要法律及其实施，包括刑事法律和刑罚。惩罚不是自我造成的——必须有人强加。一个公正的社会还要求，不要任意地或反复无常地执行法律。人们可能不同意刑事判决是否公正，包括刽子手要求去实施……但如果法律是统治，那么刽子手必须服从他的办公室与法庭办公室之间的一个分工。允许关于判决的个人看法，这些判决是我执行以干涉我的职责，将是用武断替代法治。[15]

默西尔被这个辩护震惊，并在指出一个民主政体可能制定不公平的法律（桑松通过指出关于法律的实质正义的分歧仍然存在，巧妙回避的一个论点[16]）之后，他评述道，即使通过对社会效用或法治价值的呼吁，死刑"从外面"被证明是合理的，杀人仍然"从里面是可恶的"[17]。虽然可能是这种情况，撇开刽子手的角色，执行行为不会存在[18]，但是有一个人存在于这个刽子手的角色——一个受制于已经选择这个角色道德责任的人，并且已经在这个角色内采取行动。"查里斯·亨利（Charles-Henri）应该具有良好的道德，是一个好人，"默西尔说，"如果一个好的专业人士须是一个坏人，那么做一个好的专业人士是不道德的[19]"。

这里被默西尔与桑松的对话暗示的内外区别，是对角色分化的道德和标准概念的一种不同的批评。默西尔的论点最明显的方面不是刑罚，也不是刽子手的角色，因为各种道德和政治理由是不合理的。相反它是这样的，即使一个政体、机构或角色从一个公正的或外部观点是合理的，参与一个制度角色的代理人，从他自己的观点，仍然承担着一个额外的正当理由的负担。为了了解与道德哲学的区别，律师可能受到主体无涉与主体相涉两种不同理由的影响。[20] 主体无涉的理由是指独立于任何给定的人的视角、偏好、承诺和委任的考量。他们可能是指诸如司法和法治这样广泛的政治考量，或他们可能是撇开政治之外的道德价值，主体无涉的理由的重要特点是，它们以同样的方式适用于所有处于相似地位的代理人。另一方面，主体相涉的理由取决于一个已经形成委任或作出承诺的代理人，对所有处于相似位置的人不是强制性的。这些承诺可能是公正的道德理想——比如，一个人可能会使缓解饥饿或贫穷成为其最重要的生活目标之一——但是主体相涉的理由的力量，取决于代理人已经建立关系或作出从道德的观点并非是强制性的承诺。[21]

因此，默西尔的批评可能被重述为，某人是否会有足够的主体相涉的理由，履行一个需要某人有时"从内部讨厌地"行动的专业角色。在一篇有影响力的论文中，杰拉尔德·波坦玛（Gerald Postema）评述道，标准概念把律师放在一个需要联系或脱离与角色有关的价值的位置——隐喻地说，像是摘下或戴上其职业的帽子。[22] 然而，至少如果一个人善意地行动，道德立场不像一顶帽子，不能轻易假定或脱落。某种超越普通背景和制度背景的统一协商框架，需要缓解普通世界与职业世界之间来回转换。这个统一框架可能是一种超然于道德信念的立场，在其职前道德生活中已经认为是重要的。[23] 律师可能会避免支持这种态度，认为这只是一个精心设计的骗局或表演，但这一超然的立场，一般冒着变成关于道德的更普遍的犬儒主义或怀疑论的风险。波坦玛推荐的解决方案是，为律师将"在道德风貌中的不连续性"与"道德人格的统一概念"联系起来。[24]

如果这个人采用了与社会的善行和角色服务的价值共存的理想和感情，普通的道德考量以及与政治角色相联系的规范，对于一个以职业角色行为的人将不会有冲突。[25] 例如，如果一个社会的法律制度和法律职业是为了保护个人权利，并且一个人坚信为保护个人权利而工作，那么作为一名律师就不会产生个人感情与职业义务之间的冲突。律师因此可以利用其行动的一个正当理由，并通过把政治价值融入自己的一套普通道德基础方案，避免由普通的和政治的评价观点之间的来回摇摆引起的异化。采用这种整合策略的律师将不会面临这样的问题，如果他必须"从事活动，进行辩论，以及提出他自己也不认可或接受

第五章　从非问责制到悲剧：其余的道德要求

的立场"[26]，那么政治价值可能需要他。

整合还会带来其他好处，包括提供一个尊重职业理想的现成动力来源。因为没有对元伦理学进行深入研究，道德现实主义试图将道德价值定位于比如快乐、痛苦、欲望和厌恶这样的自然事实中，其困境是道德理想对规范性问题给出了一个难以置信的答案。如果有人问"为什么我应该做这做那"，道德现实主义者必然会给一个答案，是指世界上有可能去掌握和受驱使，并有理由去遵行的规范属性。但是，很难看到任何这样的属性，可以作为道德应当成为的行动指导。道德是实践和理论推理的一个分支。它涉及人们有理由相信的东西，但是只在对人们有理由去做什么的终极问题产生影响的限度内。[27]拥有关于世界的一些属性的知识，这留下一个悬而未决的问题，即为什么某人应当关心已被发现并遵行的属性。[28]即使一些行动被认为是"善行"，但我们有什么理由来履行这些善行呢？

规范性问题涉及从事实的准确感知到行动理由的转换，所以一直存在一个悬而未决的问题，涉及在事实感知的基础上规定行动规范的性质。[29]克里斯汀·科尔斯戈德（Christine Korsgaard）对规范性问题已经提供了一个答案，还对如何成为一个好人以及一个好律师产生影响。问题是一个人如何能在价值自治的范围内保持统一的人格。科尔斯戈德巧妙地解决规范性问题的方案是，把解决方案隐含在一个实际问题的适当描述中，它面向必须决定如何行动的代理人。与其说他把道德理解为寻求知识，不如说他把道德问题看做决定我们的行动理由是否禁得起思考的考验。[30]我们可能有欲望、刺激和利益，但它们还不是行动的理由。"规范的措辞'理由'指的是一种沉思结果。"[31]我们的倾向、欲望等，只有在它们符合要求之后，也就是说，当我们在批判性审查过程之后认可它们时，才会成为理由。[32]"沉思结果"必须意味着支持该观点的东西，否则沉思将是一个空的过程。但是一个人从什么立场来看作出这个决定？

科尔斯戈德认为，一些选项的价值选择必须从代理人实际身份的角度评估。实际身份是"根据你自己价值的一种描述，也是根据你发现你的人生是值得活下去的，并且你的行为是值得的承担的一种描述"[33]。它可以按照一个人作为父母、某人的朋友、一个宗教或民族共同体的成员等等被充实的身份，在熟悉的角色方面表达自己。在这些情况下，某些具体角色的责任被恰当地建立在角色描述中。实际身份因此既是规范性的来源，也是道德的动机。某人不违反与其实际身份相关联的义务，因为"违反它们就是失去你的诚信，因此也就失去你的身份，而且你不再是你。也就是说，它不再能够在你重视你自己的描述下考虑你自己"[34]。

在普通的道德生活中，我们使用像"如果我这样做到了，我将不能心安理得"这样的表达方式，来表达义务和动机之间的这种关系。在职业角色的背景中，不遵守与角色相关义务的实际成本，将是放弃角色构成的目的之一，它是首先决定进入角色的理由——这将是一种实际的不连贯性。注意，这具有弥合构成职业角色基础的价值来源与代理人自己的承诺和价值之间缺口的效果。因此，波坦玛和职业角色分化的道德的其他批评者观察到的脱节问题，对于那些实际身份面向角色要求的人并不出现。

我之所以称之为"社团主义"的角色分化道德问题的解决方式，是因为代理人可能把与职业角色相关的价值融入自己的实际身份。然后，当在角色范围内做得好时，此人就能够保持忠于自己的个人道德承诺。整合不需要一个明确的自愿行为，更为常见的是，一个人可能拥有先前存在的承诺，碰巧与政治价值并排。例如，一个人可能会对被剥夺权利的人们感到同情，并希望支持他们反对不公正的斗争。同感，站起来代表受压迫者的渴望，以及可能甚至对一场阶级斗争的一种责任感，是把某种律师（比如公设辩护律师）连结到支撑其角色的政治价值的诱因。[35]因此，一个具有这些承诺的律师将亲身经历其职业角色的要求与其个人道德承诺之间的统一，因为角色的目的已经融入其实际身份。

然而，诚信本身并不是道德操守的一个充分条件。代理人的目标和承诺必须自己在主体无涉方面符合要求。想象一下由一个假设的公设辩护律师提供的正当理由，他寻求解释为什么盘问（甚至粗暴地纠缠）诚实的证人在道德上是允许的，使得法院的论点得到微弱的事实和法律支持，并谋求一个真正有罪的客户宣告无罪。律师可能会致力于捍卫压迫和反对不公正的目标，并将不会因此为他强加给第三方的伤害所困扰。其承诺不过似乎将从欺骗、骚扰和虐待的受害者之一的立场阙如。也许可以提供一个证明第三方伤害的理由，但公设辩护律师也将被要求提供它，而不是仅仅依靠其对角色最初的个人承诺。

某人的目标和承诺的公正合理性问题，是由丹尼尔·马克维茨（Daniel Markovits）提出的激进法律伦理理论的核心。[36]正如马克维茨所看到的，标准概念在公正条款中是合理的。在他看来，对抗制以其律师和法庭之间的结构分离，必然要求律师提交一个对客户职责具有高度党派性的方案。[37]他有点挑衅地表达其观点，认为律师为了客户的利益而义不容辞地撒谎和欺骗。正如他使用的这些术语，撒谎意味着导致实情调查者得出一个与某人相信的事实真相不一致的结论，而欺骗意味着推动一项某人认为在普通道德方面不应当盛行的事业。[38]这些职责不能被重新描述为其他的东西（比方说，行动或游戏规则内的游戏），律师法所强加的对中立热情的限制，不会充分限制这些撒谎和欺骗的

第五章　从非问责制到悲剧：其余的道德要求

行为，从而使它们在道德上不成问题。然而，这些职责作为劳动道德分工的一部分，被证明是合理的。反过来，劳动的分工被它在一个多元的社会中对政治秩序合法性的贡献证明是合理的。[39] 政治当局通过建立一个"尽管临时的，但有希望可再生的停滞状态"，对合法性采取一个主张，它具有解决原本在公民中持久争论的效果。[40] 对手裁判（adversary adjudication）允许公民参与国家的政治机构，并经历一个转型过程，"从孤立的个体转变为一个民主主权的成员，他们对其感同身受，并且即使它们被否决，他们也将其意愿看作是自己的[41]"。律师是这种参与的一个渠道，这就是他们必须作为客户党派代表的原因，其主张还需要通过对审判过程的参与，转变为主权者的意志。

然而，问题依然存在，在一个合理的道德分工中扮演一个角色，是否构成一个值得承诺的生活。马克维茨认为不会。[42] 问题是，当体系作为一个整体是合理的，并且律师在其中发挥重要的作用，律师会继续显示个人的道德恶习，即说谎和欺骗。马克维茨认为，当标准概念的辩护者试图使用构成法律体系基础的价值和律师角色，作为这个角色的参与者道德上有吸引力的生活基础，有一种类型的错误在此发生。[43] 在他看来，这个问题是，公正的观点在伦理中已成为支配性的[44]，而且第三方观点的支配权对推断"律师恶习"毫无办法——也就是一种与亲自参与违法行为或者取得不当行为者身份有关的道德失败感。[45] 标准概念要求的行动，与具有"诚信、按章办事并善待他人"道德追求者的个人道德承诺格格不入。[46] 让我们假设，即使因为它是有助于发现真相通常有效的过程，大力盘问诚实的证人是正当的，它仍然需要律师亲自参与撒谎、欺骗并可能羞辱他人。对于律师求助于公正价值，证明交互讯问是合理的，实际上对于律师仅仅是把自己看做"因果关系机器中的一个齿轮"[47]，而不是一个具有自己的承诺和价值观的自治的道德代理人。

不是寄望于证明法律体系的价值，马克维茨提出律师要致力于忠诚的理念。在他的记述中，忠诚是一个与忠诚于法律非常不同的概念，我在此一直把它作为律师的一个核心道德义务来进行辩护。忠诚对于马克维茨，趋向于客户而不是法律，并且就这一点而论，让人想起律师作为雇佣的枪支或喉舌而遭到调侃取乐的场景。这种忠诚最重要的方面是谦逊，或者马克维茨称为消极能力（negative capability），与济慈（Keats）诗人角色的概念类似。一个具有消极能力的律师是一个真正的喉舌，他隐瞒了关于其客户正义要求的判断，并由于其专业知识的局限性，只在表明他们所不能做的方面协助客户。马克维茨式的律师在代表其他人讲话和行动时，努力保持没有发言权和没有自己的道德承诺（除了对忠诚本身的承诺）。[48] 因为它对诉讼纠纷解决合法性的贡献，消极能力对律师是一个合适的道德抱负。马克维茨实际上提出了一个反向的社团主义解决方案——换言之,而不是把职业伦理集中于一个像反抗压迫这样的普通道德理想,他的理论将要求,律师把对客户忠诚的职业理想和谦逊融入他们自己的个人承诺。

与先前的建议不同,很多律师可能会致力于在一些人的职前生活中有一些吸引力的价值,马克维茨对弥合普通价值与特定角色价值之间缺口的实际身份的依赖,取决于律师把一个极为特殊的价值融入他们道德生活的一个中心组织原则。这种方法的问题是,他的忠诚概念似乎是为人们寻求从第一人称的观点而采用的一种独特价值。很容易看到下列任务的心理吸引力,对抗不公正的层级结构,照顾无依无靠的人,或推进某人共同体的利益,因此这种性质的承诺可能会成为某人中心基础规划的理由。除了职业角色,一些人感动于排空自己、保持"非常无私的同情"[49]以及把自己理解为喉舌或雇佣的枪支的想法,这似乎不太合理。

作为一个个人道德承诺,谦逊对于多数人不仅看起来像一个不可能追求的理想,而且它作为一个道德价值,从公正的观点是高度可疑的。马克维茨建议律师在这种情况下"对无关紧要的事情作出决定",富有同情心地怀有争论的所有方面,特别是保持从客户的角度来看事情,以客户的要求改变立场,拒绝为他们自己审判,压抑他们自己的想法,并"谦让地同情客户摆在他们面前的任何主张"[50]。然而,如果律师这样做,他们将无法阻止其客户严重侵犯他人的法律权利,因为他们会避免对就客户指令的可容许性作出决定。

举一个备受瞩目的法律道德丑闻的例子,安然公司财务和会计部门的高层管理人员感兴趣的是,操纵公司财务报表来隐藏重大损失和隐瞒债务,从而人为地提高公司的股票价格。为实现这些目标,律师广泛地开展公司签订的各方面业务。现在想象,一个受骗的投资者要求知道,为什么律师在隐瞒可疑的表外业务上帮助安然公司。[51]马克维茨会在忠诚客户的理想方面给出律师的解释:"投资者,你没看到我的工作是对无关紧要的事情作出决定,并同情客户摆在我面前的任何主张。"作为回应,欺诈的受害者一定会对律师说,"稍等一会儿——你的工作不仅是要富有同情心地理解客户的观点——这可能是其中的一部分,但还有其他方面的工作,比如,拒绝协助你的客户犯下严重的欺诈行为"。碰巧,投资者在此的异议受到大量的侵权行为法、证券法、代理法和刑事法律的支持,要求律师不要对无关紧要的事情作出决定,还要运用合理的注意,保护其客户以及甚至一些能主张相关法律保护的非客户。

不仅在假设的被诈骗投资者说法中的观点在律师管理法中得到很好的支

第五章 从非问责制到悲剧：其余的道德要求

持，而且我认为它是一个更具吸引力的道德理想。这似乎是不证自明的，如果被律师严格遵循，那么谦逊是导致道德灾难的一个原因。忠诚的理想作为谦逊，意味着不加批判地支持客户的目的，客户可能意欲造成严重的伤害，或至少可能对他们的行为造成的伤害漠不关心。事实上，像安然公司的崩溃以及披露法律意见书，证明在阿富汗和伊拉克捕获的囚犯遭受酷刑这样的丑闻发生之后，大部分公众强烈抗议律师，是针对律师仅作为其客户目标的推动者，没有运用关于其客户立场的法律和事实价值的判断。如果他们问尖锐的问题，代理安然公司的律师将会意识到，诸如此类的业务，依靠会计规则的积极解释，几乎任何独立、公正、善意行事的顾问（即，某人不接受来自安然公司的数百万美元的费用）都会认为是非法的。理性的人们可能会对律师作为把关者应当有多少责任，以及什么证据触发调查和纠正客户不当行为的义务存在分歧，但是在刑事辩护代理的背景之外，谦逊的理想似乎会失败于公正理由的测试。

公平地讲，马克维茨主要讨论对手辩护对美国民主合法性的贡献。这个想法是，因为个体公民有机会体验"法律程序的改革影响"[52]，参与对抗性的纠纷解决，使法律制度在个案层面上成为合法。只有具有消极能力的律师能够保持对客户的信任，这必然会促进他们参与法律程序。然而，即使在对手纠纷解决程序中，某种程度的职业判断被要求阻止制度在轻浮的争论中陷入困境（即，那些立场在现有的法律下是不可认知的）。马克维茨说，"律师帮助争论者把他们非理性的要求转换成权利主张，必然无法主张内在于其客户立场的任何权利"[53]。在短语"内在……权利"中有一些含糊不清之处，如果它意味着客户认为的权利是内在的，那么马克维茨的论点断然不符合律师法，这允许甚至要求律师不顾其客户关于在诉讼中应该主张什么立场的信念。[54]法律在本质上承认部分党派拥护者的一个责任，确保司法过程的有效运作不被破坏。另一方面，如果马克维茨意味着律师应当主张实际上内在于其客户立场的权利，那么他是说，律师应当是充分考虑他们对法律忠诚义务的坚定支持者，我觉得这是正确的立场。在诉讼背景之外，谦逊的情况变得甚至更加可疑。如果律师有责任确保，已经包括关于过度党派之争的多个程序检查系统的有效运作，那么看起来，对法律忠诚的情况在这些缺乏制衡的地方甚至会更强大。作为建议安然公司的例子表明，如果偏袒的律师不致力于诚信地适用法律，试图确定其客户法律权利的内容（相对于他们可以侥幸逃脱的），可能存在肆无忌惮的客户从事大量的非法活动。

为此，律师与客户关系应由对法律而非对客户忠诚的理想构建——即，通过受托义务的法律和道德理想。对法律忠诚的义务，本质上来自于律师与客户关系的法律构成的性质。律师是客户的代理人,其合法权力是由客户的法律权利赋予的。律师可以依法做不多于,而且应当做不少于其客户在法律上有权去做的。以默尔西质疑桑松开始,并通过讨论马克维茨的立场继续,这一章特别考虑的问题是,这是否是一个有吸引力的第一人称的道德理想。可能的情况是,一些人发现忠于法律作为一个道德承诺很有吸引力。政治伦理的一个方面,律师伦理是其中的一部分,充分考虑到所有人的平等和尊严,寻求一个合法的方式整理公民对于他们侪辈的关系。从普通道德的观点看,这是一个有吸引力的事情,所以某人可以想象人们致力于做律师,以服务于一个合法的法律体系的目标。然而,政治也有不那么光鲜的一面,法律伦理理论必须面对这个事实,有时政治理想可能推翻诸如诚实、友好以及和善这样的普通道德考量。在这些情况下,社团主义解决方案将是不能用的,并且律师将不得不对付关乎政治角色的价值与普通道德承诺之间的冲突。

这个论点坚定地存在于一个特定的政治哲学传统——感激霍布斯、马基雅维利和韦伯——其中政治可能意味着参与"诚实和正直的人可能表面上至少懒得去做"[55]的活动。在普通的道德理由方面,拒绝参与这类行为将意味着,一个人不能认真追求政治在道德上正当的目的。[56]或者,要改变这个观点,按照普通道德的标准,如果某些社会和政治角色仅仅由坚持保持良性的人占据,可能将会对所能够完成的事情是一个限制。[57]这就是所谓的"脏手"问题。当代理人做一件根据政治价值是正当的事情时,他把自己的手弄脏,但从"诚实和正直的人"的立场——即从普通道德的观点,这将被评价为错误。这个论点在后面的部分将相应地是,我们应该把"脏手"问题看成发挥重要的解释作用,而不是把个人诚信看作职业道德的核心。

第三节 脏手问题

公共机构和参与者(如律师、法官和立法者)的伦理,以整体社会的名义,回应对一个独特模式的需要,其间人们能够以一种实际的和最终的方式相互关联(在人们可能必须被强迫做事情的意义上,他们可能不认为是正确的),但也尊重公民信仰和承诺的多样性。[58]这些目的可能与承担公共角色者的个人的理想不一致。例如,考虑基督教作为神圣善行的概念,与一个非常不同的善行概念之间的对比,它把善性(至少对于政治家)设想为狡猾、力量、信念、不受原则约束的即兴发挥的能力,以及必要时的暴力和残酷。[59]马克斯·韦伯

第五章　从非问责制到悲剧：其余的道德要求

(Max Weber) 在其《政治作为一种职业》一文的一段中完全清楚地表达了这后者的观点：

> 他让自己卷入政治，也就是卷入权力和力量作为手段，与恶魔的力量签订合同，而对于这个行动，善只可以从善得出，而恶只从恶得出，这不是真的，但事实往往相反。谁不能看到这一点，那的确是一个政治新手。[60]

当然，律师不是马基雅维利式的大师，而且他们参与不法行为对避免一场等同于入侵或包围的灾难，通常是不必要的。然而，以一种更为适度的方式代表客户和代表他们做事情，可能会使律师卷入他真诚地认为是不道德的行为中，但这是客户在法律上有权做的。

在一个合理的政治角色范围内行为的人，受到超过普通道德义务的义务限制。然而，如果他感觉到道德义务的影响力，该道德义务被特定角色的职责超过，一个人可以相信自己已经在用脏手行动。[61]代理人的手的"肮脏"作为一个功能，它能够从多个角度——如政治和普通道德价值，或主体无涉和主体相涉的考量评估行为，考虑在"斯波尔丁诉齐默尔曼（Spaulding v. Zimmerman）"案中，这些如何可能对律师发生。被告的律师可能有保密的义务（由律师纪律规则以及由机构和受托义务普遍适用的法律强加的），不披露包含有关原告动脉瘤信息的体检报告。① 这一法律规则的道德理由应该是这样的："法律是非常复杂的，并且在大多数情况下，一个非律师会很难弄清楚某事到底合法与否。即便是善意的良心公民，有时也可能需要咨询律师，找出如何遵守法律。在咨询过程中，至关重要的是，律师了解一切有关客户的情况，以便提供最可靠的建议。然而，客户可能可以理解地提防披露潜在的罪证、尴尬或不愉快的事实。因此，律师从客户那里获得充分信息的唯一方式，是给他们一个不可改变的保密保证。律师需要能够使客户安心，他们揭示的任何事情将永远不会

---

① 因为美国律师管理法中保密职责的变化，这里的含糊其辞——"可能"被要求——是必需的。可以认为，在斯波尔丁案的判决（根据1908年美国律师协会［ABA］道德准则）被允许时，该规则是有效的，但没有要求律师披露。参见 Cramton and Knowles (1998), p. 80. 美国律师协会《职业行为示范规则》第一个版本在 1983 年发行，在所有情况下禁止披露防止死亡或对另一个人的人身伤害，除了那些客户打算实施可能造成迫近的死亡或严重身体伤害的犯罪行为的情况。Model Rule 1.6 (b) (1) (1983 version). 该规则随后在明尼苏达州（Minnesota）生效，且禁止在斯波尔丁案中披露。Cramton and Knowles (1988), p. 81. 该版本的规则已在许多州生效，在律师合理地认为有必要防止合理的某些死亡或身体伤害的限度内（即，新规则省略了犯罪行为的要求和迫切性条件），允许律师披露信息。Model Rule 1.6 (b) (l). 甚至当1983年版的规则有效时，在州律师纪律规则中有相当多的管辖权变化，许多州选择了更宽松的规则，至少已经允许在斯波尔丁案中披露。

被披露或用来对付他们，而这样做的一个有效方法，对法律职业是建立和实施一个绝对或近乎绝对的保密职责。如果律师被允许披露从客户得来的信息，虽然可能会存在偶尔的非正义能够预防，但如果律师尊重一个严格的保密义务，在长期的社会将会更好。"

从一个适当公正的观点——称之为政治、制度或其他类似的事物——这不是一个不好的论点。在黑肺利益假设中，类似的理由可能被提供来请求诉讼时效，以避免一个公正的债务，或提出一个动议来终止福利。然而，请注意，它指的是真正不属于普通道德一部分的考量和价值，即使它们在普通道德方面是可以认知的。正如本书中一直强调的，律师在正当理由方面的观点，从根本上是关于一个规则和程序体系的合法性，它用来履行一个特定的社会功能。在对抗制审判中，允许一方的律师采取纠正措施，因为对方律师甚至法官犯了一个错误，可能削弱保密权利遭到侵犯的客户的合法性。这里的观点不是对保密是否真的是一件好事的争论老调重弹。[62] 如果是，支持一个强大保密规范的论点，将根据政治价值建立。这留下一个与普通道德不确定的联系，并使得律师在这种情况下不确定，保密其原告威胁生命的医疗条件应当如何在普通道德方面进行评估。

有人可能会坚持，把普通道德评价立场的至高无上作为行动原则的一个基础，但如果没有官员和准官员在某种意义上参与从第一人称的观点可能被视为不当行为的行动，很难想象一个旨在处理道德冲突的体系可以发挥作用。消除所有与律师认为是普通道德生活中的不当行为的联系——即，在一个机构角色内寻求某种超清廉——为了实现以一个职业角色行为的善行，只能以破坏机构的能力为代价才可能。角色义务也许与性情特点相联系，它可以作为职业训练和社会化的一个结果来获得。可能有这种情况，与遵守普通道德相联系的性情不安地共存，就算真的有，也是与职业角色相关联的性情。[63] 矛盾的是，寻求与任何不当行为没有署名关系的律师，也会犯道德上的过错，只是这一次涉及尊重一个有价值的社会制度的政治理由。如果有需要不相容的行动的真正道德义务和真正政治义务，凭借非此即彼的评价领域，若不做错事将没有办法解决这个进退两难的问题。

这里辩护的立场结果是，律师的职业义务在行动决定中排除诉诸普通道德考量，但这不是最终的评价。可能有一个"道德残余"（moral remainder）附属于律师的决定——一个道德上敏感的人感觉，作为道德代理人有一点"未被取消的道德不愉快"[64]，即便他正确地认为行为在政治方面是正当的。道德残余承认律师作为一个普通道德代理人的观点，尽管律师在以一个代表的身份行

第五章 从非问责制到悲剧：其余的道德要求

为时，合理地坚持其职业义务。律师作为人可能感到内疚或遗憾，但是通盘来看会继续认为他做了正确的事情。这是由于普通道德和政治考量之间的间接关系。如果关系是一个直接派生的，谈论道德残余将是荒谬的，因为正确理解的角色义务会产生正当的道德要求。但在某种意义上，即使在职业角色内有义务正确地采取行动，专业人士也经常觉得自己是违法犯罪者。是什么导致了职业生活的这种现象呢？一种解释是根据"脏手"的一种分析，它认为律师未必作出错误的决定，但"一些丢脸的事情已完成"的合理信念仍然存在，尽管在审议后相反的决定已经达成。[65]

道德残余是一种非行动纲领的评价概念。也就是说，代理人已经决定要做什么之后，他们回顾性的操作并不表明代理人的考量被误认为是他们涉及实际推理的结论。道德残余不只是情绪，虽然他们可能有一个情感维度，比如对所做的事情感觉内疚或不安。超出他们的情感品质，道德残余是评估价值。从整体来看，在这种情况下，他们把一些行动确定为非法，即使这可能是代理人被要求去做的。[66]他们在实际推理行动中发挥一些前瞻性的作用。在职业道德的情况下，可能有充分的理由考虑排除或超出普通道德职责的职业义务。然而，构成普通道德义务基础的理由并不简单地消失，它们继续坚持存在，并且作为道德残余存在的基础。

当然，接下来的是一个单独的问题。非行动纲领的评价考虑两种典型的可能性。首先，为促进公共利益可能牺牲个人道德良善，有"脏手"的政治参与者应当至少感觉到一定程度的痛苦。[67]然而，痛苦本身是不够的。与他认为一个普通道德代理人会做什么相反，这一点不仅是行动者对已经作出支持某个公共目的的决定感觉很糟。相反，希望是，不愿意违背普通道德原则的某人，将不太可能得出错误的审议结论。[68]一个法律允许的行为过程可能涉及实质性的和可避免的道德成本。也许客户可以被说服，虽然他拥有做某事的法律权利，但普通道德考量支持采取一个不同的行为过程。道德残余如果被这样体验，并随着时间推移被律师内在化，那可能导致实践的一个道德上更加敏感的风格，其中律师为避免法律权利和普通道德义务之间的冲突，能够更好地辨别选择。例如，在斯波尔丁案中，律师应当弄清楚齐默尔曼的愿望实际上是把体检报告保密，甚至承认斯波尔丁没有意识到威胁生命的医疗条件。律师很容易假设，他们客户的愿望是使法律允许的利益最大化，忘记客户在很多情况下也可能想做在道德上正确的事，即使这意味着放弃一个法律权利。

第二种可能是，行动者内在的痛苦不只是以不愿意违反普通道德义务的方式表达，而且以一些公共的、社会认可的方式表达。[69]一些代价必须被要求，或者一些行为以赎罪的方式作出，并且惩罚必须设法符合不当行为的性质。蒂姆·戴尔（Tim Dare）在诉讼时效案件中已经建议，律师必须通过法律改革的游说弥补所参与的道德不当行为，他已经正确地推断，职业角色的优先权要求他为被告方辩护，并避免其客户公正地欠下债务。[70] 律师对理解现行法律的不足处于有利地位，并应当把其在法律方面的经验用作提出改革论点的基础。同样，大卫·威尔金斯（David Wilkins）认为，安东尼·格里芬（Anthony Griffin）作为曾代理3K党的非裔美国民事权利律师，应当通过寻求在律师角色内的变革，尊敬他对黑人共同体所具有的义务，并在某种程度上尊重他对那个角色的义务。[71] 作为一个黑人律师，格里芬必须说明由他代理一个特别恶劣的客户引起的道德残余。[72] 这样做的一个办法是，在对政府权力不信任的基础上集中其代理的理由，这与格里芬作为非裔美国人的经历和成长于种族隔离的南方有关。[73] 另一个反应可能是，确保他的其他客户相当大的比例是非洲裔美国人。在这两种情况下，都有恰当的忏悔或赎罪行为。然而，在其他情况下，很难想到对谴责的一个合适的社会表达。在黑肺假设中的煤矿公司，可能不允许其律师游说改革联邦福利法规，并且国会无论如何不可能修补一个合理的良好运作的旧的立法。因此，赎罪不会是全面处理道德残余问题的答案。

在普通道德与职业角色之间冲突的极端情况下，最后一种可能是完全退出。即使角色要求他们，一个人也可能断定有些事情他不能做。美国律师管理法在对律师从客户的代理撤回的方法上，实际上是相当宽容的。除非对客户的利益会有一些实质性的不利影响（即使在某些情况下会有），律师可能从代理中撤回，除非律师在诉讼问题上代理客户，在这种情况下撤回需要法院的许可。[74] 这只是意味着，律师将不服从律师协会的纪律或被客户撤销的医疗事故诉讼。还有一个关于律师对退出选项应当采取的态度的道德问题。它可能只用于极端情况或考虑相对常规。在我看来，基于道德考虑从这种关系中退出（相对于晚发现的利益冲突，客户犯罪或欺诈，以及类似的理由），应该是一个不寻常的事件，并且应当只在律师和客户之间极端的和衰弱的道德冲突的情况下考虑。退出阶段的理由与作出客户选择决定的时候是相同的。律师必须接受或拒绝客户的法律允许，应当根据内在于律师角色的价值（比如法治理想）行使。然而，正如在客户选择的情况下，道德机构的持久性可能导致律师对正确遵循这些具体角色的义务感觉后悔。

幸运的是，政治的和普通的道德观点之间最严重的冲突，在多数律师的生活中不会频繁发生。没有遇到像斯波尔丁诉齐默尔曼（Spaulding v. Zimmerman）或隐藏尸体的困境这样的案件，律师仍可以实践其整个的职业生涯。然而，如果法律伦理的整个结构在此是健全的，结果可能是律师必须偶尔处理道德残余。我无意把这些冲突的心理意义最小化。谈到承认他的沉默导致了父母的痛苦，在隐藏尸体案件中的律师说，"我导致他们痛苦……你想说什么？在他们心中，无论我说什么都不能为它辩护。你不能把它向我证明是正当的。"[75]。尽管在这种情况下职业义务具有合理的优先性，父母的痛苦以及用直接说他们所担忧问题的方式证明职业保密性的困难，显示普通道德观点的持久性。这种观点必须以一个适当的方式承认，但这并不意味着律师通过保守其客户的秘密错误地行为，并且一般来说，它并不意味着法律伦理的行为指导原则应优先考虑普通道德观点。最终，即使在道德上似乎需要一个不同结果的情况下，对法律忠诚的义务是一个很强大、很少被推翻的义务。

第六章 作为工艺的法律伦理

律师的基本工作，正如代理法、合同法和侵权法所设立的，是在法律的范围内有效地代理客户。正如在第二章所介绍的，法律规定权利，它可能是在诉讼中坚持自己的主张，或者可能充当律师对客户建议的基础。律师的角色是确定和保护其客户的权利，而不是一个"在法律范围内的积极辩护"，这意味着只要是在客户的利益范围内，可以做任何可以逃脱惩罚的事情。如果可能从法律文本直接解读法律的含义，那么将不会有更多要说的——客户的法律权利将是那些管理材料（比如判例和法规）明显规定的。然而，正如任何一个一年级法律学生快速学习一样，法律中可能存在大量含糊不清，因此，法律权利不是简单地从任何合格的调查者的页面跳下，而是在许多情况下仅通过一些努力和使用判断才能发现。此外，含糊可能导致滥用，所以一个聪明的律师能够把法律操纵到，似乎表达一个实际上不存在的权利。这一章的目的是建立法律足够的客观性和确定性，不充分支持的法律地位集合不是空的，因此律师伦理在原则上可以要求律师在咨询客户或建构交易时，避免依赖不充分支持的法律地位。这样做的风险很高，因为没有可靠的解释方法对法律问题产生足够明确、客观的答案，那么正如在第三章所概述的，法律将不会是那种能够拥有合法权威的东西。因此，修改后的党派原则和早些时候维护的中立原则，将根据法律产生适度确定意义的能力，站住脚或垮掉。

本章的论点是，确定客户的法律权利基本上是一个评估问题，看是否存在能支持客户有权利做这样那样事情结论的理由。在第六章第一节，本章以一个案例研究开始，阐明伦理批评的方法可以针对违反法律忠诚义务的律师。法律权利可能或多或少被理由很好地支持，但这并不意味着法律是完全确定的。正如案例研究将要显示的，重要的事情是建立一个伦理批判的模式或样式。这一点不是为了说服读者，实质性的法律批评是必要的（虽然我认为它是），但这是提出律师在代理客户中已经错误行事这一道德论点的正确方式。第六章第二节认为，律师对法律忠诚的基本职责可以根据代理的性质变化方式。对法律忠诚的义务必须在一定背景中理解，一些律师比别人有更大的空间，考虑代表客户维护更少得到广泛支持的法律立场。这里辩护的立场是与适度确定性的命题相容的。考虑到法律的模糊性或不确定性，道德的律师业往往知道什么是可以做的。在诉讼中提交给法院的要点摘录中，律师可能被允许争辩"法律允许某事"，但在一封作为业务一部分提供的意见信中，或在给客户的关于他可能允许做什么的前瞻性建议中，将不被允许坚称"法律允许某事"，给出同样可适用的法律。

下一步，第六章第三节开始从事，法律推理（和确定性来源）与在第三章着手的法律合法性的政治概念之间关系的基本法理学问题。这一章的论点是，法律理由有一个特殊的结构。他们参考从对一些事情持不同意见的公民中容易得到的深层理由，但是他们代替或超过在受法律管辖的公民实际考量中的那些理由。因此，法律总是瞄准一些目的——即它是一种有目的的活动。因此，对一个容许的法律解释的基本约束是，它应当旨在恢复一些法律规范的实质意义。另一个重要的约束是，律师应当从内在观点看待法律——换句话说，是作为创制真正的义务，而不仅仅是要回避或围绕不方便的障碍。要感激哈特（Hart）的法理学，正如在第六章第四节的总结部分所讨论的，这种方法可以用来理解一些法律解释的实际问题。

第一节　酷刑备忘录的情况[1]

为组织法律解释的分析，以一个案例研究开始是有帮助的。优秀的政府律师建议允许酷刑的案例，在其可怕的事实中有些独特，但提出一个非常普遍的问题，法律而不是普通道德，如何能够充当对律师代理客户的一种约束。虽然这是一种备受关注的案例，并在美国和国外引起了持续的关注，它实际上是法律伦理丑闻的一个典型模式。在构建导致安然公司倒闭的交易中，在20世纪80年代储蓄和贷款危机负责人的隐藏错误中，或在市场虚假避税中，人们可以进行律师角色的一个类似分析。[2]这些案例具有一个共同的结构，是律师代表客户主张法律权利的断言，经过仔细检查结果是虚假的。虽然律师在支持这些立场中提供了貌似合理的法律论证，但是论点经不住推敲。例如，一个由董事委员会进行的公正调查得出结论，安然公司的管理人员和外部的律师使用虚假的东西，掩盖几个关联方缺乏经济实体的交易，导致这些交易对公司财务报表的会计处理近乎欺诈。[3]正如安然公司的一名雇员所观察到的，"我们的工作是利用法律，并使我们赚到尽可能多的钱"[4]。在这个案例中，律师未能履行他们忠诚于法律的义务，因为他们宣称的立场没有得到有效法律理由的充分支持。

导致这些争论的麻烦是，不进入特别多的细节难以超越断言（即安然公司交易的会计处理是错误的）。为了本书中论点的目的，重要的事情不是建立未得到充分支持的任何特定的法律立场。制定和评估这些论点是具有相关法律专业知识的法律学者的工作。[①] 这里最重要的是建立：第一，律师忠诚于法律的基本道德义务；第二，法律是可以向其展示这种忠诚的东西。如果能使法律意味着任何一切，或者如果法律是如此可塑的，它不提供重要的实际约束，那忠诚于法律的义务就是空的。因此，为了表明这种方法对法律伦理能做真实的评估工作，这一章以在美国政府工作的律师的困境开始，他们被要求提供法律建议，对在所谓的反恐战争中的被拘留者进行可容许的处理。

美国入侵阿富汗之后不久，"911恐怖袭击事件"导致捕获无数可能与基地组织有联系的囚犯，他们可能拥有关于组织结构、人员乃至未来恐怖袭击的信息。特别是，抓获基地组织高级成员，比如阿布·祖巴耶达赫（Abu Zubaydah）、穆罕默德·卡赫塔尼（Mohamed al-Kahtani）和哈立德·谢赫·穆罕默德（Khalid Sheikh Mohammed），提出了这样的可能性，美国政府官员可能对拥有极有价值的"可控告情报"的人有监护权。[5]布什政府因此面临着一个紧迫问题，关于它应该对审讯技术应用到军事、美国联邦调查局（FBI）、中央情报局以及其他政府机构和民间承包商实施限制。国防部的官员和总统的顾问，自然求助于律师解释和适用国内和国际规制囚犯待遇的法律规范。情报人员自然把让这些囚犯说话作为优先考虑的事项。许多疑似激进分子已经证明被以反传统的非强制性审讯技术杀害，比如承诺换取合作的宽大处理[6]，所以美国官员寻求咨询，看对"高价值的"俘虏使用某些强制性技术是否是法律所允许的。[7]例如，中央情报局官员想知道，他们的外勤特工是否因为使用像"水

---

① 虽然我已经对相关法律很熟悉了，但我应该备案，在这个领域真正的专家可能会对法律推理存在分歧。在我看来，那是再好不过了。虽然我支持我对这些案例的法律分析，我的目标就是更少地建立那些具体的结论，因为它是为方法论的角度争论的，法律伦理必然是一个取决于获得潜在法律权利的评价性话语。

第六章 作为工艺的法律伦理

刑"这样令身体痛苦的方法,将受到刑事起诉,在水刑中囚犯被绑在一块木板上并淹没,直到他体验溺水之感。[8]要不然,该机构寻求对不需要直接身体接触技术的合法性指导,比如,剥夺囚犯的睡眠,迫使他们连续长时间站立或采用有压力的姿势,用光或声音(包括,猫想要咪咪乐猫粮的异乎寻常的重复旋律)轰击囚犯,以及让囚犯连续几个小时戴着镣铐。[9]在关塔那摩湾的一名官员认为,他被允许批准"轻微的掌掴脸",这将被用来给予守口如瓶的基地组织嫌疑人"一些额外的鼓励"[10]。

看来,可以这么说,中央情报局是非常乐于不依不饶的,但关心其代理人免受未来的起诉。[11]为了防止恐怖袭击,政府已经表示愿意必要地强硬起来。[12]白宫顾问阿尔伯托·冈萨雷斯(Alberto Conzales)多次指示律师,他们试图在考虑给予处理恐怖嫌疑人的审讯人员多少选择余地时,尽可能具有"前瞻性"[13]。基本假设,2001年9月11日是一种规范的分水岭,对律师就其法律责任向政府提出建议并没有迷失。随后的披露已经证实,在阿富汗和在关塔那摩湾囚犯的待遇,远比由布什政府官员公开承认的更严重。[14]例如,高级政府官员已被问到是否允许使囚犯阿布·祖巴耶达赫单独或以某种组合遭受大量"强化的审讯技术",包括水刑、"撞墙"(把囚犯头朝前地使劲推向墙,虽然穿着衣领以防止他的脖子被打破)、有压力的姿势、剥夺睡眠、狭小的禁闭,以及"昆虫放在禁闭的盒子里"以利用阿布·祖巴耶达赫对昆虫的恐惧。[15]红十字国际委员会(ICRC)的报告显示,这些技术很快就被中央情报局的审讯人员应用到审讯领域。比如祖巴耶达赫的报告:

> 当我被从盒子里放出来时,我看到房子的其中一面墙被用胶合挡板覆盖着。从现在开始,它是靠在这个墙上的,我当时被用围在我脖子上的毛巾撞击。我认为胶合板被放在这里是为了吸收一些我身体的冲击力。审讯者意识到,对着硬的墙壁撞击我可能会导致身体伤害。[16]

该技术通常被与剥夺睡眠、裸体、强迫站立组合使用[17],而使用冷水在各种囚犯的描述中是常见的元素。组合技术的目标是产生一种"习得性无助"(learned helplessness)的状态,其中囚犯意志将被摧毁,达到不再有抵抗愿望的程度。[18]

深入的报告证实,酷刑不是一件孤立的事件,且不是几个害群之马的行为,正如政府官员在阿布·格莱布(Abu Ghraib)虐囚丑闻之后曾建议的。相反,美国政府已经建造了一个酷刑程序[19],连同流程、备忘录、经核准的技术清单以及防护措施,以确保审讯不能做得过火,导致囚犯死亡。[20]自然,那里任何事情通过这种方式都变得正规化甚至官僚化，有人预料律师将被涉及其中。事实上，律师从一开始就参与了为国防部、中央情报局、国务院以及正规军队提供法律咨询。在整个审讯政策的发展中，军事律师引用《日内瓦公约》、《战争罪法》和《军事审判统一法典》的义务，反对使用强制技术。一些平民的律师也反对，包括国务院法律顾问威廉·塔夫脱四世（William H. Taft Ⅳ）。然而，美国国防部长唐纳德·拉姆斯菲尔德（Donald Rumsfeld）拒绝了对激进技术表示担心的律师的建议，而转向司法部门的一小群律师。[21]

支持这些活动的法律分析体现在一系列由法律顾问办公室（OLC）[①] 准备的备忘录中，这些被称为"酷刑备忘录"，它们在阿布格莱布监狱虐囚丑闻暴露后被泄露给了媒体。备忘录考虑广泛的法律问题，从《日内瓦公约》的保护是否给予战俘，延伸到有嫌疑的塔利班或基地组织囚犯，到总统权力是否作为总司令可能受到国会一项宣布虐囚有罪的法案的限制。一个备忘录把被认为与塔利班或基地组织有关的囚犯，从关于战俘待遇的国际规范保护中排除出来。[22]尽管有来自美国国务卿柯林·鲍威尔（Colin Powell）的强烈反对，白宫法律顾问阿尔伯托·冈萨雷斯（Alberto Gonzales）仍然断定非国家恐怖主义是一个"新范式"，它呈现《日内瓦公约》一些古朴的条款，对审问俘虏加以限制。[23]其中，最臭名昭著的一个备忘录断定，某些审讯方法可能是残忍的、不人道的或侮辱人格的，然而不属于禁止酷刑行为的范围。[24]即使一个行为被认为是酷刑，这个备忘录断定它可能被正当防卫或迫不得已证明是合理的。就算一个审讯技术原本被认为非法，总统作为总司令有单方面的权力，使政府行为者免除对酷刑适用国内的和国际的法律限制。

在本书中辩护的立场是，从普通的道德观点看，评价酷刑备忘录的法律伦理最相关的批判观点，不是酷刑的可怕。反对布什政府律师给出的建议，并不在于它是坏的道德建议，而在于它是坏的法律建议。法律只是不允许，在关塔那摩湾（Guantánamo Bay）、巴格拉姆空军基地（Bagram Air Base）以及东欧无名"黑狱"的审讯人员已经对囚犯所做的。假设第二、三、四章的论点是合理的，仍然存在一个与法律的不确定性相关的潜在问题。即使律师有义务根据他们的法律权利而不是普通道德考量建议客户，如果法律可以被解释为允许任何客户想要做的，这可能在实践中也不算多。这很具有讽刺意味，但或许可

[①] 法律顾问办公室行使美国总检察长授予的权力，向总统（以他作为行政部门首脑的身份）建议，并出具对整个行政部门均具有约束力的法律意见书，除非由总检察长否决。参见 Goldsmith (2007)，pp. 32-38。值得注意的是，戈德史密斯（Goldsmith）把法律顾问办公室的主要职责描述为"维护其对法律的忠诚，然而同时找到一个方法，如果可能，批准总统的行动。"同上，p. 39。

以预测，保守派人士已经诉诸法律的不确定性，回应布什政府律师的批评。法律推理仅仅是通过其他方式的政治，以及法律的客观性不外乎是压迫性服务中骗人的把戏，这些主张是以前政治左派的领域。然而，在保守的律师因操纵法律被抓住之后，他们的批评者现在必须捍卫这样的观点，且不说一个聪明的律师无论可以使法律意味着什么，法律确实意味着什么东西。

法律的不确定性不仅仅是一个理论倾向的法律学者的问题。正如在对布什政府对反恐战争的法律回应进行争论的过程中，由高级政府官员所做的公共评论所揭示的，它是通俗理解法律制度的非常重要的一部分。例如，美国最高法院裁定美国海外人员必须遵守《日内瓦公约》共同条款第3条规定，禁止践踏人的尊严，其后布什总统指出，"那就像——它非常模糊。践踏人的尊严是什么意思？这是一个其解释广泛开放的声明。"[25] 同样，对于水刑是否非法的问题，司法部长迈克尔·穆凯西（Michael Mukasey）含糊其辞。他发表在一个有关审讯政策的听证会之前的一封信中指出：

> 如果这是一个简单的问题，我不会愿意提供我对这个问题的看法。不过，恕我直言，我认为它不是一个简单的问题。有些情况下，现行法律似乎明确禁止使用水刑。其他的情况将呈现出一个更接近的问题。[26]

虽然布什（Bush）和穆凯西不明说，他们的评论表明如果法律是明确的，他们将愿意默许他们律师的建议。然而，在他们看来，法律的不确定性给了他们一个法律许可，保留《日内瓦公约》对囚犯的保护，乃至在某些情况下使他们遭受水刑。

对不确定性具有这个吸引力的问题是，管辖酷刑的法律是其中的一个区域，真诚地讲，其中关于核心条款的意义和适用真的没有任何分歧。[27] 关于国际法，《日内瓦第三公约》适用于战俘，禁止对战俘造成身体或精神上的折磨，或任何形式的胁迫。《日内瓦第四公约》适用于平民囚犯，需要保护平民免受所有暴力或胁迫。共同条款第3条是所有单独的日内瓦公约的一部分，禁止虐待和酷刑，以及侮辱个人尊严，还有侮辱性和有辱人格的待遇。《反酷刑公约》不仅禁止酷刑，而且还禁止并不同于酷刑的残忍的、不人道的和有辱人格的待遇。该公约包含一个明文不可克减的条款，阻挡了对全国紧急状态作为酷刑正当理由的吸引力。[28] 此外，禁止酷刑是国际法中的一个强行法规范——一个在任何环境下不得偏离的绝对标准。在美国国内法中有类似的禁令。这些包括一个一般联邦侵犯条例，在美国特殊海事和属地管辖权内，禁止通过击打或殴打进行攻击[29]，还有一个专门解决酷刑的联邦刑事条例，禁止美国之外的任何人实施酷刑，酷刑被定义为一个专门为了造成严重的心理和生理疼痛或痛苦的行为。[30]

正如有人所预料的，政府的律师已经解释，为什么这些禁令并不适用于禁止施加于囚犯的待遇。他们认为战俘（POW）公约不适用，因为基地组织不是一个《日内瓦公约》的缔约方，他们忽略了过去美国对待所有武装人员的做法，作为《日内瓦第三公约》下的战俘不只是缔约国的士兵。关于对平民囚犯的《日内瓦第四公约》，律师认为，总统已把基地组织和塔利班战士视为"非法战斗人员"[31]。这个论点的麻烦是，作为一个非特权或非法战斗人员，对于一个囚犯失去战俘身份是可能的，但这只是把这些囚犯投入到受《日内瓦第四公约》保护的平民身份。他要么是一个战俘，要么是一个平民囚犯，不可能是一个法律上的非人（legal non-person），完全处于日内瓦体制的覆盖之外。正如国际红十字委员会所指出的，"没有人在敌人的手中可以不属于法律"。

关于共同条款第3条，它适用于所有囚犯，无论他们被如何分类，政府律师推断与基地组织的冲突是"在国际范围内"。共同条款第3条适用于"不具有国际性质的"冲突，而全球反恐战争显然是不够全球性的。但是这个推理也是完全错误的，因为共同条款第3条的要点是要填补，由《日内瓦公约》的剩余部分适用于民族国家之间的冲突而创建的覆盖范围中的缺口。冲突是非此即彼——民族国家之间的战争，或不具有国际性质的冲突——不存在一个固有的非法律管辖的冲突。为避免这些论点的压力，律师顾问办公室律师用一个极其难以置信的"三军统帅的否决"（commander-in-chief override）立场支援他们，主张总统拥有权力单方面中止《日内瓦公约》。[32]然而，这个论点是站不住脚的，因为总统作为武装部队总司令的宪法权力意味着，只是确保平民政府官员发挥对于军事的监督作用。这当然不意味着，在对行政部门官员在战争行为中可能做什么设置法律限制方面，国会没有协调作用。这也不意味着国际法律规范被总统监督统一服务的权力取代。[33]

关于酷刑备忘录其他方面的类似论点，可以来回地审视，包括在2002年8月1日律师顾问办公室备忘录中的臭名昭著的诉讼时效案，把剧痛只是界定为相当于伴随器官衰竭甚至死亡的疼痛，并试图避免水刑是酷刑的结论，尽管过去美国曾专门因为水刑以战争罪起诉日本士兵。这里的重点不是要彻底地批判这个特定的法律咨询的例子，而是提出，如果我们假设律师最基本的义务是忠诚于法律，那么它会产生差异。

第二节 解释性判断

考虑酷刑备忘录中的法律问题表明，评价律师的建议的道德允许，在实践中在多大程度上可以支持法律立场。一个足够了解国际人道法和战争法则的律师，将会对政府律师的观点表示怀疑。这种怀疑是参与一个行动、一个工艺的结果，它带有好的做法的一定内部标准——优点或美德，如果你愿意这么理解的话。[34]工艺为违反工艺标准的规范性批评的可能性打下基础。认识到对一个针对某个目的的实践意味着什么，就意味着也认识到对实现这个目的什么是做得好的或不好的。这是一个悠久的道德传统，一直可以追溯到亚里士多德（Aristotle），但是它有一个复杂的制度活动（比如在法律体系内担任客户的顾问）的现代适用。就法律伦理而言，做一个好律师意味着表现出对法律的忠诚，不扭曲其含义而使客户能做非法的事情。酷刑备忘录对律师是糟糕的，并且我们可以通过参加制作和分析法律论证的工艺来辨别这个。如果政治秩序确实给出法律职业的含义，就像我在本书中已经主张的，那么法律顾问办公室律师关于一个道德批判的概述就是到位的。

引用工艺不应被视为诉诸一些直观判断的神秘技能，或"当我看见它时我知道它"的推理。一个有经验的律师对一个论点可能有本能的负面反应，获得这个直觉只是某事在争论中出岔子的一个征兆。我们如何知道是什么出了岔子？简单地回答这个问题是不容易的，但是这不是因为职业工艺是神秘的。相反，它是需要一些实践来使自己熟悉的东西，但是凭借经验，人能识别好的或坏的法律论证。某些可争辩的"提议"被现有的法律实体排除了。律师可能没有意识到规制解释性判断的运用的默示规范，但是如果需要，它们通常可以给出理由，为什么一个解释是令人信服的，而另一个解释觉得它们是难以置信的。[35]回到酷刑备忘录的例子，很好地理解战争法结构的目的是创建无间隙覆盖：没有一个人既不是一个战俘，也不是一个平民被拘留者，或者一场战争既不是"国际性的"也不是"非国际性的"。熟悉这个结构的人会意识到，许多类别的非人类和非战争，由布什政府的律师纯属虚构地发明。因此，他们不代表试图确定法律意味着什么的诚信；相反，他们是使用有法律样子而实际上却经不住推敲的论据逃避法律。

律师经常使用非正式的合理判断来评估法律立场。他们可能会说一个论点在合理的范围内是可靠的、明智的、合理的，是一个弹性的、冒险的、几乎似是而非的、轻浮的论点等等。学者和监管者偶尔尝试用数学术语确定这些自信的判断，比如问一个立场是否有10%的机会、30%的机会等胜诉。[36]例如，美国律师协会（ABA）已建议税务律师，他们可能劝告客户对税务申报表采取一个立场，只要对该立场有一个合理的法律基础。[37]尽管美国律师协会道德委员会警告说，一个合理的基础不仅仅是一个"似是而非"的主张，它还说律师可以建议纳税人，即使律师认为客户的立场不会得逞，一个立场也是允许的。所有需要的是一个善意的信念，该立场被现有的法律保证。随后由美国国税局颁布的法规，已经把合理的基础界定为大约三分之一的成功机会。[38]然而，以数学术语表达合理性判断，创建了一个在法律推理中永远不能获得的精确的错觉。律师可能认为一个论点是"相当强大的"或"不那么强大，但不是一个完全的失败者"，但如果要求将这些评价转化为数字术语，只是将数字从空气中提取。更糟糕的是，律师可能会被误导认为他无法表达一个判断，关于在数字计算方面的自信，意味着这个判断纯粹是主观的。但是如果没有能够准确地量化判断，某人可能会对某些领域的一些预测或评价感觉到强烈的自信。

尽管合理性的数学界定是不太可能即将到来的，但它可能表达一个就态度的信念而言是非正式却坚定的合理性标准。例如，如果律师可以支持一个解释，对它感到自豪，并传递给律师尊重其良好判断力的第三方，然后解释是满足一个相当高标准的合理性。这个态度或信念，就提出一个解释的律师而言，可能会根据一种假设理想的观察者得到充实。对理想观察者的一种可能的启发式使用是，如果律师很轻松地对为其就职的法官、他尊重的一名教授或以其良好的感觉和判断著称的一位同事提出论点，那么该论点是合理的。[39]这个标准比通常被律师使用的"玩笑式测试"更严格（即，在法庭上作出一个论点而没有嘲笑它的荒谬是否是可能的。）它更接近，为确定作为法官所给出的一个法律解释是扭曲的，而由查尔斯·弗莱德（Charles Fried）提出的测试：如果律师在口头辩论中提供一个法律解释，或一名法律学生在一个测试中提供，律师或学生将会被指责为不诚恳吗?[40]并且，律师很轻松地作出这些类型的判断，正如我们所看到的，这些是针对法律顾问办公室准备酷刑备忘录的律师的各种论点。

重要的是，不要指望法律提供太多的确定性。事实上，在许多情况下，公道的律师可能对法律允许或要求什么持不同的意见。即使有一些法律上的不确定性，但是仍可能挑出律师创造不确定的外表而实际上有相当确定性的示例。为了说明这一点，考虑这个来自安然公司前经理的多彩的引用，描述他的公司对遵守会计规则的态度：

说你有一条狗，但是你需要在财务报表上创建一个。幸运的是，有关于构成一只鸭子的特定会计规则：黄色的脚，白色的羽毛，橙色的喙。这样，你拿这条狗，并且将其脚漆成黄色，将其毛皮漆成白色，并在其鼻子上粘贴一个橙色塑料喙，然后你对你的会计师说："这是一只鸭子！你不同意这是鸭子吗？"会计说："是的，根据规则，这是一只鸭子。"[41]

在此人的直觉是，安然公司的会计师滥用或操纵适用的法律。鸭性和狗性的标准可能与正式的法律规范无法共存（"根据规则"，正如在这个例子中会计师所说），但尽管如此，仍有合理的标准规制断定某物是一条狗或一只鸭子的容许性。安然公司的律师所从事的操纵，取决于以正式的法律规范对法律的虚假识别。管制规则中可能有明显的歧义，但是歧义仅是表面的。熟悉制定和评估法律论证的律师，把安然公司律师的产物鸭（duck-creation）当成事实真相，即一个易被看穿的伪装。[42]

法定解释的问题当然是一个已经受到法律学者相当多关注的问题。然而，当从律师而不是法官的角度考虑时，问题在重要的方面是不同的。采取法律立场的容许性——在诉讼中，作为业务的基础或作为客户法律建议的基础——取决于形势的制度特征。其中一些特征包括，是否有意义的约束导致介绍和论证的一个对抗性过程。律师的推理是否公开或秘密，以及法律本身在适用中是否考虑灵活性。区分法官和律师最重要的方面是，对律师忠诚于法律的义务必须在背景中理解。问题是，如果客户"需要一只鸭子"，当律师代表客户时可能说："这是一只鸭子吗？"答案是："看情况"。

为了继续这个说明（以使它变得有点傻为代价），需要假设客户被指控拥有一条狗的罪行，但要主张看起来像一条狗而实际上是一只某人能够合法拥有的鸭子。以这种变化开始是有帮助的，因为在律师伦理的论述中，刑事辩护范例总是在背景中徘徊，巧妙地告知我们关于律师的职责应该是什么的默示假设。[43]这是广为接受的，刑事辩护律师的工作就是抵制国家权力应用于其客户的案件，并几乎赞成任何将使客户避免惩罚的法律解释。禁止律师提出索赔的通常规则，或在现有法律中没有善意基础的辩护，是明确服从刑事被告人的宪法权利的，这允许（并可以说是需要）薄弱法律立场的主张接近不务正业的边界。[44]刑事辩护律师理所当然地认为，他们被允许"用证据检验情况"，要求控方建立其案件的每个元素以排除合理怀疑，即使辩护律师知道国家有能力证明其案件没有问题。[45]因此，如果存在任何关于一条狗是一只鸭子的争论，即使它是几乎不可能让它板着脸的，那么律师有可能，也可以说是必须使其如此。

刑事辩护律师实际上没有义务去确定一个法律论证是合理的。律师可能有战术考虑不提出这种可笑的论点，他们对法庭失去信誉从而削弱其作为倡导者的效用，但是那里仅有审慎的理由，没有法律或道德义务。构成这个广泛许可的基础，来推进符合一个刑事被告人利益的几乎任何法律解释，是美国的政治传统，它强调个人反对全能状态的标准权利。[46] 奥威尔式（Orwellian）万能状态的愿景可能比现实更夸张[47]，但个人和国家之间的权力差异，并不是刑事辩护背后的整个详情。对于刑事辩护律师几乎无限制地许可作出创造性和挑战性的法律论证，其真正的基础有三部分组成。首先，刑事起诉和辩护涉及对客户重要利益的实质性威胁，因为这个原因，它处在一个制度背景内，由党派的拥护者提供了相当强大的敌对检查，其职责完全面向（或至少大幅）保护客户的权利。其次，允许律师主张不支持的法律结论，建立一些改变成为法律制度的能力。出于这个原因，双方当事人的律师在民事诉讼中也有一些敦促较弱法律论证的范围，通过依靠完全不支持的立场服从法律禁止。最后，也是最重要的，在刑事或民事诉讼中，某人可能是一个积极辩护者，并且假设在大多数情况下，程序和法庭人员会注意这个"法律范围"。对手的介绍和论点，程序规则和证据，法官和律师助理的出席，以及上诉的可能性，这些都有助于减轻过度的解释创造性。换句话说，对于法律的不确定性和可操纵性问题，有一个制度的解决方案。

在不存在制度制衡的地方，在咨询和业务规划问题上，律师不能依赖一些其他行动者，来确保法律被正确地解释和适用。在非诉讼代理中，可能没有制度机制来防范单方面的法律解释。在关于所有交易实践的理论上，没有多少可说的。有些方面，比如向证券交易委员会揭发，是相当广泛地受到有关程序性的监督的。并且，交易中的律师有时也代表客户向第三方提供意见函（贷方、担保人等）——律师因为提供误导性意见函而暴露于民事责任，对律师在评估适用法律的创造性方面具有明显的限制。[48] 然而，由于缺乏对律师法律解释的有效程序检查，律师实际上充当着客户的私人立法者，因为律师作出的任何解释性判断，不太可能受到另一方当事人的质疑和法院对其适当性的检验。如果律师的建议脱离这样的可能性，客户行为的合法性可能实际上受到公正决策者的评估，法律基本上能够在"积极辩护"的幌子下被操纵而不复存在。

律师管理法因此对律师获得更多法律权利向客户提供专业咨询，在法律范围内创建私人秩序（例如，通过合同或公司设立手续），或对其行为向政府机构提出建议，设置更多的责任。美国州律师协会纪律规则规定，虽然在一个诉讼问题上，代理客户的律师可能断言任何绝非儿戏的法律论证，但担任顾问的

第六章 作为工艺的法律伦理

律师必须使用独立的专业判断，并提供坦诚的建议。[49]在客户代理中，律师有义务使用合理的注意，而且这个职责可能包括对客户行为的法律基础作出合理的评估，以及建议客户不要做一些法律不允许的事情。[50]同样地，实施《萨班斯—奥克斯利法案》（the Sarbanes-Oxley Act）的美国证券交易委员会规程，要求律师在某些情况下"更进一步"报告，公司内他们合理地认为其客户正在犯下某些不法行为的信息，但不要求律师报告在对不法行为的诉讼中代理客户。[51]在代理客户的过程中，律师不得对第三方作出具有明显误导性的声明，这包括在律师起草的文件中作出的第三方可能合理依赖的声明。[52]最终，普遍适用的侵权法和代理法原则以及职业行为规则，要求律师拒绝在法律不允许的行动中帮助客户。[53]这就要求律师进行客户在法律上是否有权维护其他人权利的评估，并建议客户反对一个不被法律支持的行为过程，或对希望做一些法律所不允许的事情的客户退出代理。

在业务实践中，这些法律规则可能意味着要求律师拒绝证明遵守法律或会计准则，通常在一份意见信中，这个认证需要作为关闭交易的一个条件。这就是律师有时被要求做"把关人"的意义。[54]律师对其作为把关人角色的特征，有一种强烈地过度反应的倾向，但是这个想法远非异常的或激进的。律师一直都可能因为积极参与其客户的欺诈性交易，而接触到刑事和行政处罚，以及对第三方的民事责任。律师知道把关的责任超越了惩罚，积极参与客户欺诈，并达到了所谓的——用双重否定的道歉——"未能不参与"的例子。与普遍的理解相反，把关不需要律师通过向当局披露机密信息"揭发"客户的罪行。对于作为把关人责任的谓语，不是未能披露，而是未能及时从违法行为中分离自己。更理论地讲，律师通过充当"交易成本工程师"作为把关人，来创造价值。[55]法律顾问给出的意见函证明符合法规要求，并且提供误导性意见书的法律责任，确保保障遵守法律的责任，建立于当事人对需要评估业务合法性的事实具有最佳途径。因此，业务律师降低交易成本，减少信息不对称，并使双方当事人能够合作。鉴于律师的职业义务是代表客户获取和保护法律权利，很难看出，把失败的责任强加给在非法行为中帮助客户，如何以任何方式改变律师的规范风貌。

律师往往会对这个建议作出消极反应，他们在充当顾问或业务规划者时，应当从准司法性观点来解释法律。至少从表面上看，这种反抗是可以理解的。律师和法官在法律体系中占据不相关联的角色，并应该有不同的责任。对抗制在各种机构参与者中制定了一个规范性分工，应对像限制政府权力并加强问责这样的政治需要。律师在诉讼中不需要只维护他们认为是最好法律观的法律立场，或者甚至那些有合理根据的法律立场。只要一个法律论证有充分的根据，这就意味着根据案情它有成功的机会，敦促其去法院是允许的。虽然这是对诉讼中律师责任的一个准确描述，但这种来自对抗制的论点，被认为是关于诉讼范围之外法律咨询的东西，是令人迷惑的。律师在咨询中应当具有与在诉讼中相同的解释自由，这个观点通过把律师的诉讼辩护角色作为底线持续存在，然后要求一个任何偏离这个底线的正当理由。但为什么我们应该把与律师的诉讼相关的职责和权限作为底线，而不是作为一种特殊情况呢？这个规范性底线是客户与其律师之间的委托代理关系。"好的律师"意味着会随着竞争变化，但它始终面向客户的法律权利。在诉讼中，可能有这些权利内容的竞争空间，并可能有业务实践的范围，其中依赖有所怀疑的法律解释是允许的，但在所有情况下，法律对律师可以代表客户合理地做什么，设置了一个界限。

然而，即使在诉讼中，对法律忠诚的义务意味着律师的某些做法，虽然我们认为理所当然，但可能缺乏道德理由。为确保争论不是就事物本身的情况作出决定，审前诉讼和审判辩护的民俗充满策略。[56] 文档开示是一个臭名昭著的骗局，目的是确保特别的鉴定证据，尽最大可能不被移交给对手。[57] 真相的目击者通过律师准备他们的宣誓作证，希望确保他们不会无意中脱口而出太多的真相。目击者可以受训练，给出更巧妙地适合他们律师的案件理论的证据。质证技术旨在审判时对证人的可信度提出质疑，即使证人讲的是事实。（标准的例子是目击者正确识别确认被告在犯罪现场，但当时没有戴着他的处方眼镜。）律师使用异议摆脱控方律师质疑的节奏，尤其是当证人讲述一个令人信服的故事时。律师也可能诉诸陪审团的偏见，寻求利用种族或性别固定模式或身份证明，或者用煽动性或不相干的证据，分散陪审团的注意。故事可能是杜撰的，讲到像克拉伦斯·达罗（Clarence Darrow）这样传说中的辩护律师，他有一个漂亮的假动作分散陪审团的注意。当达罗坐在辩护律师工作台上面无表情地抽着雪茄烟时，一件最喜欢的事情陷入对方律师给出的引人入胜的结案陈词之中。为了期待精彩的结束，他把一条金属丝穿入雪茄烟，这样烟灰就不会掉落。当其对手的辩论说个不停时，陪审团的注意力被吸引到达罗雪茄烟奇迹般的长灰上。很快他们就能想到别的，并忘记所有其他律师的论点。[58]

法律伦理在此辩护的方法，强调对法律的忠诚和关于客户权利的党派之争的义务，将得出这些策略至少在表面上缺乏道德依据的结论。唯一站得住脚的理由将适用于刑事辩护的特殊背景，其中可能得出一个论点，被告拥有一项程序性权利来利用证据检验具体情形。考虑一个来自密歇根州律师伦理观念的例子：被告人被指控持枪抢劫，并已向其律师承认罪行。在初步听证会上，受害者证明罪行发生在午夜，当时被告正与三个朋友打扑克（如实），他们在社区都有一个良好的声誉，并可能被陪审团相信。[59]不幸的是，受害人混淆了时间，可能因为被告在抢劫过程中打了他的头。犯罪的确切时间发生在凌晨两点。被告不打算出庭作证，从而不会错误地证明他没有抢劫。道德问题是，明知陪审团将会得出被告没有抢劫的错误推断，辩护律师是否可能叫朋友为扑克游戏作证。律师不会肯定地声明某些他认为不真实的事情（即"我的客户没有抢劫"），但是愿意争论像接下来的最后的东西："陪审团的女士们、先生们，你们听到受害者的证词，他在午夜遭到抢劫，但你也听到三个正直的公民的证词，他们午夜正在跟我的客户打扑克。国家有义务证明超出合理怀疑的情况，但是问问你自己——被告午夜不在抢劫现场是否有任何疑问？"

毫无例外，我曾与之讨论过"扑克游戏不在犯罪现场的抗辩事实"问题的每一个执业律师（和大多数法律学生）已经作出结论，让朋友作证是绝对可以的，这是毫无疑问的。没有标准概念的严肃哲学批判者真正不同意这个结论。① 不过，有趣的问题是，为什么对刑事辩护的伦理有如此多的一致，而在法律伦理的其他方面有如此多的分歧。必须有一个理由相信，刑事辩护不知何故而有所不同。把刑事辩护作为一种特殊情况的标准解释是，刑事被告有程序性权利，使得已经起诉他们的案件被证明超出合理的质疑。在实践中，实施合理怀疑的标准要求辩护律师有显著的范围使用有效的证据，建构一个与被告人有罪不相一致的故事。[60]律师可能用少量本身是真实的故事材料拼凑出一个故事，说服陪审团得出一个虚假的推论。就普通道德而言，这可能算是欺骗，但它与对法律忠诚的义务相一致，因为它是刑事辩护律师用证据检验具体情形的唯一有效的方式，并要求控方律师证明其案件超出合理的怀疑。

然而，在刑事辩护争斗之外，欺骗手段在程序性权利的基础上更难辩护。民事诉讼的程序性权利分配方式，除了在一些不受欢迎的行动理由的情况下（如欺诈和诽谤），民事原告必须满足一个普通的"证据优势"的证据标准。冒着过度概括的风险，民事诉讼程序比刑事程序更能针对真相，这在很大程度上是通过被告的尊贵和自治利益来了解的。根据确保有罪的被告人被定罪和无辜的人被判无罪，像证据排除规则和反对自证其罪的特权这样熟悉的教义是不合

---

① 威廉·西蒙（William Simon）发现积极的刑事辩护与其总体的理论立场很难相符，虽然他也会退而支持许可律师代理他们知道有罪的客户，并断言程序性权利可能导致一个有罪的客户宣判有罪。Simon (1998)，pp. 170—71. 鉴于西蒙对法律正义的一般承诺，通过诉诸无效的想法支持强有力的刑事辩护是有趣的，他把刑事辩护代理看作导致法律不公的程序故障的回应。出处同上，pp. 189—90。

理的。当然，根据政策而非查明事实真相，民事诉讼当事人有些权利被证明是合理的。证据特权，像律师与客户和配偶通信的特权，为了保护受第三方干扰的信任和信心的关系，排除可提供证明的证据。当事人可以反对过于沉重的负担，"审前调查"显示证据的请求。并且有许多规则，比如诉讼时效，保护比如休息这样与潜在要求的事实真相无关的利益。

然而，已经注意到这些非真相尊重的（non-truth-respecting）权利，在行使辩护的特殊语境之外，针对律师对案件事实和法律的实际情况敷衍塞责的道德批评，仍然有很大的空间。尽管它们通常由律师从事，但有很大范围的做法在道德上是不合理的。作为一名初级民事诉讼律师，我学会了捍卫口供的职业技巧，而这些技巧中许多是针对要么确保自己的证人没有作出破坏性（真实的）供认，要么搞乱笔录，因此如果目击者说了一些破坏性的事情，那么辩方律师将很难从证词中采用一段很长的摘录，并把它列为法庭文件中的一部分来引用。同样地，一些律师一直羞于公开披露在宣誓作证和审判中用来准备证人出庭作证的文件，这些文件似乎是对目击者填鸭式教育的律师版故事，以确保他们证明在审判时将会有帮助的事实，不论目击者实际上是否以这个方法回忆事实。[61]有这个类型的做法可以被执业律师按照惯例接受，但是对一个赋予客户的法律权利以中心重要性的法律伦理概念，不能被证明是合理的。标准概念指导律师通过合法手段保护其客户的利益。从这个观点来看，这些诡计似乎没有错，除非律师违反某些法律的禁令，比如反对伪造证据规则。然而，在此辩护的对法律忠诚的义务，将因为就保护客户的法律权利而言没有合理的理由，而谴责这些策略。

第三节　律师法理学

即使有人承认对法律忠实的义务应该随背景而变化，尽管如此，有人可能会问，法律究竟是否能够具有确定性，以及它如何具有这种品质。在此没有陷入法哲学的杂草太深，我的建议是，法律解释的性质与法律的性质是相关的，并且法律应该从根本上被理解为一种说明理由的实践，受到某种限制。对什么算是法律解释的最基本的约束是，法律必须被看做一种有目的的活动，有一些意义和目的。[62]对一般的法律以及法律范围内的特定领域来说是这样的。在一定意义上，法律推理可以说是显示"内在合理性"，在法律的一些领域内工作（比如税收、商业或国家安全法）的称职的律师或法官，知道如何使用一个独特的推理形式部署和回应论点,这与普通道德或政治论点是有区别的。[63] 相应地,每个领域的合理性一般受到法律内在合理性的约束。法律推理的结构在这个水平上受制于熟悉的法治价值,比如,法律理由有必要是普遍的、公共的,并与其他法律理由相一致,等等。[64]

回到安然公司的例子,规制涉及专用实体的结构性融资交易的法律,可能在表面上似乎受制于几乎无限的操纵。但是注意到进行和规制这一活动的目的,如果它们在结构性融资的背景下被理解,这些会计和证券法规则被合理解释的范围会缩小不少。结构化融资的目的是具有一定的经济效益,最值得注意的是,提高进入并非投资银行的金融机构的资本市场,通过从融资过程消除某些中介机构来降低交易成本,同时,从管理者和投资者的角度保持相对的透明。[65] 一个被提议的法律解释,可能会允许一个并不降低交易成本的业务。作为在似是而非的区域内更有可能但却不合理的解释,这并不改善资本市场,并且这需要透明度降低的复杂性应该用怀疑的眼光看待。这个结论不是由相关法规和条例的文本证明合理的,因为在许多情况下,语言是模糊的或容易受到操纵。相反,律师会把一些解释看作难以置信的攻击,因为他们违背结构化融资法律的全部要点——"关于……的一切"到底是什么。[66]

在解释任何法律规范(一个判例、法令、法规或其他类似事物)时,律师和法官必须考虑规则建立的理由背景,在一个背景中定位,并根据法律体系参与者的理解充实其含义,因为参与者起初在创建规范过程中担任一定角色,并随着时间的维移维持它。许多法律规范——尤其是普通法规则,还有法院和行政机构解释的法规和条例——动态的和不断变化的性质,把这些规范与大量可依赖指导解释的内部法律理由链接起来。综上所述,这些内部理由构成可能对一个解释性判断给予支持的论点。

> 面对"不明确的"规范,法官不只是简单地担任他们政策制定的职务,即使他们的观点是他们必须制定出新法律。他们试图根据形势的需要理解相关法律的含义,他们认为,用类推的方法,为突出某些事实,他们试图在现有法律中找到一些有立足点的原则。[67]

> 一个合理理由的需求要求法律规范解释根植于,在相关社区正确地被认为是适当理由的材料(文本、被公平地视为构成和证明法律规则的法律原则、解释实践、解释学方法,等等)。[68]

当然,即使法律论证是由法律一些领域的内在合理性构成,如果有大量的法律理由承担任何有趣的解释问题,那么只存在一个明显正确的答案是不太可能的。在结构性融资的例子里，降低交易成本和增加融资安排透明度的目标，可能在很多情况下是冲突的（为了透明度而需要额外的披露，这将几乎不可避免地增加交易成本）。更普遍的是，有人可能认为法律的每一个区域都由冲突价值之间的对立围绕着，比如个人主义和利他主义。⁶⁹ 出于这个原因，法定解释几乎总是涉及判断的行使，或者一些法律解释的学者称之为实践推理。⁷⁰ 某人可能会质疑这对协调和解决是否是足够的，尤其是如果内部法律理由可以是多元的和冲突的。如果它被扔回到判断，解释中似乎仍存在主观因素，这是法官或律师的一种美德或特性，而不是法律本身的属性。但反过来，判断不是一个主观过程。判断不是一个个人解释的特权，并且当然不是一个把多元因素的考虑或平衡赌给决策者主观自由裁量权的问题。相反，行使判断基本上是一个社区绑定（community-bound）的过程，其中它为判断的行使和规制参考主体间性标准。⁷¹ "法律中的客观性隐含着标准。它意味着，解释可以用来衡量超越提供解释的人特定角度的一套规范。"⁷²

为了一个形式的判断，这必须是真实的，"客户可以做某某事情"成为一个法律结论，而不是像政治或道德一样别的什么东西。法律是由一个政治共同体制定的，并且法律判断因此必须参考超越个人作出判断的标准。法律是有目的的，它是关于某事的，而法律解释的目的是恢复其含义。我一直认为，法律的要点是区分你可以逃脱的某事和被授权的某事，作为一项权利，它受普遍适用的规则的规制。法律体系通过修辞手法实施这个区别，把某些问题考虑在内，作为法律判决的部分正当理由，并排除其他无关的因素。只有考虑这是法律的一部分，才算有利于一个法律解释。这听起来是同义反复的，但它实际上是在此辩护的权威理论的一个重要意义。如果公民不同意他们公共生活的重要事项，并且使用普通的实践推理（包括道德推理）无法解决这些分歧，那么他们为建立一个关于此事的公共立场，可以转而依靠由法律体系提供的程序。确定什么考量是法律的一部分，这是由已经学会区分法律和非法律推理的解释群体的一个任务，这个群体由法官、律师、学者和感兴趣的公民组成。换句话说，正如哈特（H. L. A. Hart）在《法律的概念》中解释的。法律的权威是建立在社会实践中的。⁷³

为了让任何官方、机构或实践具有权威性，它必须以某种方式被授予——比如说，通过一条授权规则的主体公布权威规则的规则。考虑一个联邦法令的权力，该法令是按《美国宪法》第一条根据国会授权通过的。考虑到宪法对国会赋予权力，只是引起宪法从何处获得其权力的进一步问题。作为答复，有人或许会指出，《美国宪法》第七条规定宪法将由九个州的约定批准设立。然

第六章 作为工艺的法律伦理

而，呼吁州的批准要么是循环论证（因为被其权威尚在考虑之中的特有文件特指），要么导致无限回归，正如我们然后要问的，州的约定根据什么有权批准一些可以授权国会的文件。没有权力，某人不可能授予权力，但必须有一些权力的原始来源——第一个原因，不动的推动者，基本规范（Grundnorm）或类似的东西。然而，这个原始来源的性质是非常矛盾的，因为它为了主张权力，必须有权力改变他人的规范状况，但它必须从一项授权之外的某物获得这种力量，这只会使得回归再次启动。正如哈特观察到的，法律创造了被使用义务语言的公民承认的行动理由，比如"应该"、"责任"、"正确的"和"错误的"[74]。法律权威循环或回归的解决方案，必须能够在一个基本水平上说明法律义务的性质。

关于哈特法律权威基础问题的解决方案，令人吃惊的事情是，他把法律规范性的基础建立于一些经验。社会实践使法律的存在合法化，并确定其内容。"一个关于法律是什么的声明，被特定社会事实证明是真的——关于共同体中某些人的行为和态度的事实。"[75]这是一个哲学上冒险的立场——在一个介绍性伦理课程中，每一个学生得知你不能从一个"是"得到一个"应该"。为了使任何东西规范化——即为了做某事提供一个理由——对那件事只是去实践是不够的。相反，就某人有职责去实践的意义上，它必须以某种方式具有与之相关的"应然性"[76]。哈特试图在共同体的实践中，定位承认规则的应然性，这似乎回避承认规则如何创建一个职责的问题的实质。[77]摆脱这个明显的循环的方式是，诉诸一个具有规范性的实践观念。[78]

对哈特，停止回归的是由法官展示的反思性批判态度，他们认为某些因素应该被视为应由其他法官遵循的标准。[79]就部分法官而言，这不是一个纯粹的偏好或希望，而是实践的一部分，该实践把偏离这些标准视为合理批评的契机。[80]哈特宣称，采取这种反思性批判态度的法官，是从内在观点看待法律，不是仅作为对预测行为感兴趣的观察者，而是作为有意义的社会实践的参与者来看法律。[81]当法官把某物作为一个判案标准，批评其他法官不遵守这个标准，并在不遵守适用标准的范围内合理地接受他人的批评，一个"承认规则"应运而生。[82]承认规则是一个建立有效性或合法性的标准。[83]规制公民行为的初级规则然后由承认规则验证，这些规则创建由法律体系的总规范——承认规则的权威支持的义务。"在纽约市，乱穿马路是被法律禁止的，尽管几乎每个人都忽略了该规则，它作为一个法律是因为它是有效的，而不是因为它是实行的。"[84]另一方面，正因为它被实行，所以承认规则是法律。

为了建立一个法律体系，法官从内在观点接受承认规则，这在概念上是必要的。如果法官不承认法律规范作为行动的合法理由（通过使用像"应该"、"权利"等词汇来说明），那么将没有办法把作为合法的法律体系的一部分发布的一个权威法律命令，从一个抢劫犯的要求中区分出来，显而易见也不能把国家从枪手中区分出来。[85] 理解哈特关于官方决定系统性的观点，可以想象某种奇怪的假想社会，其中的纠纷是由决策者突发奇想来解决的，但就社会经济背景、意识形态、教育和培训，以及信仰和偏好的其他影响因素而言，碰巧这类决策者具有显著的同质化。如果这些决策者始终偏爱某些当事人——比如说检察官或大公司——那么在他们的决策中就会有一个可观察到的规律，但是我们不会称这些决定是合法的，除非通过引用应当对法律纠纷如何解决产生重要影响的这类价值，它们被证明是合理的。只有官员认为，自己对根据某些特定的理由作出决定是责无旁贷的，这个体系才会应得"合法的"标签。我们可能在一些细节上不同意这样的标准，它把合法的决定从一个基于心血来潮或偏爱的决定区分出来，但如果我们清晰地谈到合法性与正当性，必须有一些区分尊重法律制度和那些回应其他问题的行动标准。

199　　需要指出的是，这个实践规范性的描述不取决于法官的动机。哈特申明，"相比于外部观察到的身体行为，规则的内在方面经常被误传为只是一种'感觉'"。[86] 但正如他所强调的，关于信念和动机的事实，"对于一个人有义务做某事的陈述的真实性是没有必要的"[87]。法官有义务遵守承认规则，因为它确定了社会的法律，并将其区别于其他规范。[88] 然而，法官可能受到被提升到更高法院、赢得荣誉或只是继续在轻松的岗位上工作等欲望的驱动。然而，无论法官可能有什么具体动机，相对于由坐在高凳子上穿着黑色长袍的一群人作出的一种偶然的收敛行为，一定有关于法律的独特的东西提供一种不同的行动理由——否则就没有所谓的法律体系。[89] 只要法律对法官如何决定案件产生实际影响，就法官接受衡量自己行为的正当性，反对由相关共同体阐明的合法性标准而言，一个人作为一名法官具有的具体动机就是无关紧要的。同样，一个公民可能不认为自己在道德上有义务进行一些法律要求的行动，或可能道德上无所谓但还是认为法律是愚蠢的。尽管没有对法律特别的动机状态，在公民希望把自己的行为描述为合法的范围内，作为创建义务，他必然致力于从内在观点看待法律。

　　这个讨论中的几个要点都与律师法理学有关。第一个是从内在观点接受的一种义务与其他东西之间的差异。为了使政府具有合法性美德的特征，法律官员必须把考虑一些理由而不是其他的东西，作为法律判决的基础，视为自己责无旁贷。在律师打算提供法律建议的范围内这项义务也适用于律师和法官，而

第六章　作为工艺的法律伦理

不是仅仅咨询什么是道德的或谨慎的。这就是法律权利从客户利益区分出来的方式。第二个要点是，在实际法律体系中的承认规则可能是复杂和有争议的。例如，法官经常参考的合法性默示标准。[90]这里并没有要求承认规则仅指政治行动者（比如立法者和法官）的官方行为——德沃金（Dworkin）所指的是谱系标准。[91]此外，承认规则可能有一个层级结构，也可能由一系列分隔的准则组成，或可能有许多由一定的事实引发的例外。[92]从内在观点最重要的是，在判决支持中某一考量是否"始终被法院在不同的案件范围内援引"[93]。

下一节将考虑，这些观察为律师和法官试图确定法律的内容，提出的一些挑战。这些解释问题，部分产生于公民和官员之间来回争论的过程。因为在这个法律意义构建的社会过程中，律师发挥着核心作用，所以法律伦理的理论有必要考虑到，法律内容的方式可能是有争议的。

第四节　一些法律解释的难题

一、执法实践与法律解释

可能令一项法律规范的意义水落石出的一种方式是，如果官方的执法实践似乎容忍一定程度的不服从，那么一种新的法律实际上应运而生。[94]一个常见的例子是，在一片开阔平坦的公路上限速。张贴的标识也许表明车速限制是每小时65英里，但"每个人都知道"美国州警察不会堵截时速小于每小时72英里的司机。因此，有人可能会认为"真正的"的法律实际上是每小时72英里的限速。一个更复杂的例子来自史蒂芬·佩珀（Stephen Pepper）：假定《水清洁法》、相关法规和客户的许可证，允许排放高达0.050克每升的一些污染物进入当地排水道。[95]减少排放到0.050克的水平是相当昂贵的。现在想象一下，代理许可证持有人的律师从类似情况的经验得知，环保署的区域办事处有一种分流的政策，除非排放超过0.075克每升，将不会开始一项执法行动。律师真的被允许提出这种建议，或提供信息默许地鼓励客户违反法律，违反律师的义务不去"建议客户参与律师知道是犯罪或欺诈的行为"？[96]

在法理学的说法中，公民的共同体和执法官员可能通过其执行和遵守的实践，声称已经建立一项新的法律，允许更高的速度限制，或排放超过许可证限制。在哈特的法理学中，法官从内在观点只接受承认规则，这在概念上是必要的。哈特宣称，虽然法官必须从内在观点看待承认规则，但"个体公民……无论从任何动机，可能服从'只对于他的一部分'。"[97]然而，承认规则对公民及其法律顾问不是透明的。对知道法律是否允许或禁止某些活动感兴趣的人们，实际上，可以通过像法官一样推理来回答那个问题。"法律容许做 X 吗？"的问题，其中 X 代表一些显然容许的活动，可以更全面重申如下："如果一名法官要认为 X 是法律允许的或者是无关紧要的事，那么他会因为根据法律标准违反真正的义务决定这个案件，而受到其法官同行合法的批评吗？"

在这些方面提出问题的影响是微妙的很重要的。它表明，在法律体系中有一些弹性余地，法官可能实际上遵从公民的合法性概念。同时，这个调查的表述显示，公民没有权力通过他们的违规实践单方面废除法律。他们可以提出关于法律要求什么的一个不同理解，但法院并不一定会尊重它。在相关共同体中，如果其他法官要批评驳回对被告超速指控的决定，尽管存在公民不服从的普遍实践，法律中也没有实际上的改变。某人在限速每小时 65 英里的地方得到一张每小时走 66 英里的罚单，他可能觉得不幸，但他没有警察缺乏堵截他的法定权力的合法要求。

环保署的例子有点困难，因为负责执行《水清洁法》的法律法规方案的行政机构，有一个准司法性角色。佩珀（Pepper）认为，从判决规则（对排放不超过 0.075 克/升不承担责任）理出能被称为行为规则的东西（没有排放超过 0.050 克/升），在概念上是不可能的。[98] 律师管理法禁止律师建议客户从事非法行为。然而，在环境前提下，违反合同、实施侵权行为以及排放废水超过允许的限制，都不是犯罪，并且如果这个条款被理解为犯罪，那么将不存在"非法的"行为。因此，在非刑事案件中，为了给客户关于其法律权利的足够信息，律师必须传达某些可能会牵涉到违规的制裁或补救性质的东西，包括法院在决定是否实施这些制裁中遵从的程序信息。决策规则因此回馈到行为规则的解释，并实际上创建一个新的行为规则。因此，人们强烈地反对律师告诉客户，"法律要求你把排放减少到 0.050 克/升，"提出建议"在服务中用欺骗手段遵守法律。"[99]

这么说，佩珀的立场仅仅是霍姆斯式歹徒对遵守的态度。通过假设，法律只是产生谨慎行为的理由，它与公民避免被捕捉和惩罚这种不愉快后果的愿望相关，霍姆斯式歹徒的例子只是说明了法律可能本质上是说明理由的可能性。在律师的掌握中，霍姆斯式歹徒的态度在解释中经常作为一个练习被带到生活中，而不是断然否认遵守法律禁止的事情（比如排放超过 0.050 克/升）的一种义务，律师可能会否认法律确实说某人不要那样做，或者根据适用法律的条款，客户的行为并不构成禁止行为。在这种情况下，美国环保署（EPA）的执法实践在《水清洁法》和相关法规的意义方面，可能会是一个实际的变化，但

第六章　作为工艺的法律伦理

它们可能只是反映了预算限制的现实。美国环保署的官员可能会合理地认为，如果单个分子超越许可证的限制排放，法律会予以惩罚，而且他们可能会热切地希望他们有能力来检测和惩罚所有的违规行为。另一方面，他们可能认为条例和法规的文本是不切实际的严格，并且也许与地方工业合作，同意在对所适用法律规范更有目的性或整体性的解读下，容许更灵活的限制。[100]也许环保署区域办事处认为，与城市地区的水相比，农村区域的水往往更清洁，并且更宽容稍微增加的污染水平，因此，这个特定的区域管理员可能会相信，一个更明智的排放限制将会是更高的水平。[101]很明显，如果没有充分了解，可以肯定地说，对适用于污染排放的法律内容的任何限制，都是不可能的。

我们可以肯定地说的一件事是，把法律仅仅看成一个应当考虑的成本，与把它看成做（或不做）某事的本质理由之间，存在一个区别。强调一个早些时候提出的论点，公民可能有各种各样的尊重法律的动机立场。佩珀例子中的客户可能认为，美国环保署（EPA）允许法律限制作为一个刺激因素，并且如果有可能因此而不受处罚，将会很乐意规避它们。内在观点并没有要求公民应当对法律有好感，只是他们认为自己有义务接受，而法律是在说明理由。否则，公民会假借政治共同体的名义，对自己关于应当做什么的看法给予特权，这个看法实际是由共同体通过已建立的立法程序达成的。正如前面所阐述的，哈特的立场可以扩展到，说明当包括法官、律师或公民在内的任何人宣称"我的行动是合法的"时候的意蕴。从人们把它们视为创建这样行动的理由的角度来看，合法性的要求本质上是一个法律权利和约束方案的声明。否则，将无法区分一个法律权利主张与通过权利、关系、欺骗或撞大运避免检测和惩罚的能力。对于某人，决定法律并没有创建一个行动理由，除非它以某种方式得到有效实施的支持，是要主张一种对其同胞更高的权力，或免于必须像其他人一样遵守法律。忽视法律，本质上是取回通过法律程序扩展到个人的尊重，并代之以原始权力的行使或个人与整个社会相分离的态度，这实际上是将自己置于法律之上。

二、协商的合规性与法律的内生性

在实践中，有关律师法律解释的另一个难题，来自于一直在调查组织如何应对法律的一些法律社会学家的工作。根据法律和组织之间关系的一种理解，法律是公司管理者必须预测和处理的外源性（exogenous）因素，像天气或供应短缺。然而，正如劳伦·埃德曼（Lauren Edelman）已经表明的，就"法律的含义很大程度上在力求规制的社会领域之内（而不是之外）确定"的意义而言，在实践中，法律实际上往往是内生的（endogenous）。[102]这项经验研究结果，是对科弗（Cover）法律意义寄生于法外规范世界观点的一个惊人的确认。当公民遭遇法律时，法律的内生性（endogeneity）是可能的，因为颁布的法律是模糊的。研究过民事权利法律的遵守的埃德曼指出，当它来界定关键术语"歧视"时，禁止就业歧视的联邦法令是模糊的。司法判决和行政法规可能会有所帮助，但是重要领域的不确定性可能仍然存在。因此，它落实到与管理者、人力资源专业人士和其他人协同工作的律师，以详细说明实践中什么构成反歧视法的合规性。[103]在合规性上的努力可能会导致正式内部组织结构的建立，比如申诉程序，但因为法律的实施与管理规则的融合，比如效率和确保良好的工作关系等，法律规范的含义（至少作为被监管机构察觉到的）可能转变。关于歧视的申诉可能被概念化为管理的失败，从而导致额外的培训、咨询或员工调动，从来没有真正面对潜在的歧视指控。

在组织框架内与法律的内生性相关的一个危险是，法律权利将被仅仅是象征性的合规性（例如，创建均等就业机会［EEO］办公室和肯定性行动计划）淡化，因为它倾向于合法的现有实践，不管它们是否有效。[104]更微妙的是，法律规范转换成管理规则，可能会削弱法律要求的力量。例如，为了充分挖掘一个多元化员工队伍的创造力，将反歧视原则转换成劝诫"管理多样化"，使管理规则与关切历史上被剥夺权利群体的歧视脱钩。[105]从管理者的观点来说，"多样性"可能包括不同的生活方式、品味、服装款式、地理起源的变化，以及远离纠正受保护阶级历史上被剥夺权利的核心民事权利价值的其他问题。[106]此外，由于管理者把法律职责吸收到一个更为广阔的企业战略，努力提高生产力和市场份额，所以他们可能忽视反歧视准则的重要性。[107]这并不是说间接地针对权利保护有什么错误——如果提高工作场所的多样性对机构的底线有积极的影响，也碰巧改善了妇女和有色人种的处境（根据民事权利阐发的授权），那就更好了。然而关键是，通过更好的职场关系提高盈利的可能，这成为管理者方面唯一的目标，因此如果保护民事权利与维持和谐的工作关系存在某种冲突，就需要注意后者的职责可能胜过前者。这可能发生在管理者的潜意识层面，管理者认为他们对民事权利法规的授权有所反应，因为他们事先已经将法定义务作为提高生产力的一个更广泛的（和不合法的关注）授权重新解释。

更普遍地说，在实践中，如果一个法律规范的含义在实施之前是不确定的，那么很难看出法律可用于解决分歧。因此，在这一点上，埃德尔曼关于法律的内生性评论，似乎挑战这里所辩护的法定义务基础解决（settlement-based）的概念。当然，对价值权重和优先级的同类分歧，在第一步中使法律解决成为必要，将使法律在实践中应当如何解释重新进入争辩。此外，在立法过程中被考虑的公民的观点实际上在这个过程中占上风，在对法律"真实"含义的事后争论中，能够变成被剥夺权利。在埃德尔曼有关反歧视规范的案例研究中，实施规范的行为者——管理人员、人力资源专业人士和律师——在工作场所具有比员工更大的权力。[108]他们已做好充分准备，假借法律"实际上"要求什么，偷偷带来他们自己偏爱的法律解释，即使他们可能不能够在立法或行政规则制定过程占优势。事实发生后，机构参与者的行动可能会获得法院批准，因为他们认为该行为符合法律规范。埃德尔曼描述了人力资源管理者如何推进内部申诉程序的适用，甚至认为当时法院都不愿得出这样的结论：采用这些程序是遵守民事权利法的证据。[109]不久，法院开始认为，雇主采用有效的申诉程序实际上可能构成遵守法定要求的证据，最终在1998年最高法院的一个判决中，员工未能行使一个申诉程序可能成为一个彻头彻尾的责任辩护。[110]

雇主使用申诉程序的情形，在被法院对该行动普遍接受为合规性之前的期间，是一个真正的法理学难题。特别是，我们可能会问怎么可能在某个时候识别法律的内容，其间法律的含义形成于管理者或给他们建议的律师的解释实践。关于法律内生性的一个强烈要求，通过律师和管理者努力（让我们假设他们是真诚的）遵守他们看作是法律所需要的，先前得到了发展。当从管理者的角度考虑时，这听起来离奇地拐弯抹角，作为法律要求的对象，好像他们针对一些只在他们射击之后才出现的虚幻目标。然而，这里没有循环性，如果某人想象管理者（在律师的协助下）和法官反复针对相同的目标，并调整自己的火力，那么可以这么说，目标直指其他行动者正在做什么。民事权利法的法律解释可被理解为一个持续的动态过程，管理人员及其律师尽最大努力击中实际法律要求的目标，并且在一系列的纠纷中法官基于当事人的投入细化法律。也许首先建议使用申诉程序的律师注意到，司法意见中的一个建议或平等就业机会委员会（EEOC）规章中的模糊语言，为这个合规的方法提供了一个可论证的基础。随后的法官可能已经同意这一解释，但这并不意味着直到有人试图使用申诉程序，并由法院批准了这个方法，法律才存在的。由律师、法官、法律调整的对象和知识渊博的观察者组成的解释群体成员，可能同意它所需要的对客观性的充分程度，在这种程度上法律存在并具有意义。在这个动态的观点中，一个法律规范的含义不能脱离其在实践中的适用。

宣称法律在解释群体成员的意识中,作为某种潜在的却迄今未被承认的观念存在,似乎是一个奇怪的本体论观点,但这完全符合——并实际上可能暗含着——在共同的社会实践中强调其基础的一个法律理论。个人行动者,比如管理者、律师和其他合规的专业人士,可能考虑到他们认为涉及有组织的行动者法律权利内容的特定理由。这些权利然后在诉讼中受到员工的挑战。在这些案件的裁决过程中,法官可能引用由组织所给出的理由,作为支持组织有权利去做某事这一个结论的理由(例如,使用内部申诉程序解决歧视)。因此,当考虑到法律对他们意味着什么,公民给出的理由可能最终会反馈到法律制度,并成为法律实际上意味着什么的方面。把这个可能性放在罗伯特·科弗(Robert Cover)的措辞中,某人可能假定一个多样性的规范场景——由不同的共同体提供的多个"法律",共存于一个包罗万象的政体。[111] 由此产生的法律,就"对于这种事情欠尊重"的意义而言,不是被一些官方的行动者自上而下地强加于人,而是在这些竞争规范场景中的一个争论过程中产生,其中只有一个是国家的。

科弗的场景有很大的力量。为界定像平等或尊严这样核心的规范性概念经常有一场斗争,这场斗争的胜利者可能是一场社会运动或一个持不同意见的共同体。当然,从普莱西(Plessy)隔离而平等的政权过渡到布朗(Brown)废除种族隔离的决定以及后来的案件,可以被理解为这样一个过程,其中一个共同体的平等愿景成为占主导地位的一个,取代先前已经存在的国家法律。然而,由此产生的法律的合理性——《民权法案》和坚持反对宪法的挑战的案例——得到围绕所采用的激烈论争的支持。在关于种族平等意义的嘈杂的全国性辩论中,没有人能够声称他的发言不被听取。但这并不能根据合法性这个广阔的历史记述得出,微观层面的律师道德应当被理解为,能使公民在适用中角逐法律的意义的过程。从科弗式法律创生行动中法的概念,到一个法律伦理概念的推理,需要特别注意律师实践各种各样的制度设置。确实,即使我们保持恒定的想法,在适用的法律文本——案例、法规、规章等等——以及像法定建设标准这样的非文本指导来源中存在模糊性,在任何给定的情况下也都涉及法律权利的内容。正如本书通篇所强调的,律师的道德必须在特定背景中理解,并且在寻求法律变革中可能对辩护适用的(比如在民事权利诉讼的例子中)、可能不延续到法律咨询的不同制度背景中理解。

在埃德尔曼(Edelman)的研究中,关于律师的最重要的事实是,他们把自己看做试图辨别出法律的实质含义的人,因法律适用于他们的特定情况。实践中,试图解决法律含义的过程,可能导致如法院所解释的法律含义的变化,

第六章　作为工艺的法律伦理

但律师并不认为自己没有对法律忠诚的义务。法律的含义可以通过法律适用的过程成形这一观察到的事实，并不提供许可得出规避法律在道德上是允许的结论。如何区分逃避和试图辨别法律含义呢？兜了一圈，这个问题的答案将我们带回到本章开篇的案例研究。一位批评者想要建立任何律师都在做不道德行为的观点，必须与由支持其结论的律师所给出法律推理的性质密切相关，该结论是客户有做某事的法律权利。如果这个推理按照解释群体的标准通过检验，那么律师在伦理方面是合理的。否则，我们可以批评律师未能遵守其对法律忠诚的义务。

结　语

正如我在本书通篇所讨论过的，律师不应该直接针对正义，而且不应该以道德反思的人作出任何道德决策同样的方式作出决定。这听起来像是以一个奇怪的甚至有悖常情的方式来结束一本关于法律伦理的书，但是，我认为理解律师业职业道德为根本政治价值的含义是必不可免的，正如涉及民主合法性和法治的考量。为了强调这一点，我已在本书通篇，使得组成法律体系的制度和程序不孤立于道德和正义而存在，相反，它们反映我们对强大的行动者采取的一个道德立场。如果法治意味着什么，那就是专制权力是不可容忍的，并且权利主张必须在某种程度上是合理的，给予所有受影响的公民以尊重。当律师在一个运转良好的、合理的法律体系内工作，其行为具有起源于这些理想的价值。围绕这些价值定位法律伦理，我们可以看到强大的客户。道德失败不是规避普通道德义务，而是未能展示作为所有律师基本职责的对法律的忠诚。

对律师的公开批评似乎是我们话语的一个永久性特征。正如一位著名的法律历史学家所观察到的，因为"为富有的、邪恶的客户而不是公众服务，并……败坏法律职业，使自由独立的工艺师变成法律工厂的工人"[1]，大型华尔街律师事务所至少从19世纪以来一直受到批评。美国独立革命之前，律师以压制殖民者权利的一个同谋，被视为不受欢迎且腐败政府的附属，以及和平或神圣政府的障碍。[2]律师的笑话，其中许多仍然随着时间的推移保持不变，表明公众一直怀疑律师是冲突的煽动者，从别人的麻烦中获利的经济寄生者，能赞成他们个人并不信赖的立场不值得信赖的人物，以及有权力使用晦涩难解的法律的神秘人。[3]本书中的争论注定是回应这种批评的一种方式，通过表明在为有价

结 语

值的社会目的服务的体系内，存在一些关于充当一个角色有价值的东西。

一些读者可能会认为这是盲目崇拜合法性，忘记了法治的形式可以被一些非常可怕的政府利用。正如朱迪思·施克莱（Judith Shklar）所评论的，"程序上'正确的'压制与法定主义完全兼容"[4]。合法性是政府唯一的优点美德，并且一个法治政体会犯下严重的非正义。然而，这不意味着法治的规范性意义——以及因此律师的角色——不存在这样的品质：比如法律体系防范权力滥用的能力，以及能使人们以整个共同体的名义，参考使用相当公正的程序被采纳的考量，为其行为给出一个正当理由。这里的观点是，在律师角色在道德上是正当的范围内，正当理由将取决于与法治有关的政治理想。如果这是接近律师伦理的正确方法，那么它不是指出法律体系合法性中可能存在缺陷的一个充分的反对理由。简单地说，"纳粹德国"宁愿给合法性标上一个负面价值的标签，也不引用一些足以使合法性与一个正面价值相关联的乌托邦式的法律制度。论证法律体系价值的艰辛工作是在各种细节中进行的。

某人也可能反对，这里辩护的理论太相信法律的确定性，认为存在一些律师效忠的东西，而实际上我们都（也就是聪明的法学家）知道，法律太具有操作性以至于不能充当一个有意义的约束。我有时候纳闷是否有人真的相信这个，因为没有什么可以比批评律师获得法律错误更普通和寻常的。例如，大卫·鲁班已经指出，美国律师反对在关塔那摩湾建立法律自由区，作为一种"冒犯赋予他们职业意义的政治秩序的身份"[5]。为了搞清楚这个意义，某人必须不但领会作为法律职业基础的政治秩序的规范性意义，而且假设法律是足够确定的，某人能够因为围绕法律而批评政府律师，而不是表现出对法律的忠诚。某人当然有权回应称，律师的推理是正确的，而且布什政府的批评者仅仅是玩弄政治。就像不法批判，要使这一反应产生作用需要进入细节。想要争辩约翰·柳（John Yoo）和其他人并没有做错任何事情的人，无法避免谨慎地参与管制法和由谈论中的律师使用的法律推理。我认为只要我们这样做，我们就是在以正确的方法处理法律伦理。

这意味着一个法律伦理理论不能直接针对道德、正义或公共利益的考量。就像公共抉择的理论家所宣称的，原因不是没有像正义或公共利益（即它只不过是个人偏好的聚集）这样的东西，相反，正是对于像正义或公共利益这样的规范性概念的分歧，首先引起对法律的需要。呼吁律师解释关于公共利益的法律内容，具有重新引入法律有意要解决的规范性争议的效果。允许律师在公共利益方面规避法律，表明对立法和司法程序的不尊重，这反过来又意味着不尊重其他公民的平等和尊严。法律不是一些不相容的累赘，而是我们有理由建立的一个制度实践。[6]该理由使我们所有的人尽可能平静、和谐地生活在一起,与这种认识相一致,我们都是对这个合作框架的条款存在不同意见的自主生命。律师为公众利益服务,但他们是通过在代理和建议客户时尊重法律间接实现的。这是律师作为一个准公共官员——"法院人员"的意识,正如这个术语在法律伦理中通常被理解的。[7]尽管如此,律师却不是彻底的政治官员,因为他们有对客户忠诚和偏袒的义务。律师作为谋士的传统角色,反映了对法律的忠诚义务和对客户负有照顾、保密、坦白、沟通、勤勉和忠诚的职责。

我没有幻想,一本关于哲学法律伦理的书,可以抵消律师去做其客户想要的事有时会感觉到的压力,即使这意味着找到一个方法解决不方便的法律限制。同样,在法律实践中对律师道德结构性变化的影响,是一个值得自己长篇累牍处理的主题。[8]这里的目标只是要建立一种有关法律伦理的思维方式,解释为什么律师无可非议地相信他们有忠诚于客户服务的义务,同时,他们是律师而不是在一种贬义的意义上的受雇佣者或代言人。对法律忠实的理想解释了偏袒客户和在法律要求的范围内独立于客户的道德意义。这还解释了为什么法律伦理不是普通人道德的简单应用,而是需要小心注意法律实践的政治和制度背景。这里陈述的立场特别适合一个职业群体,其专业知识由关于客户法律权利的推理组成。从律师的观点来看,关于本书的推荐没有什么神秘的。最后,作为一名道德的律师意味着要做好律师的工艺。这不是一个精英主义的愿景,就像"律师—政治家"的理想[9],它也不需要可能不再存在的文化条件以蓬勃发展。[10]忠于法律有时可能是一个苛刻的义务,但每个律师都有能力遵守它,从而满足其职业的道德要求。

注　释

在后面的注释中，我希望避免美国法律评论的读者所熟悉的持续争论从主体文本到注释的通常做法，以便读者在文本和注释之间不断地来回翻转得以连贯地探讨。除了纯粹的书目作用，这里的注解旨在处理次要的或技术性问题，这些问题可能被大多数读者安全地忽略，但又可能是偶尔感兴趣。

导言

1. 这个问题成为法律伦理领域核心问题的规范构想之一，在美国地方初审法院的法官斯坦利·斯波金（Stanley Sporkin）裁决之后，这是在20世纪80年代对一个起因于大量储蓄和贷款失败的案件进行裁决。*Lincoln Savings & loan Association v. Wall*, 743F. Supp. 901, 920 (D. D. C. 1990). 参阅 Langevoort (1993)。20世纪90年代末的金融会计丑闻中，郎格沃（Langevoort）已经在其国会听证会上给予法官斯伯金的问题一个很好的回应。Susan P. Koniak, "Where Were the Lawyers? Behind the Curtain Wearing Their Magic Caps," in *Accountability Issues: Lessons Learned from Enron's Fall-Senate Judiciary Committee Hearing* (Feb. 6, 2002).

2. 埃里克·波斯纳（Eric Posner）和阿德里安·沃缪勒（Adrian Vermeule），"一份'酷刑'备忘录及其转弯抹角的批评者"，*The Wall Street Journal* (July 6, 2004), at A22.

3. Rhode (2000a) pp. 66—67（认为律师应准备"为其职业行为的道德后果承担个人责任"）；Simon (1988), p. 1090（"律师应采取这些行动，考虑特殊案例的相关情况，这似乎可能促进司法公正。"）。

4. Fuller（1958），p. 631（"作为值得忠诚的事物，法律必须代表人类的一个成就，它不能是权力的一个简单命令或一个在国家官员行为中可识别的重复模式。"）虽然本书中的许多思想要感激 H. L. A. 哈特，但我也吸纳了朗·富勒（Lon Fuller）法理学的大量精华。事实上，这书名《法律人与法律忠诚》的灵感正是来自福勒式的思想，即，律师的实践所固有的道德美德与对执政合法性的价值给予应有尊重的社会成就有联系。参见 Fuller（1969），pp. 200—224。

5. Simon（2001）。

6. 英格兰和威尔士的前首席大法官提供了在 1956 年苏伊士运河危机期间，来自不列颠的关于这种态度的一个突出例子。首相安东尼·伊登（Anthony Eden）指出，政府没有咨询外交部的法律顾问，杰拉尔德·菲茨莫里斯（Gerald Fitzmaurice）爵士已经强烈反对政府的行动。伊登（Eden）说，"律师总是阻挡我们做些什么。看在上帝的分上，应该阻止他们这样。这是一桩政治事件。"引自 Bingham（2007），p. 83. 伊登（Eden）的话本来可以由包括布什（Bush）当局在内的很多官员，说成是政府对"911 恐怖袭击事件"和持续的"反恐战争"的回应。参见 Lichtblau（2008）。

7. Yoo（2006），p. x.

8. 同上，p. Xii。

9. 同上。

10. 鲍勃·戈登（Bob Gordon）和比尔·西蒙（Bill Simon）长期以来一直主张在法律伦理领域重视这个问题。在一篇共同撰写的论文中，我已经从中学到了许多，他们写道："关于法律伦理的认真思考，必须建立在对合法性的性质和法律体系的目标，以及律师的实践可能服务或颠覆这些目标的理论认识的基础上。"Gordon and Simon（1992），p. 238. 这本书是对这样一个理论理解的一种尝试。

11. Rawls（1993），pp 55—58.

12. 参见，例如 Galstion（2003），p. 30（"价值多元论提供规范世界的实际结构的一个理由……所以价值多元论不能混淆情感主义、非认知主义，或反对道德命题理性地位的休谟式论点"）。例如，霍布斯（Hobbes）是一个道德的现实主义者。参见 Hobbes（1994），XV，17，p. 95。（"在人类对社会的倾向中，有起因于他们情感多样性的属性多样性，不像我们看到把石头聚集在一起建成一座大厦。"）

13. Wong（2006），p. 44（一个自然主义的道德理由"鉴于其功能和人

注 释

性，对能够当作一种适当道德的东西产生重要的制约"）；Hampshire（1983），pp. 142—43（列举人的生命的几个生物特性，如非常年幼的儿童对成年人的依赖，以及老人的相对无助，"这可能是在所有时间和所有地方对道德要求施加一些限制的诉求对象"）。

14. Hampshire（1983），pp. 141—42. 例如，美国和中国古典儒家文化都承认家庭关系的重要性，感激和尊重的义务，以及需要对收到礼物予以回报。然而，中国的伦理更强调孝道的义务，包括在其有价值生活概念中一个审美的组成部分，并强调社会和谐。Wong（2006），pp. 17—20. 阿拉斯代尔·麦金太尔（Alasdair MacIntyre）认为，世俗伦理哲学在西方是过去曾经盛极一时的伦理传统片段一个不连贯的大杂烩，但是它已经灭绝了。除了给予他们意义的传统，道德分歧是由于道德概念的存在。参见 MacIntyre（1984），pp. 6—10。王（Wong）的多元相对主义理论的一个优点是，它显示传统和文化如何能够在道德价值承诺中优先考虑，但是合理的分歧仍是可能的。不同的文化从基本价值的多元化中选择，它也存在于其他文化的道德传统中。被其他文化强调的价值可理解为我们自己的文化可能采取的路径。Wong（2006），pp. 19—20.

15. Rawls（1993），pp. 39，94，147，150—54.

16. Schwartz（1978）；Postema（1980），pp. 73—74；Luban（1988），p. XX. 标准概念通常被总结为管理律师行为的两个原则和说明观察者有望得出的推论的一个额外原则。它们是（1）党派性原则——某人客户的利益超过他人利益的正当偏好；（2）中立原则——律师对客户将会实现的计划和目的的道德价值不可知论；以及（3）非问责制原则——排除观察者对奉行原则（1）和（2）的律师的负面道德评价。

17. 参见，例如 Wasserstrom（1975），p. 1（"在处理与其他人的关系时，律师与客户关系呈现给律师最好的情况是系统的非道德，而最坏的情况是超过偶尔的不道德"）。史蒂芬·佩铂（Stephen Pepper）通过为自己的道德理论寻求体现"非道德伦理"的标签，很好地颠覆了这个批判。参见 Pepper（1986）。

18. "独立"是一个从罗尔斯（Rawls）那里借用的术语。参见 John Rawls，"Reply to Habermas"，in Rawls（1993），pp. 374—75。提出相同观点的另一种方式是要强调政治价值的自主性，依靠像公民和合法性这样独特的政治概念去做评估工作。参见例如 Bernard Williams，"Realism and Moralism in Political Theory"，in Williams（2005），p. 1。马丁·斯通（Martin Stone）很好地总结了康德政治义务的概念（参见 Waldron［1996］），如下所示："公民社会的目标……是幸福，只是不是那种幸福……在自然的状态下它已经达到。公民社会带给人类一种新的好处，不只是对基本好处的一个操作（最大化、均衡等）；它使人们以一个新的方式生活成为可能——符合'权利原则'"。Stone（2001），p. 142. 仅在公民和政治社会形成的一种新的人类好处的理念，是这里所辩护的价值结构的核心。

19. 约瑟夫·拉兹（Joseph Raz）认为法治最标准地有吸引力的概念，其核心思想是"有原则地忠实地适用法律"。依此，他的意思是法律的决定（他认为是那些由法官作出的决定，但我认为也包括由代表客户的律师作出的法律建议）是理性和公开的，并且这对社会中共同的法律文化是有效且负责的。参见 Joseph Raz, "The Politics of the Rule of Law", in Raz（1994），p. 374。

20. Waldron（1999a），pp. 86，101，and *passim.*

21. P. L. 105—298（1998）.

22. Model Rules，Rule 1.16（b）（4）（允许在律师对客户的行为有根本分歧或认为它令人反感的地方撤回），Rule 2.1（如果他们与客户的情况有关，允许基于"道德、经济、社会和政治因素"进行咨询服务）。

23. Simon（1998），p. 1.

24. Bernard Williams, "Politics and Moral Character," in Williams（1981），p. 64. 对于文献在脏手上的其他突出贡献，参见 Weber（1946）；Walzer（1973）；Thomas Nagel, "Ruthlessness in Pubic Life," in Nagel（1979）；Thompson（1987）；Gowans（1994）。

25. Bernard Williams, "Politics and Moral Character," in Williams（1981），p. 63.

26. Gowans（1994），pp. 233—34；Bernard Williams, "Politics and Moral Character," in Williams（1981），p. 64.（"只有那些在它确实是必要时不情愿或懒得去做道德上令人讨厌的事的人，在它是不必要时才有很多机会不去做"）。

27. Walzer（1973），pp. 178—79.

28. Wilkings（1990），pp. 475—76.（"如果……为差不多任何行为提供一个'合法'的理由是可能的，那么将很难看到这样的要求，积极辩护必须发生在意味深长地约束律师决策的法律范围内。"）参见 Luban（1988），p. 16.（注意诚信解释法律的观念对追求客户目标的操作本身是开放的）；Levinson（1987），p. 368.（认为当某人注意律师在行动中考虑法律的方式时，"他将会发现在法律的范围内对固有因素真正重要的强调，以及区分几乎任何情况的伴随能力，或者以一种至少当作一个'对现行法律的扩展、修改或废止的诚信观点'的方式理解几乎任何法令。")

29. Luban (2007), p. 23; Sarat (1998), p. 818.

30. 即使在诉讼中，忠于法律连同忠诚于客户是律师的一个基本义务。律师可能不坚持没有足够基础的法律解释，无论是对现有的法律或者对现行法律的扩展、修改和废止的一个诚信论点。Fed. R. Civ. P. 11; Model Rules, Rule 3.1. 律师有义务披露，控制法律权威不被其对手引用，有义务不去延伸到没有被对方律师发现的事实证据。Model Rules, Rule 3.3 (a) (2). 辩护律师已经因为法律论据延伸太远而受到严厉处罚，而且不坦白地告知法院其身份的局限性。参见，例如 *Precision Specialty Metals, Inc. v. United States*, 315 F. 3d 1346 (Fed. Cir. 2003).

31. 蒂莫西·恩迪科特（Timothy Endicott）认为没有人，甚至解构主义者和批判法律研究的学者，能真正提出激进的不确定性主张。Endicott (2000), pp. 16—17.

32. 受限于决策者的一些外部因素，这是所有我通过客观性所表达的。可能因为批判法律研究的影响，"客观性"这个词往往能激发读者侃侃而谈，它反复地批评法治的自由概念和法律合法性未能履行必要担保的承诺，"决策者的意识形态在结果的选择中没有发挥作用。" Kennedy (1997), p. 32. 但是它过于强大。没有法律推理的方法能够必然地保证一个特定的决定是不受意识形态损害的；然而，需要决策者阐明理由，以限定主观偏好的作用——肯尼迪指的是意识形态——达到意识形态不会威胁法律判决内容的独立性。

罗尔斯（Rawls）说，关于客观性如何作为推理原则一个属性的重要的和一般的因素，而不是可以被用来作为一个衡量标准的"外面"的因素：

> ［我们］坚持一种判断并认为它是正确的，因为我们假设已经正确地适用有关原则和实际推理的准则。这与数学家的回答相似，当被问到他们为什么认为有一个无穷素数时，他们说：这是任何数学家都知道的证明。证明设计了他们的信念以之为基础的推理……能够给出证明，或者为判断说出充分的理由，已经是那些明智的和理性的人信念的最可能解释。

Rawls (1993), p. 120. 这里辩护的法律技艺观念，类似于罗尔斯（Rawls）援引的东西，它用来解释为什么"有一个无穷素数"的判断是必要的——胜任相关技艺的人能够提供证明，而且那就是所需要的所有客观性。

33. 这个问题起源于哈特—富勒（Hart-Fuller）的辩论，并已成为法学学术的一个主要部分。参见 Fuller (1958), p. 663; Hart (1958), p. 607。对于现代的概述，参见 Schauer (2008)。

34. Hart (1994)，p. 127.

35. 马蒂·莱德曼（Marty Lederman），"对不起，本（Ben），但穆凯西·肯（Mukasey Can）法官（也应该）回答这个问题，" Balkinization (Oct. 29, 2007)，⟨http://balkin.blogspot.com/2007/10/sorry-ben-bit-judge-mukasey-should.html⟩. 水刑已被美国海军生存、逃避、抵抗和逃脱（生存）学校的一位前教练描述如下：

> 水刑是控制溺水……这并不是模拟溺水，因为肺部实际上是充满水的。没有办法来模拟。受害者是溺水的……一名随队医生观察了摄入的水量，以及当溺水的感触从痛苦的心理体验，到可怕的窒息惩罚，再到最终的死亡旋涡，其间所显示的生理信号。水刑是慢动作窒息，有足够的时间思量昏厥的必然性和期限——通常人会在木板上进入癫狂状态……当它被很好地完成时，它就被控制死亡。

全文可以在一个被称做《战争小日志》（*Small Wars Journal*）的在线杂志上看到，⟨http://smallwarsjournal.com/blog/2007/10/waterboarding-istorture-perio/⟩，摘录出现在各种报纸上，包括 the *Independent* (UK) and the *New York Daily News*. 对于由参加了生存（SERE）训练的一名前海军机组成员提供的类似描述，参见 Richard E. Mezo, "Why It Was Called 'Water Torture,'" *The Washington Post* (Feb. 10, 2008), at B07.

36. 对律师法理学的呼吁始于 Levinson (1987)。

37. 参见 Daniels (1979)；Scanlon (2003)。

38. Daniels (1979)，pp. 258—59.

第一章　标准概念：支持和反对

1. 参见，例如 Williams (1985), p. 12 ("we have a conception of the ethical that understandably relates to us and our actions the demands, needs, claims, desires, and generally, the lives of other people")（"我们有一个伦理概念，合情理地涉及我们以及我们的行动要求、需要、主张、欲望，通常还有其他人的生活"）; 同上, p. 188 (defining ethical obligation in terms of not taking action that would be "associated with others' expectations, or with blame for failure")；（依据不采取将"与他人的期望或失败的责任相关联"的行动，定义道德义务）; Scanlon (1998), p. 189 (taking the position that justifiability to others is basic to ethics). （采取对他人合理的立场，对伦理学是

注 释

基本的)。在这本书中,我将采取的观点是,把能够为自己的行为提供正当理由且不会因而受到别人责备,作为伦理学必要的主题。

2. 当我谈到律师或法律职业,我心目中就有像美国这样的普通法体系中的一个职业团体。律师面临的伦理问题的结构,在美国、英国、加拿大、澳大利亚和新西兰是大体相似的,虽然律师可以说总体上在美国的政治生活中发挥更突出的作用,与其他普通法体系的律师相比,也还有其他细微的差异,这可能被我对美国体系的强调所掩盖。参见 Woolley(1996)。在大陆法系国家,比如欧洲大陆、拉丁美洲和东亚体系,专业人员设想他们对客户、法律和社会作为一个整体,在非常不同方面的义务。对律师的教育、培训和社会化过程,在这些体系中也是非常不同的。因此,我们在此将会考虑的许多道德困境,不会以相同的方式出现在民事律师身上。主要参见 Hazard and Dondi(2004); Lasser(2004); Kagan(2001); Leubsdorf(2001); Barceló and Cramton(1999); Merryman(1985), pp.101—10; Luban(1984)。

3. 法律社会学家马克·格兰特(Marc Galanter),通过发展律师笑话大全,追溯了律师公众形象中的许多这样的主题。参见 Galanter(2005)。格兰特识别在这些笑话中重复出现的主题,将其组织划分为九组,其中包括:

> 论述:律师无可救药地撒谎。他们通过促进不必要的复杂性损坏话语,通过术语和手续使事情神秘化,通过在法律抽象中重塑他们掠夺其道德意识的生命交易,通过使黑色显示为白色、白色显示为黑色的诡辩违反常识。
>
> 经济掠夺者:律师是……寄生寻租者,他们不真正生产任何东西,而仅仅依靠社会具有创造性的成员,经常与没信用联盟……

正义的敌人:律师对正义漠不关心,并愿意贡献他们的天资去阻挠它。
同上,p.17。

4. Luban(1984), p.246。

5. 对于"独立"的术语,参见 John Rawls, "Reply to Habermas," in Rawls(1993), pp.374—75。罗尔斯称这是一个政治概念,以把它从形而上学的理论区分出来。参见 Rawls(1993), pp.29—35。对于在普通和政治道德之间区别的一个简洁概述,参见 Simmons(2008), pp.2—3。对于政治道德自治的一个强大的辩护,参见 Bernard Williams, "Realism and Moralism in Political Theory," in Williams(2005)。

6. 参见 Rawls(1993), p.93(注意政治建构主义开始于一个"人与社会的相当复杂的概念"——也就是说，一个人作为公民的概念）。

7. 参见，例如 Nelson（1998），p. 775. 一个参加美国律师协会诉讼部的一项研究的律师事务所合伙人指出，"我们几乎都能发现一个道德问题，我们知道我们有责任把它与那些负责的人联系在一起，讨论它并采取适当的行动"，然而很显然，从背景看，这个律师的意思是把"道德问题"作为"可能违反专业操守规则的行为"。

8. 参见 Wolfram（1986）§2.2，pp. 22—27. 关于去规制固有权力的一个有抱负的主张，参见 *Birbrower, Montalbano, Condon & Frank v. Superior Court*，949 p. 2d 1 (Cal. 1998)。（根据其与客户的合同，否认律师事务所的付款请求权，因为合同根据律师事务所在加利福尼亚州未经授权的法律实践，是不能强制实行的。）

9. 美国律师协会，法学院的批准标准，Standard 302（a）（5）。这个课程的任务可以追溯到水门丑闻，以及律师事务所在加利福尼亚州未经授权的法律实践的公众愤怒。

10. 大多数哲学家交替使用伦理和道德术语，正如我将在此使用的。参见 David Copp, "Introduction," in copp (2006), p. 4。

11. Fried（1976），p. 1060. 同样地，杰拉尔德·波坦玛（Gerald Postema）留心人作为人和以职业身份行事的人之间的区别，并指出"律师……为从事一些活动主张特别的授权，它们由其他人履行，将可能招致道德谴责。"Postema（1980），p. 63；又见 Gewirth（1986），p. 283。（"分离主义的论点在专业人士和其客户或其他受影响的人之间的事务中被援引……在此，权利的这个或一些其他一般的道德要求没有被实现，这样，客户或其他某人的一项道德权利受到侵犯"）；Wasserstrom（1975），p. 1. （"律师与客户的关系，使律师在他与他人打交道时，最好的情况是系统地非道德，而最差的情况是超过偶尔的不道德。"）

12. 对于相反的观点，参见 Luban（2007），pp. 59—61。（认为看上去像是专业人员职责的东西，仅仅是无力地务实的理由，并应被看做不比其他传统的规范，比如礼仪规则，具有更多道德权重。）

13. Wasserstrom（1975），p. 3.

14. Postema（1980），p. 65（"for many professional roles the moral universe of the role is considerably narrower than that of ordinary morality…"）. （"对于许多专业角色，道德领域的作用与普通道德相比是相当窄的……"）。

15. Applbaum（1999），p. 46（"不诉诸角色作为一个道德范畴，角色仅仅是具有道德权重的一系列义务、价值和善行的联结体的简称");Luban (1988),p. 125("诉诸在道德理由上的一个角色,仅仅是诉诸纳入这一角色的道德理性的一个简单方法")。理查德·瓦瑟斯特罗姆(Richard Wasserstrom)经典文章的目的是,建立应当被理解为普通道德价值的一个联结的那个角色或者,正如他所说的那样,"如果律师看他们自己更少地服从于角色分化行为,并且更多地服从道德观的要求,那么我们将会得到更好的服务。"Wasserstrom (1975),p. 12.

16. Joseph Raz, "On the Autonomy of Legal Reasoning," in Raz (1994),p. 328.

17. 参见,例如 Dare (2009),p. 34.("角色义务……是道德要求的内容,其内容是由角色的功能确定的,其规范力量产生于角色,而且它适用于由于他们作为一个角色占有者身份的个体。")

18. 参见 Goldman (1980),pp. 2—3(区分强与弱地分化的角色义务)。

19. 参见 Raz (1979),pp. 17, 22, 27; Raz (1986),p. 33.

20. Applbaum (1999),pp. 56—57.

21. Pileggi (1985). 这部电影版是由马丁·斯科西斯(Martin Scorcese)导演的《盗亦有道》。在此我用的是兄弟,但类似的例子是法学文献一个重要内容。大卫·鲁班(David Luban)援引了大量法律哲学家,他们指出,这里有规范中毒、勒索、种族灭绝和私刑实践的标准规范。Luban (2007), p. 112 n. 29. 但我喜欢兄弟的例子,因为有问题的规范是如此丰富多彩,已被像罗伯特·德·尼罗(Robert De Niro)、乔·佩西(Joe Pesci)和保罗·索维诺(Robert De Niro)这样的演员有效地扮演。

22. Pileggi (1985),p. 39.

23. Luban (1988),p. 130.

24. MacCormick (2007),p. 4.

25. 参见 Dare (2009),ch. 3(为普通道德与律师特定角色义务之间的间接关系,进行一个类似的辩论)。

26. John Rawls, "Reply to Habermas," in Rawls (1993),p. 380.

27. 参见,例如 Michelman (1988),p. 1500。

28. Joseph Raz, "The Politics of the Rule of Law," in Raz (1994),pp. 371, 374. 在本文中,拉兹认为,法治本质上是一个公共的说明理由的必要条件,以期对"培育国家法律文化的一个共同理解,反过来,[公共决策]是易受影响的和负责任的。"

29. 主要参见 Joseph Raz, "Authority, Law and Morality," in Raz (1994)。

30. 这个例子是基于达尔克·希尔德（Dalkon Shield）产品责任诉讼的描述，见 Rhode (1994), p. 669。一些细节还在 Luban (2007), pp. 35—36 被讨论。

31. 理查德·华志坚（Richard Wasserstrom）援引了一个例子，一个加利福尼亚州的程序达到了类似的效果，在一起强奸案中被告借此可以迫使受害人服从一个精神检查。Wasserstrom (1975), pp. 6—7. 这里对其他犯罪行为没有类似的程序性权利，这强有力地表明，该权利反映当时刑事司法系统的性别歧视。

32. 我使用达尔孔·希尔德（Dalkon Shield）假设进行了这个辩论，见 Applbaum (1999) 的一个评论。参见 Wendel (2001)。

33. 比较伯纳德·威廉姆斯（Bernard Williams）的主张，一个独立的规范领域可能与普通道德有联系，如果其核心概念有道德特点——即，如果有一种可以为实践提供讲道理的合法性，作为"政治、道德、社会、解释和其他概念"一个整体集群的一部分，对我们是有意义的。伯纳德·威廉姆斯（Bernard Williams），《政治理论中的现实主义与道德主义》，见 Williams (2005), p. 11。

34. 参见类似的辩论，见 Dare (2009)。

35. Simon (1998), p. 53。

36. Luban (1990), pp. 430—31。

37. 这个问题是基于经典的案例 Zabella v. Pakel, 242 F. 2d 452 (7th Cir. 1957)) 虽然我在一些地方有美化事实，而在另一些地方却简化事实。泽贝拉（Zabella）是名副其实的一个经典作品，出现在法律伦理理论的许多领先著作中。参见，例如 Dare (2009), pp. 2—3; Hazard and Dondi (2004), p. 175; Simon (1998), p. 29; Pepper (1999), p. 189; Luban (1988), pp. 9—10; Postema (1980), p. 66; Fried (1976), p. 1064。

38. 丹尼尔·马可维兹（Daniel Markovits）主张，在普通的道德条款中律师在这种情况下是作弊的。Markovits (2008), p. 65。

39. 参见 Dare (2009), pp. 5—12; Luban (2007), p. 20; Simon (1998), p. 7; Luban (1998), pp. xx—xxi; Schwartz (1983), pp. 150—51; Postema (1980), p. 73; Simon (1978), pp. 36—37。

40. 《示范规则》有一个特殊的"规则"，它可以没有约束力，宣布"客户律师代理……不构成支持客户政治、经济、社会或道德观点或活动的支持。"

Model Rules, Rule 1.2 (b).

41. 隐藏尸体的案例，或莱克·普莱（Lake Pleasant）尸体案，正如有时它被称作的，是职业责任案例资料和学术研究的一项重要内容。对于案例的很好总结，参见 Zitrin and Langford (1999), pp. 7—26。对于试图起诉涉及违反尊重尸体处理的法令的律师，参见 *People v. Belge*, 83 Misc. 2d 186, 372 N. Y. S. 2d 798 (Onondaga County Ct. 1975), *affd*, 50 A. D. 2d 1088, N. Y. S. 2d 711 (1975), *affd*, 41 N. Y. 2d 60, 359 N. E. 2d 371, 390 N. Y. S. 2d 867 (1976)。

42. 作为保密义务的一个一般声明，那是不完整的；律师在大多数地区已经酌情披露机密信息，以防止、纠正或减轻某些类型的伤害。Model Rule 1.6 (b)。然而，在隐藏尸体的案例中，它仍然是一个准确的陈述，称律师没有自由裁量权向当局或父母披露尸体的位置。

43. 引证见 Zitrin and Langford (1999), p. 19。

44. 出处同上。

45. Gordon (1998a), p. 732; Suchman (1998), p. 845。（"大型律师事务所的合伙人……倾向于完全地否认他们工作的道德方面，并把大多数问题简化为伦理规则［即州律师纪律规则］或实用策略。"）

46. Nelson (1998), p. 780；又见 Gordon (1998a), p. 711（引用在同一研究中律师的话："你不是被雇来提供道德建议"；"我们不是我们客户的道德法官"；"有道德，但它不是律师的领域"）；Sarat (1998), pp. 819—20（引用在相同研究中另一名律师的话："我不想有一个道德对话。客户不会雇用我去做一名哲学家，如果他想要那种建议他可以去找一名牧师。"）。

47. Nelson (1998), pp. 788—89.

48. Gordon (1998a), p. 714（一个非常大的程度……选择的方法将受指令支配，或在没有指令的情况下，受其客户注意到的状况、利益和欲望支配）。Suchman (1998), p. 849（引用一位律师的话，"如果［客户］的主管告诉内部律师，没有什么道义上的错误，那你不能去反对它。"）。

49. Sarat (1998), pp. 820—21; Suchman (1998), 850—51. 研究的参与者很难说明，标准从不允许的不良行为来区分游戏规则可允许的操纵。他们有时能明示地确定边界；例如，有协议，"屡次拒绝是好的，正如去形成或利用打破以在宣誓作证中摆脱质问者……［但］经常威胁去寻求制裁或呼叫对方律师或当事人的名字是不好的。"Sarat (1998), p. 820。戈登（Gordon）解释这个例子作为对原则的支持，只要一些战术有"一些对一个合法目的超过最低限度的关系",这是允许的。

50. Gordon（1998a），p. 710；Nelson（1998），p. 781；Suchman（1998）．p. 850.

51. Restatement§16（1）

52. Pepper（1986），pp. 616—17.

53. 参见 Raz（1986），pp. 372—73。

54. Pepper（1986），p. 617.

55. 同上。

56. 参见 Luban（1986），pp. 638—40。

57. Pepper（1986），p. 617.

58. Luban（1986），p. 638.

59. Raz（1986），p. 381. 大卫·鲁班（David Luban）正确指出，自治经康德（Kant）进入道德词汇，但康德的自治是完全不同于自由选择。康德的自治是关于道德法律的行动，而不是根据爱好"他律地"行为，参见 Luban（2007），pp. 75—76. 又参见施奈德（Schneewind）（1998），为了自治观念在伦理标准中变迁的一个权威历史。

60. Raz（1986），p. 388

61. Luban（1986），p. 638.

62. 参见，例如 Pepper（1986），p. 630（"道德约束的注入，与一等公民身份正当理由的前提所固有的道德价值是相反的"）。

63. 参见 John Rawls，"reply to Habermas," in Rawls（1993）．pp. 374—75.

64. Pepper（1986），p. 647.

65. Luban（1986），p. 641.

66. 同上，p. 642。

67. 佩珀（Pepper）（1986 年），第 660 页。

68. 同上，p. 617。

69. 参见 Waldron（1989），p. 74.（"一个对于自由中立的正当理由应该解释，为什么中立是一个政治的而不是一个普遍的要求"）。

70. 提出这个观点的另一种方式是，如果国家具有一个公正合理的目标——即，所有受影响的人原则上能够同意的一些结果，它可能干预一些活动。在私人关系中，无论是家庭、友情还是公民协会，受到代表团体作出的决定影响的人，更可能同意给出的理由。然而，在一个大规模的多元化社会，更难以找到共识。这就是为什么"中立作为一个政治理想，管理个人和国家之间的公共关系，而不是人和其他机构之间的私人关系。"Larmore (1987). p. 45.

71. Ronald Dworkin, "Political Judges and the Rule of law," in Dworkin (1985), p. 11.

72. 同上。（"实体正义是一种独立的理想，决不是法治理想的一部分，"）。应该指出的是，德沃金（Dworkin）继续批评法治这一概念，他所说的"规则手册的概念"，没有坚持法治包含（真正的）的道德权利。德沃金的法治观念是相当独特的。大多数法律理论家把法治只是当作一个正式的概念，与实体正义或公民的权利内容无关。参见，例如 Joseph Raz, "the Politics of the Rule of Law," in Raz (1994), pp. 371—78; Joseph Raz, "The Rule of Law and Its Virtues," in Raz (1979), p. 214。即使朗·富勒（Lon Fuller）令人困惑地指出法律的内在道德，在脑海中有某些像一般性和前瞻性这样的形式特征。参见 Fuller (1969), p. 39。对于富勒，法治的实质是"让人的行为遵守规则的治理，"同上，第 46 页，而不是达到正义。然而，正如拉兹（Raz）所提醒我们的，法治的正式概念具有一些真正的感染力，并从被认为是合法的当中排除一些治理体系。如果法律能够指导行为（如果法律是能够对其对象主张实践权威这类事情，那么这一定是真的），那么法律必须相对通用的、开放的、清晰的、稳定的和公共的。参见 Joseph Raz, "The Rule of law and Its Virtues." in Raz (1979), pp. 213—16。

73. 同上，p. 220（"我们评价选择生活方式和形式的能力，以确定长期的目标和有效指导一个人生活。一个人这样做的能力依赖于对于一个人的生活和行动存在一个稳定、安全的框架"）。

74. Dershowitz (1996), p. 166.

75. 引用于很多来源，赞成和反对的都有；参见，例如 Dare (2009), p. 6; Luban (2007), p. 22; Markovits (2003), pp. 213—14; Freedman and Smith (2002), pp. 79—80; Luban (1988), pp. 54—55; Fried (1976), p. 1060 n. 1. 戴尔的记述是一个特别生动而简明的案件摘要。

76. 对于布鲁厄姆（Brougham）演讲背景的这种理解，参见 Shaffer (1985), pp. 204—6。

77. Model Code, EC 5—1.

78. Model Rules, Rule 1.7（同时代理冲突），Rule 1.8（a）（与客户商业交易），Rule 1.8（j）（与客户性关系），Rule 1.9（连续代理冲突）。

79. Applbaum (1999), pp. 65—65; Luban (1988), pp. 12, 155—56;

Postema (1980), p. 73.

80. 参见 Fletcher (1993)。

81. Bernard Williams, "Persons, Character, and Morality," in Williams (1981), pp. 11—12.

82. 同上，p. 18。

83. Fried (1976), p. 1061.

84. 同上，p. 1062。

85. 同上，p. 1066。

86. 同上，p. 1069。

87. 同上，p. 1071。

88. Simon (1978), p. 108.

89. Finnis (1980), p. 142.

90. Fletcher (1993), pp. 179—80 n. 46.

91. Dauer and Leff (1977).

92. 同上，pp. 198—79。

93. 同上，p. 581。

94. Fried (1976), p. 1073.

95. Finnis (1980), p. 142.

96. Fried (1976), p. 1066.

97. 同上，p. 1077（原文斜体删除）。

98. Luban (2007), Ch. 2.

99. 参见 Korsgaard (1996b); Johnston (1994), pp. 79—83。

100. Luban (2007), p. 71.

101. Korsgaard (1996b), p. 133.

102. Luban (2007), p. 76.

103. 同上，pp. 73—74, 77—79. 引用于同上 p. 89。

104. 同上，pp. 83—85。

105. 鲁班（Luban）已经提出了这一与公司律师客户特权有关的论点，并得出人的尊严价值并不能证明在组织背景的特权的结论。Luban（2007），p. 88; Luban (1988), pp. 220—33。

106. Luban (2007), pp. 102—3 (citing Fuller [1969], p. 106).

107. 同上，pp. 106—9。在此，鲁班（Luban）接过了亚里士多德式某些对象或实践的内在规范性的观点：

对于识别像蒸汽机或电灯开关这样的某些东西，是已经认识到它应该做什么，认识到一个成功或失败的固有标准。在什么方面成功或失败呢？有人可能会说，在作为什么是蒸汽机或电灯开关方面。目的性概念是理想的概念——现在我们认识到富勒（Fuller）的道德愿望是密切联系其目的性概念的分析，因此，同是/应该区别。同上，p.109。

108. 同上，pp.110, 112。

109. 同上，p.118。

110. 同上，pp.111—12。

111. Dare (2004).

112. Simon (1998), p.138; simon (1988), p.1090.

113. Simon (1998), p.27.

114. 参见，例如 *Boomer v. Atlantic Cement Co.*, 257 N.E, 2d 870 (N.Y.1970).

115. Simon (1998), p.30.

116. Rawls (1971), p.7.

117. 参见 Fed. R. Civ. P.1 ("这些规则——应被解释和实施以确保公正、快速和每一个行为廉价的结论")。

118. 参见 Dworkin (1985), p.165 ("如果我们接受正义作为一种政治价值，我们希望我们的立法者和其他官员，分配材料资源并保护公民自由，以确保从道义上合情合理的结果")。

119. Simon (1998), p.56.

120. 同上，p.138。

121. Dare (2009).

122. Schneyer (1984).

123. Simon (1988), p.1091; Simon (1998), p.9 (从主流观点中区分语境观点)。

124. Simon (1998), p.82 (与实证主义相比，区分法律的实体性概念，它致力于"作为表达与道德和法律不可分割的更一般原则的具体法律规范"的解释)。

125. 同上，p.62 (注意到尊重保密性的"技术"规则，与律师和委托人关于正义需要什么的直觉之间的分歧)。

126. Simon (1988), pp.1091—94 (指导律师考虑"客户的目标和主张的

优缺点,以及律师可能服务的其他人的目标和主张的优缺点")。

127. Simon (1998), p. 145.

128. Simon (1988), pp. 1092, 1103—4 (引导律师不依照"对基本法律价值造成特别严重威胁"的"有问题的"的目的,解释法规和条例);Simon (1998), p. 106 (涉及法律规范的一个等级制度,有一些比其他的更"基本")。

129. Simon (1998), pp. 139—40, 143—44.

130. Simon (1988), pp. 1098—102;Simon (1998), p. 107 (举制度性功能障碍的例子,包括小但有组织的少数民族,他们阻止不合时宜法令的废除), p. 141 (律师直接针对正义的义务是"由这样的事实引发,没有来自辩护律师的援助,程序不能依靠产生公正的解决方法")。

131. Simon (1988), pp. 1113—14.

132. 同上,p. 1116;又见 Simon (2001) (认为通俗文化的描述保持律师将在追求实体正义中摈弃法律细节)。

133. Simon (1988), p. 1114.

134. H. L. A 哈特(Hart)认为,任何法律体系都有一个把法律从非法律中区分出来的主要规则,这是承认规则。Hart (1994), pp. 100—110. 他进一步强调法律的存在和内容可以不经参照道德准则来确定。H. L. A 哈特,"后记",见 Hart (1994). p. 269. 哈特在《法律概念》第一次出版后写的论文中,强调法律的内容独立性。参见 H. L. A. Hart, "Commands and Authoritative Legal Reasons," in Hart (1982). p. 243。

135. Ronald Dworkin, "The Model of Rules I," in Dworkin (1977), pp. 40—41, 43; Ronald Dworkin, "Hard Cases," in Dworkin (1977), p. 90.

136. Dworkin (1986), p. 240; Ronald Dworkin, "Hard Cases," in Dworkin (1977), pp. 87—88.

137. Ronald Dworkin, "The Model of Rules II," in Dworkin (1977), pp. 65—68.

138. Dworkin (1986), p. 248.

139. Ronald Dworkin, "The Model of Rules I," in Dworkin (1977), p. 30; Ronald Dworkin, "Hard Cases," in Dworkin (1977), p. 81.

140. 同上,pp. 52, 90, 225, 256。

141. 同上,pp. 255—56。

142. Postema (1987).

143. 参见,例如 Simon (1998), pp. 151—56 (认为一个富裕的私立大学

的律师在工会选举方面不应该利用程序性违法；即使违法的理由是没有歧视任何人的纯粹粗心；而且大学对一个新的选举的要求与全国劳工关系法的目的是不一致的，这将确保工会真正代表谈判的统一）；Simon（1988），pp. 1105—7（认为律师在围绕提供一个公共援助程序的计划是合理的，该程序减少受让人所得中现金补助的比例，包括提供免费住房；即使在适用于委托人身份的法令中没有文字例外，在这种情况下减少受益人现金补助将是"成问题的"，因为它"危害基本价值"，比如在最低限度的适当收入中的利益）。在这两个案件中，我认为对可适用法律的合理解读直接违背西蒙（Simon）提出的解释。

这里对大学在遵守全国劳工关系法正式要求的选举要求是合理的，至少有貌似合理的理由。值得赞扬的是，西蒙（Simon）清楚地阐述了这些理由——参见 Simon（1998）. p. 153——但是他最后得出它们不是相当重要的结论。也许不是，但它们对证明律师在遵从其客户的指示以坚持新的选举是十分重要的。在福利权利案件中，西蒙作出一个论点，一个最低限度足够收入的权利的根本重要性是有普遍吸引力的，但显然与现代最高法院的判例法格格不入。参见 Simon（1988），p. 1107 n. 55。

第二章　从党派性到法律权利：把法律还给律师

1. 参见，例如 Applbaum（1999），p. 6。

2. Wasserstrom（1975），p. 2。

3. 对客户忠诚的原则是律师业法律中的核心规范之一，并在《示范规则》的许多条款中表述，包括 Rule 1.2（a）（允许客户限定代理人的范围）. 1.4（需要向客户传达相关信息），1.7—1.9（禁止某些利益冲突），以及 1.16（调整撤回代理）。

4. 关于（主张）权利与职责、特权与"无权"之间关系的分析，参见 Hohfeld（1923）。我在本书中自始至终使用的"授权"一词，是由 Calabresi and Melamed（1972）. 在法律学术中变得突出。

5. *Spur Industries v. Del E. Webb Development Co.*，494 P. 2d 700（Ariz. 1972）. 一个类似且热烈讨论的，涉及一家水泥厂及周边土地所有者的例子，是 *Boomer v. Atlantic Cement Co.*，257 N. E. 2d 870（N. Y. 1970）

6. Restatement §16（1）。

7. Model Rule §1.2（d）。

8. Restatement §23（1）。

9. *Upjohn Corp. v. United States*，449 U. S. 383（1981）。

10. Restatement §82。

11. 像关于法律应该是什么，而不是法律是什么的声明，律师管理法具有特定规则来控制争论的识别。Model Rule 3.3（a）（2）要求律师在控制已知直接反对律师所采取立场的管辖权中，去披露法律权威。《联邦民事诉讼规则》的《规则Ⅱ》允许律师对现有法律的扩展、修改或废止，或者新法律的建立，作出重要的论点。一个来自美国第九巡回上诉法院的众所周知的案例，拒绝对一名律师实行制裁，该律师没有特别标示作为一个用于修改法律的论点，与适用现存法律截然相反，但这个结论是基于在《规则Ⅱ》中对职责没有任何文本基础，不是一个关于律师更广泛的道德义务的结论。参见 *Golden Eagle Distrib. Corp. v. Burroughs Corp.*，801 F 2d 1531（9th Cir. 1986）。

12. Waldron（1996），pp. 1548—50；Gray（1996），p. 43（"这些美德或价值中的每一个，本质上是复杂的并具有固有的多元化，包含矛盾的元素，其中一些本质上是不能比较的"）；Rawls（1993），p. 56。

13. 杰米·沃尔德伦（Jeremy Waldron）在这个意义上把价值多元主义与法律权威链接起来。参见 Waldron（1999a），p. 112（"对任何合理的解释，人的生命从事多种价值，而且人们对关于如何平衡或优先考虑这些价值存在分歧，是很自然的"）。

14. 参见，例如 Isaiah Berlin，"The Pursuit of the Ideal," in Berlin（1990），pp. 10—11。

15. Hampshire（1983），p. 146。

16. 参见 Robert Audi，"Intuitionism, Pluralism, and the Foundations of Ethics," in Audi（1997）；Larmore（1987），pp. 131—34；Thomas Nagel，"The Fragmentation of Value," in Nagel（1979）。大卫·罗斯（David Ross）相当著名地列出显见道德义务的类别，它们产生于人类存在的不同情况，包括忠实义务、感激、仁慈、不伤害和追求完美的职责。参见 Ross（1930），pp. 20—21。显见义务应区别于一个人通盘考虑理由去做的事情。显见义务将是一项强制性的义务，人们没有理由不这样做。然而，显见义务可以被其他因素超过，而且确定一个通盘考虑的义务需要某种形式权衡或平衡显见义务。参见 Brink（1994），pp. 216—17。

17. Jonsen and Toulmin（1988），pp. 250—63. 作者把古典诡辩的方法赞美为解决道德分歧的一种方法，注意"在法律与道德领域……最重要事情是一种识别的能力，在大量的微妙和细节中识别任何特定案件的相关特征——既包括'行动的情形'又包括'代理的条件'——以及对目前的观众以'讲条件'的方式表达的问题产生影响。"同上，p. 258. 又见 Rawls（1993），p. 56（"在某种程度上我们所有的概念，而不仅是道德和政治概念，都是模糊的并受制于疑难案件；并且这个不确定性意味着我们必须依靠判断和解释在一定范围内……在此合理的人会有所不同……")。

18. Rawls (1003), pp. 54—58. 沃尔德伦（Waldron）主张罗尔斯并不能完成判断负担的含义。在他看来，它们一定也会影响关于公共理性的判断。参见 Waldron (1999a), p. 152。

19. Finnis (1980), p. 231.

20. Isaiah Berlin, "Two Concepts of Liberty," in Berlin (1997), pp. 218—19.

21. 同上，p. 220。

22. 同上，p. 225。

23. 同上，pp. 221—22（"智者比你更了解你自己，因为你是你激情的受害者，是一个过着他律生活的奴隶，是愚钝的，不能理解自己的真实目标。你希望成为人类。证明你的期望合法是国家的目标……人性是我强加我的创造性意愿于其上的原材料；尽管人类在这个过程中遭受苦难并死亡，但他们被它抬高到一个高度，如果没有我强制而有创造性地违背他们的生活，他们从来不会上升到的这个高度。这是被每一个独裁者、检察官和为他们的行为寻求一些道德的甚至审美的正当理由的暴徒使用的论据"）。又见 Pogge [2007], p. 187（阐述罗尔斯［Rawls］）。（"一个民主社会产生大量竞争的和相互矛盾的价值；一个其成员都将接受同样丰富社会价值的社会，如果没有实体的政府管制和镇压，是不能够被实现的。"）

24. 当史蒂芬·佩珀（Stephen Pepper）认为拒绝代表客户或拒绝代表现有的客户采取行动的律师，根据普通道德考量倾向于"来自律师寡头政治的规则"，他有点言过其实了。Pepper (1986), p. 617. 然而，即使承认佩珀有点夸张，但他的观点仍然是合理的，律师具有证明客户以职业角色所采取行动的合法性义务。普通的道德考量如果没有被其客户共享，将不会是一个限制客户获得合法权利的合法基础。

25. 参见，例如 *Osterlind v. Hill*，160 N. E. 301 (Mass. 1928)。

26. *Hustler Magazine v. Falwell*，485 U. S. 46 (1988).

27. *Collin v. Smith*，578 F. 2d 1197 (7 th Cir. 1978).

28. 参见，例如 *West Virginia Board of Education v. Barnette*，319 U. S. 624 (1943)。

29. *Strickland v. Washington*，466 U. S. 668 (1984).

30. Hart（1994），pp. 82—83，88—89.

31. 我把这个构想归功于森除康友（Yasutomo Morigiwa）。

32. Thompson（1975），p. 261.

33. 在许多其他的来源中，这个引证可以在由美国最高法院法官斯蒂芬·布雷耶（Stephen Breyer）在波士顿大学法学院发表的一个毕业典礼上的演讲中找到。讨论中的最高法院的判决是 *Worcester v. Georgia*，31 U. S. [6 Pet.] 515（1832）。

34. 引自 Clayton（1992），p. 18。

35. 参见 Dudziak（2000），pp. 115—18。

36. Holmes（1897），pp. 459—62. 关于霍姆斯式坏人隐喻的类似使用，参见 Cordon and Simon（1992），p. 249。

37. 鉴于霍姆斯在这些辩论中的卓越表现，术语"坏的"在此使用几乎是不可避免的，但注意坏的公民不需要道德的邪恶。霍姆斯的观念也许更好地被弗莱德·肖尔（Fred Schauer）的规定获得，坏的公民"不愿意服从愚蠢的法律，仅仅因为它们是法律。" Schauer（1994），p. 500. 桑福德·莱文森（Sanford Levinson）以这种方式描述霍姆斯的特征，当他说坏人是那些可能屈服于不可抗拒的力量的人时，强调分析法律与道德之间的区分，却不会让法律告诉他明辨是非。引自 Luban（1997），p. 1562。大卫·鲁班（David Luban）把坏人等同于"经济学家理性的计算器"，当决定是否遵守法律时，他衡量潜在制裁的成本和违规的效益。同上，第 1571 页。最后，应该指出的是，我使用坏人的术语以激发霍姆斯的想象，但是我心目中的男人和女人都是公民、官员和律师。

38. 卡尔·卢埃林（Karl Llewellyn）可能并不希望它被作为一个法律的定义，他对一群入学的法律学生说"这些官员（法官、律师和法院工作人员，等）对正义所做的，在我看来就是法律本身。" Llewellyn（1930），p. 3. 然而，卢埃林经常被这个法律现实主义的漫画式描绘联系起来。

39. 参见 Hart（1994），pp. 136—47。

40. Luban（1986），p. 647.

41. 这些论点被更详细地发展在 Wendel（2006）。

42. 哈特使用"困惑的人"的术语来描绘我所谓的好公民。在他对霍姆斯（Holmes）的评论中，哈特问"只要他能够被告知他是谁，如果不是更多地，法律为什么不应该同样地关心将愿意做必须做的事情的'困惑的人'或'无知的人'？"

43. 同上，p. 116。

44. 同上，p. 117。

45. 同上，pp. 137—38（"毋庸置疑……在一个现代国家有关行为的一些领域，个人展示行为和态度的整个范围，我们称为内在观点……他们……把法律看作一个行为的法律标准，在批评别人或者证明要求时参考，并承认他人作出的批评和要求"）。

46. 参见 Luban（2007），ch. 4，尤其是 pp. 138—39，对于沿着这些路线的一个论点。鲁班指出，一个法律体系中只有官员采用内在观点，将只会再现持枪歹徒变本加厉的情况，哈特热切地对此予以否决。在鲁班看来，一个正常运作的法律体系的必要条件，而不是像黑手党一样劣质的法律体系，是大多数公民在大部分的时间，对大部分的法律采取内在观点。

47. Hart（1994），p. 195。

48. 在这方面，法律的规范性不是很明显，但是类似于任何其他社会实践的规范性，这些社会实践由规则或内在于实践的其他标准构成和监管。朗·富勒（Lon Fuller）在捍卫其"法律的内在道德"的概念中提出了一个相似的观点，其中他指出，调整"使人类行为受到规则治理的事业"的自然法，真的与木工的自然法没有什么不同，正如一个对建筑物不坍塌感兴趣的木匠所理解的。参见富勒（1969年），第96页。

49. Finnis（1980），p. 14（"哈特［Hart］被……利己主义……感动的人……淡化了他可能具有的，作为对现实社会问题的一个答案的法律功能的任何忧虑……他非常自利地削弱了他对法律的服从和对法律思维方法的追求，而自利是法律服从社会需要的一个初级功能［关于每个人的观点］"）。

50. 我把这个有用的措辞归功于丹尼尔·马克维茨（Daniel Markovits）。参见 Markovits（2006），p. 1385。拉兹（Raz）利用一个假设的反乌托邦社会，提出了一个类似的观点：

> 试着想象这样一种情况，其中一个国家的政治权威并不主张居民必须服从他们，但是人们默许他们的规则。我们要想象未经发现人们任何犯罪行为就监禁他们的法庭。损害要求赔偿，但是没有人有责任去支付他们。立法机关从未主张强加注意义务或对公共事务贡献的义务。它仅仅宣称，人们以某种方式行为将遭受痛苦。

Raz（1985），p. 6. 因为做了某事而遭受痛苦，与具有这样做的职责是不同的。从概念上讲，如果没有政治权威合法性的想法，谈论权利、职责和义务是不可能的。而且，正如我们将在第 3 章所看到的，合法当局是那些根据理由发布指示的人，而不仅仅是那些行使权力的人或其命令被其对象习惯性地服从的人。

51. 在此，我使用"实践"这个术语，在这个意义上（由阿拉斯代尔·麦金太尔［Alasdair MacIntyre］发展）"任何与社会合作的人类活动相干的和复杂的形式，通过内在于活动形式的善行，在努力达到那些优秀标准的过程中被实现，这些标准适合于活动的形式，并且是部分明确的。"

52. MacIntyre（1984），at p. 190.

53. 罗尔斯（Rawls）主张，自以为在实践的范围内行动，而同时拒绝接受实践的规范标准，这是没有任何意义的。Rawls（1955），pp. 25—26.

54. Tyler（2006）.

55. Edelman and Suchman（1997），p. 88.

56. 同上，pp. 493，495—98。

57. Suchman（1998），p. 852.

58. 参见，例如 United States Senate, Permanent Subcommittee on Investigations, Committee on Governmental Affairs, "U. S. Tax Shelter Industry: The Role of Accountants, Lawyers, and Financial Professionals"（2003），pp. 14，102（为了混淆通过避税手段造成的巨大损失，在委托人信托中的描述利润网和人工产生的税收损失。）引人注目的逸事，俯拾皆是由安然公司（Enron）造成的信息披露的不透明性，包括一个因为搞不清安然公司的财务报表而不推荐安然公司股票的著名休斯敦财务顾问的评论，以及沃伦·巴菲特（Warren Buffet）不能理解安然公司如何赚钱的声明。参见 Swartz and Watkins（2003），pp. xi—viii，331. 杰姆斯·查诺斯（James Chanos），一位富有经验的华尔街对冲基金的经理，在国会作证时表示他和他的同事在其基金"一遍又一遍地阅读安然公司财务报表中关于这些交易的补充信息，而……我们无法解读是什么影响了他们在安然公司的整体财务状况。" James Chanos, Testimony, in "Lessons Learned from Enron's Collapse: Auditing the Accounting Industry—Report of the House Committee on Energy and Commerce," H. R. Doc. No. 107—83, at 73 (Feb. 6, 2002). 一些复杂的 SEP 交易，比如"猛禽式"止损手段，使得甚至对安然公司的内部经理人都很难知道一个给定的业务单位如何执行。Baird and Rasmussen（2002），pp. 1802—4. 对于起草具有严苛条款的格式条款合同问题的讨论,参见 Hazard and Dondi (2004), pp. 70—71。

59. Moss (2000), p. 1322。

60. 这个问题是基于在华盛顿和李法学院(the Washington and Lee Law School)法律实践诊所由学生和教师处理的一个案例。对于科尔·迈纳(Cole Minor)的灵感,是在华盛顿和李法律校友杂志中的一篇关于黑肺病诊所的文章中描绘的。The inspiration for Cole Minor is pictured in an article on the black lung clinic in the W&L law alumni magazine. 参见 Wendy Lovell, "David v. Goliath," *Washington and Lee School of Law Magazine* (Fall 2005), p. 23。我已经对事实很随意以使得问题更有趣,但实际案例的总体叙事基本上是跟所描述的一样。

61. 30 U.S.C § 901 (a).

62. 引自 Galanter (2005), p. 44。

63. 参见 Simon (1988), p. 1103。虽然西蒙不使用"漏洞"这一术语,他提到的案件,其中"律师有机会以一种似乎符合一个规则貌似合理的表面解释但却似乎削弱其目的的方式,塑造一个活动或一项交易",是漏洞的一个不错的、可行的定义。他继续提到臭名昭著的案件 *Walkovszky v. Carlton*, 223 N.E. 2d 6 (1966),在案件中一个出租车队的老板被允许创建几十个都只拥有一辆出租车的独立公司,对公司投资严重紧缩,从而使得原来车队老板的公司资产免遭个人伤害的责任。这是一个许多读者直观地感觉到涉及法律漏洞问题的案例。

64. 莫西·恩迪科特(Timothy Endicott)认为,没有人甚至没有解构主义和批判法律研究的学者,能真正作出基本的不确定性主张。Endicott (2000), pp. 16—17。

65. Stone (1995), pp. 53—55.

66. 参见 Lawrence B. Solum, "Indeterminacy," in Patterson (1996), p. 490。为这个有益的区别,这里我用"合法来源"这一术语,其理由在第 6 章应更明确。简要地识别"法律"与法律文本,比如法规和司法判决,低估作为法律推理一个必要方面的隐性解释原则的意义,例如,有关相似性的判断,对普通法推理是绝对必要的,但是很难形式化,并且无论如何是非文本的。

67. Hart (1994), pp. 126—29. 它不是文本中至此真正的核心论点,但熟悉英美法理学的读者,将会把每一个法律问题都存在一个正确答案的主张与德沃金联系起来。参见,例如 Ronald Dworkin, "Is There Really No Right

Answer in Hard Cases?", in Dworkin (1985).

68. 在这一段中的讨论，要感激与爱丽丝·伍利（Alice Woolley）许多关于法律解释的谈话。

69. 此案是 *MacPherson v. Buick Motor Co.*，111 N. E. 1050（N. Y. 1916）可以说，麦克弗森案的结果已经被英国案件比如 *Thomas v. Winchester*，6N. Y. 397（1852），并且美国的案例像 *Thomas v. Winchester*，6N. Y. 397（1852）及其衍生物，包括把托马斯的原则适用于像咖啡壶和脚手架这样的产品的案例。（参见 *Statler v. Ray Manufacturing and Devlin v. Smith*，引自麦克弗森［MacPherson］的意见。）另一方面，一些学者已经认为卡多佐（Cardozo）是这样一位才华横溢的雄辩家，这个意见的结果似乎是预先注定的，即使这是对现有法律的一个相当有偏见的解读。对于先于麦克弗森和卡多佐意见的一个法律的全面分析，参见 Levi（1949），pp. 8—27。

70. 116 N. W. 2d 704（Minn. 1962）。关于这个案件进一步的历史性研究，参见 Floyd and Callagher（2008）；Cramton and Knowles（1998）。

71. Cramton and Knowles（1998），p. 74. 克兰普顿和诺尔斯认为，明尼苏达州的许多律师不熟悉当时相对较新的发现规则。同上，p. 81. 虽然斯波尔丁（Spaulding）的律师是没有经验的，甚至律师曾有多年道德实践但仍可能不知道索取一份体检报告，或可能没有意识到，提出要求将不会产生放弃医患特权的效果，该特权覆盖原告治疗医生记录。

72. 使问题变得困难的是，当我教这个案例时，我要求学生假设齐默尔曼（Zimmerman）是一个心胸狭窄的人，他完全对斯波尔丁（Spaulding）的福利无动于衷，并拒绝同意律师披露信息。然而，在现实中，事故发生在齐默尔曼19岁的时候，当时斯波尔丁20岁，且是坐在齐默尔曼的车里，所以合理地推断他们是朋友。Cramton and Knowles（1998），p. 88. 考虑到动脉瘤，如果他被判决全额赔偿斯波尔丁的损害，我还猜测齐默尔曼的经济将会崩溃。事实上，出于有关实体侵权法在当时有效的原因，双方当事人从未考虑超出各种保险政策限制的损失。同上，pp. 69—70。

73. 参见，例如 Simon（1988），pp. 1098—99（讨论一个起因于一项个人伤害偿付谈判的案例，其中保险公司的律师意识到原告的律师不知道最近废除共同过失作为辩护的一条法令，并因此大大低估了原告的索赔）。感谢格雷·库珀（Greg Cooper）督促我澄清我对这些案件的回应。

74. Simon（1998），pp. 58—59。

75. Model Rules，Rule 1. 6（b）(2)，(b)(3)；Restatement § 67.

注 释

76. 最高法院曾警告，考虑到无效辩护的刑事被告所提出的法院主张，应该对出庭律师作出的决定相当恭敬。"表述是一种艺术、一种行为或遗漏，在一个案件中可能听起来不专业，而在另一个案件中可能甚至是出色的。"*Strickland v. Washington*，466 U. S. 668（1984）。虽然这一格言由较低的联邦法院作出的时间已经太远，尤其是由第五巡回法庭在一个案件中，涉及一名辩护律师在一个资本谋杀案审判的一部分时间睡觉，*Burdine v. Johnson*，262 F. 3d 336（5th Cir. 2001）（en banc）。在某些情况下它是真实的，不受后见之明扭曲作用的影响，很难判断一名律师的决定的智慧。

77. 这不是对齐默尔曼（Zimmerman）律师潜在不利风险的一个不切实际的估计。一名在华盛顿州的律师，透露委托人秘密导致成功起诉一名腐败法官，被停职六个月。参见道格·谢弗（Doug Schafer）案例的描述，见 Hazard（2005），pp. 385—88。另一方面，在缺乏加重因素（出现在谢弗案）和出现挽救斯波尔丁生命的减罪因素时，实际的纪律给予齐默尔曼律师的处罚相对不严重是可能的。

78. Fed. R. Civ. p. 26（b）（1）.

79. Fed. R. Civ. p. 26（6）.

80. 我要感谢亚瑟·阿普尔鲍姆（Arthur Applbaum）在这个问题上对我的督促。

81. 关于达尔康盾（Dalkon Shield）案件的出色变化是由肖恩·科普兰（Shawn Copeland）首创的，他是北卡罗来纳州的一名律师，还是华盛顿和李法律伦理研究所的正式成员。

82. Model Code，Canon 7（"律师在法律范围内应积极地代表客户"）。

83. Model Rules，Preamble¶[2].

84. 参见 Gordon（1998a），pp. 727—28，773（确认"积极的"辩护作为执业律师的"总规范"）。同样参见史密斯（Smith）（2000），对于积极辩护理想的有力辩护，尽管这是刑事辩护代理的核心语境。加拿大律师往往也使用术语"积极的"，来描述律师的基本义务。参见，例如 Hutchinson（1999），pp. 89—91；Woolley（1996）。

85. 查尔斯·沃尔夫拉姆（Charles Wolfram）认为它是一种美国法律职业的特质，为了成为有效代理人，律师认为自己需要对客户某种强烈情感的认同。参见 Charles W. Wolfram，"A Lawyer's Duty to Represent Clients, Repugnant and Otherwise," in Luban（1983），p. 224。许多其他法律职业传统在代表客户时似乎没有重视像"积极"这样的心理美德；事实上，法国的职业传统要求律师从其客户那里发挥独立性，这需要一个超然的和公正无私的心理状态，与积极完全相反。Leubsdorf（2001），p.19.

86. Restatement §16（1）.

87. 参见，例如 Fed. R. Civ. p.11。

88. Model Rule 3.3.

89. 参见，例如 Blumberg（1967），肯尼斯·曼（Kenneth Mann）对代理街头犯罪的辩护律师的社会学研究进行了概括：

> 刑事辩护律师……基本上妥协其客户利益的积极辩护，以照顾其他独立或冲突的利益。辩护律师在辩诉交易模型中，不是像佩里·梅森（Perry Mason）通过一个戏剧性的刑事审判狡猾地指导一个案例。相反，他是一个"操作者"，忙于博得检察官或法官的青睐，为了有效地完成案件而抑制对手。辩护律师注重帮助法院组织顺利运作，因为它可以帮助他维持一个经济可行的实践，其中足够数量的案件以一个足够低的成本处理。

Mann（1985），p.230. 这个故事与有关代理白领刑事被告的律师非常不同。在这种情况下，它更接近民事诉讼中代理大型企业客户的范例。

90. Dare（2004）.

91. 同上，p.27。

92. 同上，p.30。

93. 参见，例如 *In re Zawada*，92 P.3d 862（Ariz，2004）（通过指控他们捏造证词，暂停起诉人试图在审讯中怀疑心理专家的意见，并主张心理健康专业"为罪犯创造借口"）。

94. Dare（2004），p.34.

95. 这个例子要归功于亚瑟·阿普尔鲍姆（Arthur Applbaum）。

96. Koniak（1992）.

97. 参见凯·斯科勒（Kaye Scholer）事件事实在研讨会介绍中的叙述，"In the Matter of Kaye, Scholer, Fierman, Hayes, and Handler: A Symposium on Government Regulation, Lawyers' Ethics, and the Rule of Law"，*Southern California Law Review* 66：977—84. See also Hazard（2005），pp.161—63（援引对案例的学术评论）。

98. Gordon（1998b），p.318.

99. Model Code，EC 7—3.

100. 同上，EC7—4。

101. 同上，EC 7—19。

102. 同上，EC7—5。

103. 参见 Model Rules，Rule3.8，cmt.［1］("公诉人具有一个司法部长的责任，并不是简单的律师责任")；涉及刑事司法行政、诉讼功能的美国律师协会标准，Standard 3-1.2（c）（"公诉人的职责是寻求正义，而不仅仅是定罪"）；*Brady v.Maryland*，373U.S.83（1963）（要求公诉人作为一项宪法正当程序，将潜在的无罪证据移交给被告）。对于这些原则在公诉人不轨行为备受关注的实例背景中的一个深入探讨，参见 Mosteller（2007）。

104. 一个顶尖法学院关于职业责任的案例汇编，在事务咨询和提供法律意见信的背景中得出这样的结论："当律师在客户行为发生之前为其行为提供合法理由时，被认为是合法的法律解释的范围远远小于法律论证的范围，在对抗诉讼中，在为委托人辩护过程中指控客户过去的行为构成违法，它将被认为是合法的。" Hazard（2005），p.105。又见 Hazard and Dondi（2004），pp.164—65；Gordon and Simon（1992），p.248（报告公司律师"体面的观点"，在客户咨询中律师的角色是"在促进遵守规则的目的方面是积极的"）。

105. Hodes（1999），p.1366. 我感谢约翰·加勒（John Gaal），霍兹（Hodes）的文章让我想起这一段，我与他合作教一门活泼、连续的有关证人训练的法学教育课程。

106. Waldron（1994），pp.535—36 n.66.

107. 参见 Moon（1994），p.100（认为一个合法的政治秩序"必须对考虑价值和愿望、需要和附件是开放的，正义结构的任何特殊构想似乎都受到抑制"）。

108. Fed. R. Civ. p.11.

第三章 从中立到公共理性：道德冲突与法律

1. 大卫·鲁班（David Luban）使用来自威廉·尤厄尔（William Whewell）的一个引证说明这一点，作者广泛使用19世纪有关道德的论述：

> "每个人都是……通过作为一个道德代理人，一个是与非的判断……这个道德代理人的共性，他不能通过增加任何职业特性来拖延。"

引自 Luban（2007），p.19。

2. Burton Dreben, "On Rawls and Political Liberalism," in Freeman（2003）; John Rawls, "Reply to Habermas," in Rawls（1993）.

3. Christiano（2003）；Waldron（1999a）.

4. Rawls (1993), pp. 53—54, 60—61, 94, 133—37, 168—69.

5. 对于描绘这个区别的这种方式, 参见 John Rawls, "Reply to Habermas," in Rawls (1993), p. 421, 依次取自 Stuart Hampshire's review of *Political Liberalism*。参见 Stuart Hampshire, "Liberalism: The New Twist," *New York Review of Books* 40: 14 (Aug. 12, 1993)。

6. 这个论点自始至终受到 Hampshire (1989) 的影响。在正义的实体和程序概念之间插入一个楔子的合理多元主义概念, 来自 Cohen (1994), 这是对汉普希尔立场的批评。

7. Markovits (2006), p. 1385. 比较 Thomas Nagel, "Ruthlessness in Public Life," in Nagel (1979), pp. 87—88 (认为如果是"由一个设计来促进特定结果的机构客观地强加的", 那么国家强制可以是合法的)。

8. 我已借用了施尼文德 (J. B. Schneewind) 有益的术语——"格劳秀斯问题", 来描述这个政治的基本假定, 正如雨果·格劳秀斯 (Hugo Grotius) 所看到的。参见 Schneewind (1998), pp. 70—72。尤其是, 格劳秀斯关注找到一个独立于有争议的宗教观点的立场, 以此证明法律原则有理。因此, 他代替霍布斯和洛克 (Hobbes and Locke) 的传统, 作为思想家, 他把自由主义的政治结构看作棘手的 (通常是暴力的) 冲突超越终极价值原则的一种方式。

9. Rawls (1993), pp. 3—4.

10. Finnis (1980), pp. 86—90.

11. Gray (1996), p. 43 ("每一个善或价值内部是复杂的, 并天生具有多元化, 包含矛盾的元素, 其中一些本质上是不能用统一标准衡量的")。

12. Waldron (1996), pp. 1548—50.

13. Waldron (1999a), pp. 86, 101—2, 160 和各处。

14. 参见, 例如 Gutmann and Thompson (1996)。

15. 参见, Rawls (1993), Lecture Ⅳ ("The Idea of an Overlapping Consensus"), 特别是 pp. 147—50, 对于公民从他们自己的综合性学说, 无论它们可能是什么, 能够把合法性的政治概念作为真实的或合理的论点, 公共理性的观念被解释, 见 Rawls (1993), Lecture Ⅵ。合法性的自由主义原则, 对罗尔斯来说, 在下列方式与公共理性的观念产生联系: "我们政治权力的行使是完全适当的, 只有当它依照宪法其要点所有公民是自由、平等的, 才可能合理地被期望按照他们共同的人类理性认可的原则和理想去支持。"同上, p. 137。

16. 参见 Cohen (2003); Joshua Cohen, "For a Democratic Society," in Freeman (2003)。

注 释

17. 许多读者已经督促我来解释，一个建立在程序正义基础上的法律伦理理论，如何能够承受遍及现实法律体系的实际非正义。因为凯特·克鲁斯（Kate Kruse）、史提夫·斯弗仁（Steve Shiffrin）和克里斯坦·威廉姆斯（Christian Williams）在这一点上持续和有力的批判，我特别感谢他们。

18. 正如法律体系的一个进步评论家观察到的，"个案非正义不是穷人面对的，他们面对的是一系列代表这个非公正的社会并在这个社会之中的不公正的制度。"Wexler（1970），p.1050."普遍非正义"声称的一个温和的版本是，法律不是一个被统治者用来巩固其统治地位、阻止社会变化的工具，而是没有合理性（更不用说邪恶的合理性）的特殊利益立法的一个愚蠢的、无目的的、完全不道德的集合，涵盖一些组织起来的游说团去获得经济租金的欲望。

19. 参见，例如 Bingham（2007）；Joseph Raz, "The Rule of Law and Its Virtue," in Raz（1979）；Fuller（1969）。

20. 理性多元论的事实是罗尔斯（Rawls）政治自由主义的一个重要主题。参见 Rawls（1993），pp.36—37，136—38，153。

21. 参见从 *Buckley v. Valeo*，424 U.S，1（1976）开始的一类案件，包括 *Nixon v. Shrink Missouri Government PAC*，528 U.S.377（2000）；*Colorado Republican Federal Campaign Committee v. FEC*，518 U.S.604（1996）。

22. 主要参见 Murphy（2000）；Phillips（1985）。

23. Rawls（1993），pp.55—58.

24. 同上，p.36 and n.37。

25. Hampshire（1989），p.90。

26. Finnis（1980），pp.86—90. 关于不证自明的价值的断言，作为一种最糟糕的脱离实际的经验主义，可能打击了一些读者。因为忽视历史的和文化的差异，它可能打击了其他令人讨厌的本质主义的读者。菲尼斯（Finnis）对人类学家的著作只提供了一些支持性引述，但他主要依赖于由其他哲学家组成的清单，这些哲学家认为"各种各样的事情渴望它们自身的缘故是理性的"。同上，p.98n. 玛莎·努斯鲍姆（Martha Nussbaum）维护一个类似的清单——尽管她认为这是一个能力清单，而不是基本价值——基于总结"一个广泛的且进行中的跨文化调查的实证研究结果"。Nussbaum（1999），p.40. 努斯鲍姆的清单旨在寻找"典型地由人类执行的活动是如此重要，他们似乎明确真正的人类生活。"同上，p.39（有趣的是，菲尼斯和努斯鲍姆的清单之间有大量重叠）。所有这些能力都是可以理解为限定对手的伦理价值概念；因此，没人会认为这类能力清单的目的，是作为解决道德冲突的一个框架。参见

Moon (1994), pp. 27—28. 然而，在私人和公共道德的领域内，他们对什么构成一个可以接受的理由设置界限。

努斯鲍姆在其他地方维护这个方法作为唯一方法，以阻止滑入空洞的主观主义，在此，价值观念堕落为单纯的偏好，并且没有任何东西可以说是任何超越"这只是你的看法"的道德立场。参见 Nussbaum (1992)。她的方法毫不掩饰是规范的——并没有宣称，这是某种价值中立的数据通过人类学家"读取"世界。同上，pp. 214—15。因此，任何对其清单的异议将必须是同样描述性的和规范性的（即，它将声称如此这般实际上不是一个独特的人类能力）。为了我的论点（以及菲尼斯对这个问题的论点），有必要只是建立一些能通过一些推理（包括经验的和先验的）程序实现的基本价值的清单，而且此清单不能被客观地优先考虑。

27. Wong (2006), pp. 37, 39, 47, and ch. 4. 对于基本道德约束的一个功能主义研究方法，这要感激休谟（Hume），参见 Blackburn (1998), p. 308（"我们是社会动物，具有特定的生物需求。我们必须协调我们的努力；我们必须建立财产和守信体系，有时甚至政府。然后，我们可以从反映这里没有提供那么多令人钦佩的、连贯的、成熟的和有生活价值的伦理体系得到安慰……"）。

28. Waldron (1999a), p. 102. 在其他地方，沃尔德伦很清楚，对解决分歧的法律的需要，不是一个公民的情绪或动机的问题，而是一个关于道德推理的先验真理。参见 Waldron (1996), pp. 1546—47。

29. Hobbes (1994), XIII, 13; p. 78.

30. Finnis (1980), p. 139.

31. Barid, Gertner, and Picker (1994), pp. 191—92.

32. 这个例子旨在说明道德分歧，而不是来自美国宪法的平等保护原则的适用，比如，适用于在"嫌疑分类"基础政府行为的"严格审查"。对来自美国最高法院对大学招生计划适用平等保护条款的最新案例，参见 *Grutter v. Bollinger*, 539 U. S. 306（2003）; *Gratz v. Bollinger*, 539 U. S. 244（2003）。

在其他情况下，法院一直站在认为所有种族分类都是可疑的公民一边，不管他们是否采用一个良性的动机。参见 *Shaw v. Reno*, 509 U. S. 630 (1993)（为了增加少数民族代表的目的，基于种族的选区重划）; *City of Richmond v. J. A. Croson Co.*, 488 U. S. 469 (1989)（政府合同中的肯定性行动计划）。

33. 参见，例如 Ronald Dworkin, "Bakke's Case: Are Quotas Unfair," in Dworkin (1985)。

34. 再次，这个例子应该按表面价值被采用，不是试图通过尊重临终医疗、事前指示、家庭决策权等的法律。这里大多数的管制法例是在各州的层面上，美国最高法院认为，没有宪法禁止各州对医生协助病人自杀颁布禁令。参见 *Washington v. Glucksberg*, 521 U. S. 702 (1997)。然而，法院认为有能力的个人有拒绝延长生命的治疗的宪法权利。参见 *Cruzan v. Director, Missouri Department of Health*, 497 U. S. 261 (1990)。

35. 对于这些论点一个极好概述，参见 Beauchamp and Childress (1994), pp. 215—49. 虽然它难以从宪法分析分清道德争论，另一篇有用的文章是 Ronald Dworkin, "Do we Have a Right to Die?" in Dworkin (1996)。

36. John Rawls, "Reply to Habermas," in Rawls (1993), pp. 421—22.

37. 同上，pp. 428—29（"合法的程序是当集体决定必须作出而又通常缺乏协议时，所有可能合理地接受自由和平等的一个程序。判断的负担甚至导致各方的理由和善意。"）请注意，这个不是罗尔斯自己的观点——他继续表达对这个程序合法性想法的严重怀疑。

38. Fuller (1958). 富勒法理学的特色之一是所谓的"法律的内在道德"，它断言，如果其采用和适用在某些正式方法中是有缺陷的，那么法律不具有高于公民实际推理的合法权威。参见 Fuller (1969), pp. 33—41。

39. 参见 Gutmann and Thompson (1996), pp. 52—63（认为政治应该瞄准协商协议，其中人们将对他人在他们可以接受的措辞中证明其主张）。参见 Luban (1988), p. 35（考虑这个想法"不服从法律在道德上是对其他人不尊敬"）。

40. 参见 Amy Gutmann, "Rawls on the Relationship Between Liberalism and Democracy", 见 Freeman (2003), p. 169（在确保公民平等的政治自由时定义民主的基本理想）；Raz (1979), p. 280（价值多元主义的争论导致承认，人们应当有发展他们才华和计划的渠道，"遭受社会合作和所有人获得类似机会的必要性所强加的约束"）。

41. 参见 Walzer (1981), p. 262。

42. Barry (1995), p. 7。

43. 参见 Waldron (1996), pp. 1546—47（把康德错误地解读为基于不同于偶然动机的东西解释危性冲突）。比较斯坎伦（Scanlon）对米尔（Mill）的讨论，他诉诸"人类的社会感情；向往与我们同类的团结"。Scanlon (1998), p. 154（引用 J. S. Mill, Utilitarianism, ch. 3）（着重强调）。我认为沃尔德伦（Waldron）和斯坎伦（Scanlon）是正确的，一个道德理论不应该求助于心理或动机因素。道德理论的基础是人们都有一个理由去做的,而不是想做的。反过来,理由是一个可以向他人证明合理的事情。

44. Larmore (1987), p. 62.

45. 同上, pp. 63—64；又见 Korsgaard (1996b), pp. 121—23。

46. Byron (1998); Schmidtz (1992).

47. Rawls (1971), p. 358.

48. Phillips (1985), p. 554.

49. Waldron (1999a), p. 30；又见 Greenawalt (1987), p. 166。

50. Michael Crowley "Oppressed Minority: The misery of Being a House Democrat," *The New Republic* (June 23, 2003), at 18. 修正一个拨款预算法案的修正案,将会从 700 000 国防部职员中剥离的条款,删除一个将公务员的保护。

51. 同上, at 20 (引自众议员巴尼·弗兰克 [Barney Frank])。

52. David S. Broder, "Time Was GOP's Ally on the Vote," *The Washington Post* (Nov. 23, 2003), p. A1.

53. Charles Babington, "Ethics Panel Rebukes DeLay," *Washington Post* (Oct, 1, 2004), p. A1.

54. Waldron (1999a), p. 236.

55. 史蒂夫·希夫林 (Steve Shiffrin) 在许多场合提出对我的这个异议,我所说的关于做得"足够好"的过程的任何事情,都将不会使他相信法律体系总的来说是合法的。

56. Cohen (2003), p. 23. 科恩明智地把尊重竞争观点的理想理解为,使政治多数提供少数可以接受的理由的要求成为必需。

57. 举一个例子,三名密歇根国会代表团成员几乎是随机从"公民反政府浪费 2009"的专项支出,获得 951 000 美元的资金,用于底特律市中心的高能效路灯。参见 www.cagw.org/site/ PageServer? pagename = reports _ pigbook2009。然而,如果联邦政府使资金用于州和地方政府采取高能效技术,那很容易看到,任何给定的自治市的利益对其他参议员与众议员将是无关紧要的事,但对地方议会代表团则是极大的兴趣。也许,由州和地方政府补贴过渡到高效能照明,对联邦政府一般是浪费的,但它对联邦政府去做基于长期的经济、环境效益和一些贫穷的州和地方政府（如底特律）来资助自己的过渡时期,也可能是一个很好的事情。这一切是说,归属"专项拨款"是一个有争议的问题。

58. 我以前的同事特里沃·墨里森（Trevor Morrison）称这是一个"海龟一路下跌"的问题。

59. Alexander and Schauer (1997), p.1383. "著名的小提琴家"典故的文本是朱迪思·贾维斯·汤姆逊（Judith Jarvis Thomson）著名的思想实验，这个实验旨在说明，当强迫一名妇女将怀孕彻底完成时，权利就处于危险之中。

60. John Rawls, "Reply to Habermas," in Rawls (1993), p.431.

61. 因为最高法院已经说过："如果说在我们宪法的星空中有什么固定的恒星的话，那就是任何政府官员，无论职位高低，都不得在政治、民族主义、宗教或其他问题的意见上开具正统意见的清单，也不得强迫公民通过言行来坦白信仰。" *West Virginia Board of Education v. Barnette*, 319 U.S. 624, 642 (1943). 对于保护侮辱性或攻击性言论的案件，参见，例如 *R. A. V. v. City of St. Paul*, 505 U.S. 377 (1992) (cross burning); *Texas v. Johnson*, 491 U.S. 397 (1989) (flag burning); *Hustler Magazine v. Falwell*, 485 U.S. 46 (1998) Offensive parody ad ; *Cohen v. California*, 403 U.S. 15 (1971) jacket bearing the words "fuck the draft". 区别淫秽和受保护的性的显式表达的案例包括 *Renton v. Playtime Theatres*, 475 U.S. 41 (1986); *Young v. American Mini Theatres*, 427 U.S. 50 (1976). 当然也有无数的例外情况，像"挑起争端的言词"，*Chaplinsky v. New Hampshire*, 315 U.S. 568 (1942); 可能被孩子偶然听到的言语，*FCC v. Pacifica Foundation*, 438 U.S 726 (1978)（乔治·卡林［George Carlin］的"七大脏词"惯例）; 还有一些表达行为，例如，*Barnes v. Glen Theatre, Inc.*, 501 U.S. 560 (1991)（裸体跳舞）; *United States v. O'Brien*, 319 U.S. 367 (1968) (burning draft card)（焚烧征兵卡）。在保护言论自由的宪法下分析这些案件，因此是一个这样的问题，确定哪个潜在的价值由法律提供，以及哪个切割法律的强制性。这是一个丰富的规范性分析，并且很少遇到一项法律，没有合理的规范性案例可以为它作出。这一点有些离题，一个人应该犹豫不决地得出这样的结论，对一个法律正义的分歧是不真诚的。

62. Waldron (1999a), p.160.

63. Rawls (1993), pp.36—38, 63—64（区分合理多元化和多元化）。

64. 同上，p.37。

65. Forst (2002), pp.38—42, 184—85, 在罗尔斯理论的这个方面是非常有用的。

66. 同上，p. 38（重点在原件）。

67. 大卫·鲁班（David Luban）的立场代表标准概念许多批评家的态度：

> 律师不会仅仅因为它是法律而躺在义务之下遵守法律。在我看来，我们有义务遵守法律只有在（1）法律要求符合道德要求，换句话说，违反法律要求将是不法行为；否则（2）法律建立一个公平合理的社会合作方案。

Luban（1996），p. 258. 鲁班不是一个哲学无政府主义者。相反，他对法律一般建立公平合理的社会合作方案的主张表示怀疑。在某种程度上，他认为依法建立的框架是公平合理的，我们的立场可能不会大幅地偏离。参见，例如Luban（2007），ch. 5，on "the torture lawyers of Washingtion，"，它预先假定"法治社会一般禁止酷刑"。同上，p. 205。

68. Wolff（1990），p. 28（emphasis in original）（重点在原著中）。

69. 参见 Korsgaard（1996b），尤其是 Lecture 3，"The Authority of Reflection"。

70. 参见 Scanlon（1998）。

71. Wolff（1990），p. 28（重点在原著中）。

72. Applbaum（1999），ch. 6；Greenawalt（1987）；Simmons（1979）；Raz（1979），pp. 233—49；Nozick（1974），pp. 90—95；Smith（1973）；Wasserstrom（1973）. 拉里·亚历山大（Larry Alexander）和艾米丽·舍温（Emily Sherwin）认为法律有权威性，仅仅是因为它更有可能使得公民将符合道德的要求：

> 我们不止对合作感兴趣。雷克斯（Lex）［他们人格化的立法者］发表的争议可以用更好或更坏的方式解决，社团从其规则中寻求的利益之一是，通过雷克斯应用卓越的专业知识避免道德错误。社团成员可能已经选择雷克斯，因为他们对其道德知识有信心。

Alexander and Sherwin（2001），pp. 98—99. See also Hurd（1995），p. 425（"基于这种观点，立法者的意图是对确定法律的内容给予启发式指导，这本身就是一种对确定道德内容的启发式指导"），Moore（1985），p. 286（"对决定任何情况必要的解释性前提，能够并应当部分地由对道德现实命令的依赖派生"）。

赫德（Hurd）—亚历山大（Alexander）—舍温（Sherwin）关于法律为确定道德的内容充当一种启发或一个替代物的立场，将只是认购关于合法性的一个无力的、可废止的主张,并邀请市民去重新平衡深层原因,以看清法律的指令是否事实上跟踪道德的要求。Hurd (1995), p. 418. 一旦这被应用于实际的立法机关,而不是理想化的雷克斯立法者,对法律合法性的情况看起来并不是很好。大多数实际的立法机构将很难成功地指导街区的任何人,更不用说在道德的方向上。然而,正如文本中详细讨论的,赫德—亚历山大—舍温的异议依赖于一个默示假设,遵守道德要求的性质无异于在社区中它对于相对孤立行事的个人。

73. 这一术语是菲尼斯(Finnis)的。参见 Finnis (1980), p. 318。

74. 对反对一个服从法律的一般义务论点的一个很好总结,参见 Simmons (2008), ch. 3。

75. 参见 Joseph Raz, "The Problem of Authority: Revisiting the Service Conception," in Raz (2009)。

76. Joseph Raz, "Authority, Law and Morality," in Raz (1994); Raz (1979), pp. 22—27。

77. Raz (1986), p. 23。

78. 拉兹(Raz)对权威这样定义:"如果源于说'让某某发生',某某就应当发生,"一个人或人的团体就有权威。参见 Raz (1979), p. 11. See also Smith (1990), p. 89 ("大多数人对法律的基本态度是一种信念,在一个合理公正的社会,政府喜欢的不仅是统治权,而且还有权利")。

79. Sartre (1956), pp. 86—112.

80. 拉兹(Raz)把自己的权威概念看作是对沃尔夫(Wolff)论点的回应,遵从权威的指令意味着放弃权利(和责任),以遵行他自己对需要什么理由的最好理解。参见 Raz (1979), pp. 26—27; Joseph Raz, "Authority, Law, and Morality," in Raz (194), p. 212。

81. 参见 Raz (1986), p. 53; Joseph Raz, "Introduction," in Raz (1999, pp, 13; Joseph Raz, "Authority, Law, and Morality," in Raz (1994) p. 214。

82. 参见 Raz (1979), pp. 21—22, 与权威专家的类比。

83. 参见 Isaiah Berlin, "Two Concepts of Liberty," in Berlin (1997), p. 213 ("对于音乐家,在他同化了作曲家的乐谱模式之后,并使得作曲家的目的成为他自己的,音乐的演奏就不是服从外部法律,一种强迫和自由的一个障碍,而是一个自由、畅通的运动。演奏者不受乐章的约束,就像一头牛之于犁子或者工厂的工人之于机器。他把乐谱吸收进自己的体系,通过理解来独自确认它,并把它从自由活动的一个障碍改变为那项活动自身的一个元素")。

84. Raz（1986），p. 29. 我很感激 2003 年在牛津大学圣凯瑟琳学院（St. Catherine's College，Oxford）法律学者协会会议上的一个发问者（很遗憾我没有记住他的名字），用我所指的食谱的注释问题督促我。在我用雅克·丕平（Jacques Pépin）的类推来解释法律的权威之后，那位发问者指出大部分厨师是通过食谱获得经验，并最终改变它从而改进它，或者至少是适应自己的偏好。我的回答是食谱的权威不同于法律的权威，因为某人可以诠释自己的食谱而不失权威的利益。通过重读拉兹，显然他会根据理论权威和实践权威作出这样的区别，正如这里所讨论的。

85. Hurd（1991），p. 1615.

86. "无差异论"认为"权威的行使对其对象应当做什么没有影响，因为它应指导他们去做无论如何他们所应当做的"。Raz（1986），p. 48. 无差异论持有像雅克·丕平（Jacques Pépin）这样理论的或认可的权威，但不是像法律体系这样的实践权威。

87. 理论权威和实践权威之间的区别，参见 Joseph Raz，"Authority, Law, and Morality," in Raz（1994），p. 211："鉴于理论权威的建议是信仰那些认为个人或机构具有权威的一个理由，具有实践权威的个人或机构的指令是他们对象的行动理由。"对于在伦理实践推理和理论推理之间区别的讨论，参见 Darwall, et al.（1992），pp. 131—37；Korsgaard（1996b），pp. 45—47；参见 Rawls（1993），p. 93（区分道德现实主义和建构主义，在某种程度上是由于它们分别植根于理论推理和实践推理）。

88. Raz（1986），pp. 29—30，42，47.

89. Joseph Raz，"Authority, Law, and Morality," in Raz（1994），p. 214.

90. 这些例子来自 Raz（1986），p. 75。

91. Raz（1986），pp. 41—42.

92. 同上，pp. 47—48。

93. 同上，p. 35。

94. 同上，p. 61（"如果每次指令都是错误的……当错误发生时挑战会是公开的，通过接受权威作为对正当理由的一个更可靠、更成功的指导所获得的优势将会消失"）；Joseph Raz，"Authority, Law, and Morality," in Raz（1994），p. 218（"任何权威的对象……只有他们能以不依赖于提出权威要去解决相同问题的方式，建立自己的存在与内容，才能通过其决策受益"）。这与霍布斯（Hobbes）的论点存在一个有趣的对比，霍布斯的论点是，君主的判断将被公民作为他们自己的判断——也就是，为行动建立排他性理由。在联邦机构中，公民自己在实践推理中将有效地采用他人的意愿：

> 建立这样一个公共力量的唯一方法……是为公民把他们所有的权力和力量授予一个人，或者授予一个人的集合，这可以通过多个声音减少他们所有的意愿，直到成为一个意愿……每个人拥有和承认自己是其一切的作者，所以他们的人将行动，或者致使要采取行动，在那些涉及公共和平和安全的事情中，提交他们的意愿，每个人的意愿就成为他的意愿，从而他们的判断成为他的判断。

Hobbes（1994），XVII，13；p. 109. 与自然状态的选择比较起来，个人行动是理性的，好像通过君主（可以是一个集合）建立行动的公共基础，是行使他们自己意愿的结果。为了一个不守规矩的个人集合，争夺荣誉和优势以组织一个稳定的和平社会，把权力授予一个权威来代表公民行使判断是必要的——也就是，承认个人和机构中的权力，以创建排他性理由。

95. Raz（1986），pp. 41，44，59. 依赖论主张"权威的指令应当基于这样的理由，它已经独立适用于指令的对象，并在被指令覆盖的情形中与他们的行动有关"。同上，p. 47；又见 Joseph Raz，"Authority, Law, and Morality," in Raz（1994），p. 214。

96. Raz（1986），pp. 47，55—59. 人们也可能采用一级理由与二级理由之间的区别，前者是做某事或避免做某事的理由，后者是行为或不行为的理由。参见 Raz（1979），pp. 17，22，27；Raz（1986），p. 33。

97. Raz（1986），pp. 58—59.

98. 同上，pp. 42，48，58—61（使用术语"先发制人"的理由）；Joseph Raz，"Authority, Law, and Morality," in Raz（1994），p. 213（也使用"先发制人"）；Raz（1979），p. 17（使用"排他性"的理由）。由于某种原因，术语"排他性"在文献上似乎比"先发制人"在更大程度上有吸引力，所以在此我将采用它。参见，例如 Finnis（1980），p. 269。

99. Larmore（1987），pp. 53，59.

100. 需要明确的是，拉兹（Raz）几乎肯定不会以这种方式接受其观点的伸展。他否认有遵守法律的一般义务。Raz（1986），pp. 99—104；Raz（1979），pp. 233—49. 在这场争论中，我遵循沃尔德伦（Waldron）"不清楚的和不明确的"挪用拉兹正常的证明命题作为一种方法解释，为什么"暂时代表整个社区"的法律文本能够创建公民应当行为的排他性理由。参见 Waldron（1999a），p. 101. 我的论点必须被理解为拉兹的味道，或拉兹的启发，而不是拉兹观点的一种记述。

101. 参见 Waldron（1999b），p. 173（对哈特［Hart］关于从前法律社会到拥有法律体系的社会变迁陈述的规范性意义，作出一个类似的呼吁）。

102. Finnis（1980），p. 134.

103. 同上，p. 83（列举"所有人类社会"揭示作为基本道德关怀的东西，比如禁止以正当理由杀死其他人类，维持对性行为和家庭结构的一些控制，寻求真理，尊重死者，等等）。这些基本的道德关怀可能是客观上无从比较的。出处同上，p. 115。参阅 Isaiah Berlin，"The Pursuit of the Ideal," in Berlin（1990），pp. 10—11；Gray（1996），p. 144. 不必设法对这些价值是否是不可比较的，承诺一种立场，这里的争论基于价值多元论。

104. Finnis（1980），pp. 147—50. 对于一个对基本道德约束类似的功能研究，要感激休谟（Hume），参见 Blackburn（1998），p. 308（"我们是社会动物，具有特定的生物需求。我们必须协调我们的努力；我们必须建立财产和守信体系，有时甚至政府。然后，我们可以从反映这里没有提供那么多令人钦佩的、连贯的、成熟的和有生活价值的伦理体系得到安慰……"）。罗尔斯（Rawls）、菲尼斯（Finnis）和新休谟主义的西蒙·布莱克本（Simon Blackburn）之间的巧合，表明协调符合社区道德要求的需要是政治道德共同的事情。

105. Rawls（1993），pp. 55—58.

106. Finnis（1980），pp. 246—48.

107. 同上，p. 154。

108. Greenawalt（1987），pp. 161—63 将菲尼斯（Finnis）以呼吁法律的存在给予一个社区成员利益来读取。我认为菲尼斯应被更好地理解为，认为在社区中法律取代了个人的实践推理，其目的是反过来不仅在于好的后果，还在于实践理性的一般要求。参见 Finnis（1980），p. 318；参阅同上 p. 125（认为这是人们培养他们社区美德的实践理性的一项基本要求）。

109. Joseph Raz，"Authority, Law and Morality," in Raz（1994），pp. 214—15.

110. Waldron（1999a），p. 282（"某人作为权利持有人的认同，表达人的道德能力的一种信心——尤其是他负责任地考虑其利益与他人利益之间道德关系的能力"）。

111. Waldron（1999a），p. 101.

112. 好吧，我承认"我反对法律"真的不是一首冲撞的歌——它是桑尼·

注 释

柯蒂斯（Sonny Curtis）写的，并已被许多艺术家录制——不过冲撞乐队做得最好。

113. Waldron（1999a），pp. 114—17. 德沃金（Dworkin）还强调合法性和相互尊重之间的联系，虽然他是把它从一个非常不同的自然法概念派生的——即法律作为整体。Dworkin（1986），p. 190（"表现性价值，在人们试着善意地对待彼此时，在一个被政治操守支配的社区中，以一种适用于普通成员的方式被确认，并把彼此见面作为进行这个尝试，即使当他们对完整性在特定环境下要求什么完全持有异议时。"）。

114. See Rawls（1971），pp. 345—55（讨论自然的职责以支持公正的制度）。

115. 参见 Rhode（2000a），pp. 77—80；Simon（1998），ch. 4；Applbaum（1999），ch. 6；Luban（1998），ch. 3. 鲁班认为角色道德的结构取决于一个正当理由的进程，它评估社会机构、角色和角色义务的重要性。在这个进程的每一个步骤，某人必须探究正当理由的强度，并从而产生正当理由的权重。Luban（1988），pp. 133—35.

116. Luban（1986），p. 638.

117. 参见，例如 Jeremy Waldron, "Normative（or Ethical）Positivism", in Coleman（2001），p. 410。

118. 同上，p. 421。

119. 引用语"创新的和积极的"经常被律师用作一项批准。它极具讽刺意味，并暗示一些律师对他们职业义务的理解如何退步，公司被雇佣去进行安然公司会计违规行为的一项内部指控调查，得出的结论是考虑中的交易是"创新的和积极的"，但不是不正当的。参见文森和埃尔金斯（Vinson and Elkins）给安然的信（2001年10月15日），摘录在 Hazard（2005），pp. 217—18. 某人可能会轻蔑地观察到，调查已经支付了数百万美元给安然公司，主要用于构建这些交易。Cramton（2002）在随后的调查报告的话中，"'外部律师事务所的'审查结果，很大程度上被调查的范围和性质以及采用的过程预先确定。调查的范围和过程似乎已经被组织，以比所需要更少的怀疑去识破这些特别复杂的交易"。Powers（2002），pp. 176—77.

120. 引自 Graber（2006），p. 1. 安德鲁·杰克逊（Andrew Jackson）总统曾警告他的总检察长，他最好帮助杰克逊废除国家银行。当总检察长对向杰克逊提供其寻求的建议犹豫不决时，杰克逊说："你必须找到一个授权该行为的法律，否则我将任命一位将会这么做的总检察长。"引自 Clayton（1992），

p. 18。举一个当代的例子,当一名内部律师建议,他被要求披露来自关联方的交易所得,考虑安然公司首席财务官安迪·斯托(Andy Fastow)的反应:"让我们想出一个不去披露它的办法。"参见 McLean and Elkind (2003),p. 328。

121. 参见 Benjamin Weiser, "Doubting a Case, a Prosecutor Helped the Defense," *The New York Times* (June 23, 2008)。鲁班(Luban)的火灾分析出现在 *Balkinization* 博客。参见 http://balkin.blogspot.com/2008/06/when-good-prosecutor-throws-case.html。来自鲁班(Luban)和史蒂芬·吉勒斯(Stephen Gillers)的这个讨论和引用的细节,都来自《时代》的文章和鲁班的博客帖子。许多这些来源被转载,见 Gillers (2009), pp. 489—501。

122. Model Rules, Rule 3.8. 在这个规则中规定的大多数职责在刑事诉讼程序的宪法中都有对应。参见,例如,*Brady v. Maryland*, 373 U.S. 83 (1963)(披露无罪证据的义务)。参见 Mosteller (2007) 对于麦克·尼丰(Mike Nifong)非法行为的透彻分析,追求性侵犯的公诉人对杜克大学曲棍球队的几个队员实行指控。

123. 我把这种重点表达方法归功于爱丽丝·伍利(Alice Woolley)。

124. 参见 Luban (2007), ch. 7 ("The Ethics of Wrongful Obedience") and ch. 8. ("Integrity: Its Cause and Cures"); Zimbardo (2007); Regan (2004); Doris (2002)。

125. Wolley (2009). 一种方法可能将会考虑律师事务所的职业纪律,以建立回应不正常组织文化的激励机制。参见 Schneyer (1991)。

126. David Luban, "The Adversary System Excuse," in Luban (1983). 本文作为鲁班(Luban)(2007)的第 1 章被转载,标志着鲁班关于对抗制的怀疑论没有被减弱。

127. 引用来自前面提到的鲁班(Luban)的博客帖子,是指律师把不公正结果的责任归因于制度体系,而不是个人道德责任的承担。

第四章 法律权利与实践中的公共理性

1. 诺尔曼·斯波尔丁(Norman Spaulding)把它很好地表达出来。他宣称"律师的角色根植于一个服务的逻辑,而不是识别。"Spaulding (2003), p. 6.

2. Stuart Hampshire, "Liberalism: The New Twist," *New York Review of Books* 40: 14 (Aug. 12, 1993).

注 释

3. 参见 Fuller（1958）。简言之，富勒的论点就是，实质上邪恶的法律体系是不可能表现像一致性这样的程序价值的，协调的法律体系也不可能是邪恶的。参见同上，p.636。就逻辑形式而言，这个观点显然是有缺陷的（它承认肯定结论的谬误）。然而，很明显富勒真正是想把这作为一个实证论据，而不是一个概念上的必要性。他建议"当人们被迫解释和证明他们的决定时，效果一般将会把这些决定拉向善良"。同上。他还说这是他的印象，"即使在最变态的政体，对把残忍、褊狭和不人道写入法律也会有点犹豫"。同上，p.637。参阅同上，p.645，在那里，他认为法律内在的和外在的道德"相互彼此影响"。但是，正如在文本中讨论的，开放、书面的公共法律体现残忍和不人道的例子比比皆是。纽伦堡纳粹法律（Nazi Nuremberg Laws）是一个人所能遇到的最明确的一个残忍和不人道的例子，但他们符合书面、公开性、通用性和前瞻性等形式要求。

4. Fuller（1958），pp.644—46（讨论他所谓的无论是规则的道德或者法律的内在道德）。这个观念是 Fuller（1964）的核心。

5. Rawls（1971），pp.363—68，371—77。

6. Greenawalt（1987），pp.233—34；Rawls（1971），pp.382—83。

7. Rawls（1971），p.365。

8. King（1963）。

9. Greenawalt（1987），p.232。

10. 参见，例如 Raz（1979），pp.263—64；Rawls（1971），pp.367—71。

11. Rawls（1971），p.369。

12. Terrell（2003），p.835（批评这个粗略的方法）。

13. Model Rules, Rule 1.2（a）。

14. 同上，Rule 1.2, cmt.[2]。

15. 同上，Rule 1.4（a）(2)。

16. Fed. R. Civ. P. 1.

17. Bingham（2007）。

18. 模仿之处，敬请斯坦利·费氏（Stanley Fish）谅鉴。

19. 参见 Williams（1985），p.133（"分歧没有必要必须克服，它可能会保持我们同他人关系的一个重要的和基本的特色"）。

20. 参见，例如 42 U.S.C§1988（在违反美国宪法救济行动中，向胜诉方提供费用，刊载于 42 U.S.C.§1983）。

21. Fed. R. Civ. P. 11.

22. *NAACP v. Button*，371 U.S 415（1963）；Model Rules，Rule 7.3（只有"在对律师这样做的一个重要动机是律师的金钱利益时"，才禁止对潜在委托人进行亲身诱惑）。

23. Sarat（1998），p. 322.

24. Markovits（2008）；Michelman（1988）。这个观点的由来可以在罗伯特·科弗（Robert Cover）有影响力的著作中发现。参见 Cover（1983）。

25. Cover（1983），pp. 11—16.

26. 同上，p. 18。

27. Thompson（1975）.

28. Austin Sarat and Stuart Scheingold，"Cause Lawyering and the Reproduction of Professional Authority," in Sarat and Scheingold（1998）.

29. 参见，例如 Smith（2000），p. 952（"如果不是不可能的，积极代理刑事被告人并同时趋向他人的感情是困难的，这是……在刑事处罚被看做几乎所有我们的社会问题的答案时更是如此"）。

30. Duncan Kennedy. "Rebels from Principle: Changing the Corporate Law Firm from Within," *Harvard Law School Bulletin*（Fall 1981），p. 36（reprinted in Rhode [1994]，p. 86）.

31. Bolt（1996），Act I，sc. 6.

32. Gordon（2003），pp. 1198—99. 肯尼思·阿罗（Kenneth Arrow）同样指出，合同、市场和交易都依赖信任关系和信心。Arrow（1973）。"每一个合同都取决于遵守大量未指定的条件，这表明不用坚持字面上的措辞，行为也会被善意地贯彻"。同上，p. 314。起草合同不可能拥有充分的明确性，来处理可能在一个商业关系期间出现的任何情况。因此，双方应当互相信赖，而不是投机取巧。因为在大多数复杂的商务关系中，双方通过律师行动，律师的实践在维持稳定的市场所需的条件中，可以发挥至关重要的作用，但他们也能破坏它们，如果他们不明白自己有义务尊重法律权利和职责的框架，那它会对双方可能获准做什么设置限制。

33. 参见 Rhode（2000a），pp. 76—79；Simon（1998），pp. 148—49.

34. Rhode（2000a），p. 79.

35. 同上，p. 76。

36. 同上，p. 77。

37. 同上，p. 79。

38. Simon（1998），pp. 151—56.

39. 参见 MLean and Elkind（2003），p.151（"从生意角度来看，好像公司已经发现了一种挑战法律严肃性的方法。使用表外载体和其他复杂的交易，安然公司似乎能够让钱神奇地出现，既没有增加债务也没有发行股票。而这正是许多安然高管感觉到的，尤其是那些直接为法斯托［Fastow］效劳的人：他们认为他们是魔术师，重塑企业融资，改写了游戏规则，以嗤之以鼻的方式业务就已完成"）。

40. 参见，例如 Goldsmith（2007），pp.88—89，210—11，215（描述和批判许多包括布什政府在内的政府态度）；Yoo（2006）（大力捍卫政府对执行权的方法）。

41. 参见 Wendel（2005b）。

42. 参见，例如 Feldman（1996）；Postema（1980）；Simon（1978），pp.39—41。

43. Shaffer（1987a）.

44. 同上，pp.968—70。

45. 参见，例如 Pepper（1999），p.188（"客户对一个人类问题起作用……因为律师从事提供法律帮助的业务，他非常可能会在法律上定义这个问题……这往往会倾向于从现状中提取或伪装道德维度和更复杂的人的要素"）。参见 Freedman and Smith（2002），p.70；Shaffer（1987b）；Pepper（1986），pp.630—32。

46. Shaffer and Cochran（1994），pp.44—54.

47. 同上，p.51。

48. Jonsen and Toulmin（1988）.

49. Model Rules Rule 2.1.

50. Sarat and Felsteiner（1995），pp.85—107.

51. 同上，p.95。

52. 同上，pp.96—101。

53. 同上，p.102。

54. 斯波尔丁（Spaulding）的讨论非常感激与凯特·克鲁斯（Kate Kruse）的对话，以及她未发表的论文"Beyond Cardboard Clients in Legal Ethics"。

55. Smith（1990），p.76.

56. Cramton and Knowles（1998），pp.69—71，91—94. 克兰普顿和诺尔斯令人信服地主张，律师从不与他们的客户讨论披露问题，因为保险辩护律师当时习惯于把承运人义务作为真正的客户，至少如果案件可能将要解决或导致政策限制范围内的一个判决，并通常与被保险人很少进行有意义的互动。同上，pp. 92—93。管理律师的现代法律进一步明确规定，一个保险辩护律师的主要客户是被保险人，归于保险人的只是次要义务。参见，例如，*Paradigm Insurance Co. v. The Langerman Law Offices*，24，p. 3d 593（Ariz. 2001）。

57. Cramton and Knowles（1998），pp. 87—88，94—95.

58. 同上，p. 95（"律师有一种可怕的习惯，把客户的目标纳入一个简化的道德框架——假设客户都只受自私的担忧支配——然后为他们决定事项。犹如客户是道德密码"）。参见 Kruse（2006），p. 382；Simon（1978），pp. 52—55。

59. Model Rules，Rule 1.2（a）；Restatement § 21（3）.

60. Wendel（2008b）.

61. "震撼良知"的标准来自 *Rochin v. California*，342 U. S. 165（1952）。

62. Joseph Raz，"The Problem about the Nature of Law," in Raz（1994），pp. 202—4，214—15；Coleman（1982）。H. L. A. 哈特（H. L. A. Hart）在死后出版的《法律的概念》的后记中，接受了法律实证主义这个"兼容并包的"多样化。哈特《后记》，见 Hart（1994）。兼容并包的或"柔软的"实证主义是这样的一个命题，"道德可以是合法性的一个条件：规范的合法性有时取决于其实质性（道德）的优点，而不只是他们的谱系或社会来源。" Jules Coleman, "Incorporationism, Conventionality, and the Practical Difference Thesis," in Coleman（2001），p. 100。存在不同特点的法律实证主义，但在所有情况下，实证主义者必要的主张是，一个规范的法律效力是一个在由相关承认规则规定的来源内定位的问题。承认规则为法律官员在决定一个给定的规范是作为法律体系一部分的规则，规定绑定条件。参见，例如 Hart（1994），pp. 94—95，100。一个承认规则可以令人信服地规定一个法官的考虑，例如，一个特定的惩罚是否真的残酷或不同寻常。

因为反对这种实证主义的特点，拉兹对纳入道德判断不符合法律的权威性要求，已经提出反对。Joseph Raz, "Authority, Law and Morality," in Raz（1994）. 正如拉兹所认识到的，麻烦的是法律可能会制造一个在法外规范的惯例：

> 法律本身相当普遍地指导法院适用法外因素。意大利法可以指导法院对一个案件适用欧洲共同体法律、国际法或中国法。它可以指导法院解决

纠纷，通过参考规则和公司或非公司社团的规章制度，或通过参考商业惯例或道德规范。

Joseph Raz, "On the Autonomy of Legal Reasoning," in Raz (1994), p. 333. 在这些"公司"的案件中，法律规则指定一个决策者可以参考一些法外的东西，来评价公民的行为。关键的一点是，法律中没有东西要求决策者评估法外规范是否是真实的、有吸引力的、有效的，或诸如此类。司法决策可以是纯粹经验性的。例如，在今天美国的一名法官可能会得出这样的结论，死刑不违反第八修正案关于残酷和不寻常惩罚的禁令，因为在大多数美国人中有一个明显的共识，认为死刑是不残酷的和寻常的。这个结论将是法律的一个有效命题，即使有人可能会认为（像我将认为的）死刑是残酷的和不寻常的，作为一个关键的而不是传统的道德问题。死刑不是残酷的是否真的是一个道德问题，未经发现社会的道德就确定在这一点上的美国法律，这是不可能的。

虽然法律在理论上能要求法官决定，死刑是残酷的是否真的是（道德上）的情况，但如果这样做，它就会面对分歧而失去它的协调能力。顺便说一句，这恰恰不是拉兹的观点。他的权威论点诉诸相关理由的概念，以及在实际推理中权威性功能的方法。正如科尔曼（Coleman）总结的权威论点："法律对权威的主张需要……某人不能通过诉诸将证明它正确的相关理由，确定法律的身份或内容。" Jules Coleman, "Incorporationism, Conventionality, and the Practical Difference Thesis," in Coleman (2001), p. 134. 科尔曼和拉兹对法律的内容不诉诸道德观点是可确定的，在是否是一个必要条件以及充分条件上存在分歧。科尔曼假定一个可以向其查询法律内容的道德/法律专家，他自己从事道德推理，决定法律应该是什么，用这种方式理解的法律保持其在人和适用于他们的理由之间的调解能力，这一切对法律成为一个权威是必要的。同上，见 pp. 139—41。为了这里阐述的观点，解决法理学辩论在这个程度上的细节是没有必要的。在大多数情况下，法律伦理都是有兴趣的问题，没有混淆法律是什么与一些律师认为应当是什么。相反，问题是哪套理由应在律师职责的基础上建立。被道德规律明显地融合，这不是认为律师的角色被直接道德化的一个理由，而是在政治环境中间接地回应公民的需要。

63. Shaffer (1987a), pp. 977—79.
64. Pepper (1999), pp 189—90.
65. 同上，p. 190。
66. 同上，p. 191。

67. Shaffer (1987a), p. 982.

68. 同上，p. 983（引用 Robert Bellah, et al., *Habits of the Heart* [1985]）。

69. 同上，p. 985。

70. Wolfram (1986) §10.2.2，p. 571. 在加拿大的规则是相同的。Hutchinson (1999), p. 73（"不存在对律师拒绝代表特定客户的禁律或理由"。)。

71. Model Rules，Rule 6.2.

72. 同上，Rule 6.2 (c)。

73. Boon and Levin (1999)，pp. 27—29. 这个驿站规则在其他普通法司法管辖区被遵守。例如，在新西兰它延伸到所有律师，不仅仅是法庭上的主张。参见 Webb (2000) §6.1，p. 153。

74. Boon and Levin (1999)，pp. 181—82. 约翰·弗勒德（John Flood）的研究介绍，在事务律师和出庭律师之间充当中间人的书记员，如何为了事业发展的原因引导案件走向特定律师，以及事务律师和书记员如何不尊重驿站原则，为一个给定的案件洽谈寻找"正确的"事务律师。参见 Flood (1983)，pp. 54—59，65，69—76。正如弗勒德所指出的，"对事务律师的这种筛选，有效地抵消了法律界驿站规则的影响"。同上，p. 71。

75. *Rondel v. Worsley*，[1969] 1 AC 191. 我对邓肯·韦伯（Duncan Webb）的引用表示感谢。参见 Boon and Levin (1999)，p. 29。

76. Hazard and Hodes (2001) §51.5，pp. 51—57.

77. Model Rules，Rule 1.16 (b) (4).

78. 同上，Rule 1.16 (d)。

79. 同上，Rule 1.16 (c)。

80. Restatement §32, cmt. j（"一个行动是轻率的……只有当它可能对委托人是不利的，公道的律师不能昧着良心帮助他……委托人预期的行动不是轻率的，因为律师不同意"）。

81. Model Rule 1.2 (b)。

82. 参见，例如，华盛顿州律师的宣誓，复制在：*http://www.courts.wa.gov/court_rules/*。

83. 参见 Spaulding (2003)，pp. 1，20—21，25，30 (2003)（争论根据它们所强调基础结构和目的解释的律师纪律规则，旨在塑造律师对潜在委托人和现有委托人的态度，以及律师敦促为一种从其委托人和理由分离的态度去努力）。

84. Dershowitz（1996），p. 157.

85. 同上，p. 160。

86. Tigar（1995），pp. 104—5.

87. 同上，p. 108。

88. Editorial，"Unveiled Threats," *The Washington Post*（Jan. 1，2007），p. A18. 另参见 Neil A. Lewis，"Offcial Attacks Top Law Firms Over Detainees," *The New York Times*（Jan. 13，2007）。

89. 在所有的可能性中，这些评论并非斯廷森（Stimson）的私人观点，但代表布什政府的态度。一篇在《华尔街日报》的社论引用一名未透露姓名的官员的话说，"这一信息［法律事务所的身份］可能会导致一种丑闻，因为做了这么多的公益去偏袒支持基地组织的欺诈行为，似乎是用来自财富500强的法律费用来资助。" Robert L. Pollock，"The Gitmo High Life," *The Wall Street Journal*（Jan. 12，2007），p. A12.

90. Charles Fried，"Mr. Stimson and the American Way," *The Wall Street Journal*（Jan. 16，2007），p. A21.

91. Freedman（1995）.

92. 同上，p. 114。

93. Simon（1988），pp. 1094—96.

94. 参见 Collett（1999）。

95. Freedman（1995），p. 115（引用 Michael E. Tiger，"Setting the Record Straight on the Defense of John Demjanjuk," *Legal Times*［Sept. 6，1993］，p. 22）。

96. 参见，例如 Farah Stockman，"Potshot at Guantanamo Lawyers Backfires," *Boston Globe*（Jan. 29，2007）。对于关于偏袒支持基地组织的运动场，参见 Robert L. Pollock，"The Gitmo High Life," *The Wall Street Journal*（Jan. 12，2007），p. A12。

97. 参见 Dare（2009），p. 9。

98. Wilkins（1995）描述和分析得非常精妙。

99. 同上，p. 1031。

100. 同上，p. 1032。

101. 同上，p. 1032—33。

102. Applbaum（1999），ch. 5（"律师是说谎者吗？"）对于描述持久性的扩展论点，又见威廉姆斯（Williams）（1995年）。威廉姆斯指出，很难说"同一行为"何时是在专业和非专业的背景下作出，因为有些行为只能在一个专业背景下作出。他认为道德相关的区别是，在一个专业的背景下作出的行为经常是由特定专业倾向的人完成的，并且这些行为又可能成为道德评价的对象。我们也可以理解这个二级结构的微妙冲突，比如普通道德带有特征倾向的可能性，这不等同于由职业道德鼓励（或预设）的倾向。同上，p. 195。

103. Applbaum (1999), p. 91.

104. 同上，p. 81。

105. 我对于澄清我对这个观点的思考的一些非常有益的谈话，对爱丽丝·伍利（Alice Woolley）表示感谢。

106. Applbaum (1999), p. 92.

107. 默里·施瓦兹（Murray Schwartz），《民事律师的热情》，见 Luban (1983), p. 151. 施瓦兹指出，"在我们的法律体系中，没有律师需要接受寻求其法律帮助的客户人。因此，委托人的自愿接受带有用于那个代理中的道德责任的手段和目的。" In our legal system no lawyer need accept any client who seeks his or her legal assistance; accordingly, voluntary acceptance of a client carries with it moral accountability for means and ends employed in that representation.

108. 对于在律师伦理文献中像这样的争论，参见，例如 Freedman and Smith (2002), chs. 2-4; Dershowitz (1996), chs. Ⅱ and Ⅷ; Ogletree (1993); Luban (1988), pp. 58—66; Bellows (1988); Wishman (1981)。

109. Wolfram (1986) § 10.2.3, at 576 (citing *NAACP v. Virginia ex rel*. Button, 371 U.S. 415, 443 [1963]).

110. *Guam Soc'y of Obstetricians and Gynecologists v. Ada*, 100 F. 3d 691 (9 th Cir. 1996); *Schneider v. Colegio de Abogados de Puerto Rico*, 917 F. 2d 620, 640 (1st Cir. 1990). I owe these references to Collett (1999).

111. Rhode (2000a), pp. 207—9.

112. Wilkins (1998); Levinson (1993), p. 1578.

113. 案件是 *Stropnicky v. Nathanson*, 19, MD. L. R. 39 (M.C.A.D. Feb. 25, 1997)。

114. Spaulding (2003); Markovits (2003)。

115. 参见，例如 Charles W. Wolfram, "A Lawyer's Duty to Represent Clients, Repugnant and Otherwise," in Luban (1983)。

116. Abel (1989), pp. 202—5; Heinz and Laumann (1982).

117. Carrie Menkel-Meadow, "The Causes of Cause Lawyering: Toward an Understanding of the Motivation and Commitment of Social Justice Lawyers," in Sarat and Scheingold (1998).

第五章 从非问责制到悲剧：其余的道德要求

1. Luban (2007), p. 50.

2. 同上，p. 46；参见 Luban (2008), p. 1441（"我们不能简单地把魔杖一挥就建立法外的道德机构，并且道德问责因此消失"）。

3. Wendel (2008a) p. 1423.

4. Luban (2007), pp. 57—58. 这实质上是来自《律师与正义》的四重根基结构。见 Luban (1988), pp. 129—39。

5. Bernard Williams, "Realism and Moralism in Political Theory," in Williams (2005), pp. 10—11（"这个主意是，一个给定的历史结构可以是……人类生活在一个清晰的权威秩序能力的一个例子。它作为一个结构对我们是有意义的……问题是一个作为权威秩序例子的结构是否是有意义的。关于方法已经说明，这要求有一个提供超越权力主张的合法化，并且我们可以认识这样一个东西，因为根据历史和文化环境等等，它作为一个合法化对我们有意义"）。参见 Bernard Williams, "Professional Morality and Its Dispositions," in Luban (1983), p. 260。

6. Joseph Raz, "The Rule of Law and Its Virtue," in Raz (1979), p. 219.

7. 参见 Dare (2009), ch. 3, 依靠 Rawls (1955)。有希望的范例来自于罗尔斯有影响力的论文。

8. Dare (2009), p. 43.

9. Thomas Nagel, "Ruthlessness in Public Life," in Nagel (1979), p. 89.

10. Hampshire (1989), pp. 172—74.

11. 同上，pp. 174—75。

12. 同上，pp. 175—76。

13. Luban (2007), p. 281.

14. 参见，例如，Postema (1980), pp. 64—72；Wasserstrom (1975), pp. 14—15。

15. Applbaum (1999), pp. 30—31.

16. 同上，pp. 32—33。

17. 同上，p. 35。

18. 对于桑松（Sanson）达到这个效果的论点，参见同上，p. 39。

19. 同上，p. 40。

20. 参见，例如，Christine M. Korsgaard, "The Reasons We Can Share: An Attack on the Distinction between Agent-Relative and Agent-Neutral Reasons," in Korsgaard (1996a); Nagel (1986), p. 170，为这种区别。

21. Samuel Scheffler, "Projects, Relationships, and Reasons," in Wallace (2004), pp. 251—52.

22. Postema (1980).

23. 同上，p. 78。

24. 同上，p. 82。

25. 同上。（"每个律师都必须有一个角色的概念，允许他在法律和政治体系中发挥这个角色的重要功能，同时把他自己的道德责任意识融入角色本身。"）

26. 同上，p. 77。

27. Korsgaard (1996b), pp. 44—47.

28. Darwall, Gibbard and Railton (1990), pp. 116—19（讨论对穆尔 [G. E. Moore] 道德理论的开放问题争论的持续中心）。

29. Korsgaard (2003), pp. 110—12.

30. Korsgaard (1996b), p. 47.

31. 同上，p. 93。

32. 同上，p. 97。

33. 同上，p. 101。

34. 同上，p. 102。

35. 参见，例如 Ogletree (1993)。

36. 参见 Markovits (2008); Markovits (2006); Markovits (2003)。

37. Markovits (2008), pp. 25—26, 44, 67, 81—88.

38. 同上，pp. 3—4, 25, 36—41。

39. 同上，pp. 174—87。

40. 同上，p. 177。

41. 同上，p. 180。

42. 同上，pp. 103—6。

43. 同上，pp. 107—11。

44. Markovits (2003), p. 242.

注 释

45. Nagel (1986), p. 176; Markovits (2003), pp. 226—27.

46. Markovits (2003), pp. 261, 270.

47. 同上，p. 262。

48. Markovits (2008), pp. 92—96.

49. 同上，p. 93。

50. 这些引用来自 Markovits (2003), pp. 273—74。

51. 参见，例如 McLean and Elkind (2003); Coffee (2004); Gordon (2003); Koniak (2003)。

52. Markovits (2008), pp. 195—96.

53. 同上，p. 199。

54. 即使在刑事辩护背景中，乃至就指定辩护人而言，这是真的。参见，例如，*Jones v. Barnes*, 463 U. S 745. (1983)。

55. Bernard Williams, "Politics and Moral Character," in Williams (1981), p. 57.

56. 同上，p. 60。

57. Williams (1995), p. 197.

58. Williams (2005), pp. 126—27.

59. Hampshire (1989), p. 162—65; Weber (1946).

60. Webe (1946), p. 123.

61. Walzer (1973); Thomas Nagel, "Ruthlessness in Public Life," in Nagel (1979)。

62. 严格保密规则的假定辩护人给出的观点被提供在 Model Rule 1. 6., cmt. [2] and Restatement § 60, cmt b。它经常在证明律师客户（证据的）特权的相关背景中被法庭背诵。参见，例如 *Upjohn Corporation v. United States*, 449 U. S. 383 (1981)（特权的目的是"鼓励律师与其客户之间充分而坦诚的沟通"，因为律师的建议"取决于客户充分地通知律师"）。特权的一个强大的正当理由是由一个联邦上诉法院给出的：

> 律师与客户特权对于反对一个强大政府的自由保护是必要的。人们需要律师引导他们通过层层复杂的政府要求，并得到有用的建议，他们必须能够坦率地跟他们的律师交谈，而不用担心他们对其律师所说的将会被传送到政府。
>
> 律师为了谋生，实际做了很多包括帮助其客户遵守法律的事。客户无

意中参与容易遭受民事甚至刑事处罚的行为。如果客户因为害怕其律师将会变成政府的线人，而惮于告诉其律师他们正在做什么，那么这个客户咨询和把他们带入遵守法律的有价值的社会服务，将不能被有效执行。

United States v. Chen，99 F. 3d 1495（9 th Cir. 1996）（Kleinfeld，J.）。在法律伦理学者中，梦露·弗里德曼（Monroe Freedman）因其保密义务的有力辩护而著称，参见 Freedman and Smith（2002），pp. 127—28，135—37，斯蒂芬·佩珀（Stephen Pepper）也是强大保密义务的一个著名辩护人，参见Pepper（1998）。不过，总体而言，对保密的学术支持是大大弱于执业律师对职责的忠诚。对于学术批评，参见，例如 Rhode（2000a），pp. 106—15；Simon（1998），pp. 54—62；Fischel（1998）；Zacharias（1989）；Luban（1988），pp. 189—92，201—5，213—20；Bruce M. Landesman, "Confidentiality and the Lawyer-Client Relationship," in Luban（1983）。

63. Williams（1995），pp. 194—95.

64. Bernard Williams, "Politics and Moral Character," in Williams（1981），p. 63.（"在某些情况下，政治理由的主张足够近似，并有足够的道德类型，使得某人去说存在一个对于特定政治行为在道德上的正当理由，并且该正当理由已经超过反对它的道德理由。即便如此，这仍能留下道德残余，即我已经提到的未被抵消的道德上的不愉快"。）

65. 同上，p. 61。

66. Gowans（1994），p. 132.

67. Walzer（1973），pp. 176—77. 在此我调和沃尔泽对马基雅维利（Machiavelli）和韦伯（Weber）立场的总结，我认为这是被"受苦的仆人"理想最好地体现的。正如沃尔泽所写，"我们责任心的标志……是个人痛苦有时候似乎是对政治犯罪唯一可接受的理由。"同上，p. 176。又见 Williams（1995），p. 196。

68. Bernard Williams, "Politics and Moral Character," in Williams（1995），p. 196.

69. Walzer（1973），pp. 177—79.

70. Dare（2008），pp. 149—50.

71. Wilkins（1998），pp. 1549—50.

72. 同上，p. 1570。

73. 同上，p. 1571。

74. Model Rules，Rule 1.16.

75. 引自 Zitrin and Langford (1999)，p. 19。

第六章 作为工艺的法律伦理

1. 这一节中的论点以及酷刑备忘录的例子，都作为 2008 年达尔豪斯大学法学院（Dalhousie Law School）威克怀尔（F. W. Wickwire）纪念讲座在法律伦理和职业责任中的一部分给予介绍，参见 Wendel（2008b），并在 Wendel（2005b）形成核心案例研究。有些讨论来自关于在押人员待遇和酷刑备忘录中法律分析的几本书的评论，参见 Wendel（2009）。

2. 在 Wendel（2005a）中，我已经写过有关安然和避税的案件，参见 Gordon（2003）。对于律师角色在储蓄和贷款危机中的分析，参见 Grodon（1998b）。

3. Powers（2002），pp. 4—5.

4. David Streitfeld and Lee Romme, "Enron's Run Tripped by Arrogance, Greed; Profile: A Lack of Discipline and a Drive to Bend the Rules Were Key Factors in the Meltdown," *Los Angeles Times* （Jan. 27, 2002），p. A1.

5. 参见，例如，Neil A. Lewis, "Fresh Details Emerge on Harsh Methods at Guantánamo," *The New York Times* （Jan, 1. 2005）。

6. 参见 R, Jeffrey Smith and Dan Eggen, "Gonzales Helped Set the Coures for Detainees," *The Washington Post* （Jan. 5, 2005），at Al（注意阿布·祖蓓德［Abu Zubayda］"拒绝屈服于中情局的审讯"，该机构"决定从他那里榨取更多"）；Jess Bravin and Gary Fields, "How Do U. S. Interrogators Make a Suspected Terrorist Talk?", *The Wall Street Journal* （Mar. 4, 2003），at B1。

7. 参见 Eric Lichtablau, "Gonzales Says '02 Policy on Detainees Doesn't Bind C. I. A," *The New York Times* （Jan. 19, 2005），at A1。来自关塔那摩海湾审讯组一名指挥官的备忘录，寻求批准各种委婉命名的审讯方法，包括剥离囚犯（脱掉服装），带走他们的经文（去除舒适的物品，包括宗教物品），戴头罩，施加压力，强迫剃须，并用狗来威胁在押人员（"利用被拘留者的个人恐惧症"）。参见 Memorandum from Lt. Col. Jerald Phifer to Commander, Joint Task Force 170, "Request for Approval of Counter-Resistance Strategies," in Greenberg and Dratel (2005), p. 227.

8. 参见 David Johnston, et al., "Nominee Gave Advice to C. I. A. on Torture Law," *The New York Times* （Jan. 29, 2005），at Al; Douglas Jehl

and David Johnston, "White House Fought New Curbs on Interrogations, Officials Say," *The New York Times* (Jan. 13, 2005), at A1. 参见导言中的尾注♯36，日本、朝鲜和北越南反对美国服务人员的部队使用水刑的大量记载，并在许多随后的战争罪起诉案件中，可以在 Wallach（2007）中被发现。布什政府已经承认水刑在一些情况下被使用，坚持认为这是合法的，并暗示它可以在未来使用。参见 Jennifer Loven, "White House Defends Interrogation Method," *Associated Press* (Feb. 6, 2008); Scott Shane, "CIA Chief Doubts Tactic to Interrogate is Still Legal," *The New York Time* (Feb. 8, 2008); Philip Shenon, "Mukasey Offers View on Waterboarding," *The New York Times* (Jan. 30, 2008)。

9. 参见，例如 Neil A. Lewis, "Fresh Details Emerge on Harsh Methods at Guantánamo," *The New York Times* (Jan. 1, 2005)。

10. Jes Bravin and Gary Fields, "How Do U. S. Interrogators Make a Suspected Terrorist Talk?", *The Wall Street Journal* (Mar. 4. 2003), at B1. 像"搧耳光"这样的委婉语，在由政府及其支持者提供的酷刑辩惑学中很常见。例如，森·吉姆（Sen. Jim）塔朗河（密苏里州共和党人）说，"如果我们的伙计想通过戳别人的胸膛来得到炸弹制造者的姓名，这样他们就能拯救美国人的生命，我赞成。" Jackie Northam, "Army Probes Deaths of Iraq, Afghanistan Detainees," *All Things Considered*, NPR Broadcast (Mar. 16, 2005). 美国最高法院大法官斯卡利亚（Scalia）后来在英国广播公司电台采访时，提起这个把酷刑减至最低程度的策略，他说：

> 难道真的那么容易确定，打别人的脸去确定他把将会炸毁洛杉矶的炸弹藏在哪儿是宪法禁止的？去说你不能这样将是荒谬的。并且你一旦承认这个，我们将深深卷入一个不同的游戏。

参见 "U. S. Judge Steps into Torture Row," http：//news. bbc. co. uk/2/hi/americas/7239748. stm。

11. 参见 Mike Allen and Dana Priest, "Memo on Torture Draws Focus to Bush," *The Washington Post* (June 9, 2004), at A3（引用前政府官员的说法，美国中央情报局"准备变得更具侵略性和重学旧的技能，但只有来自顶端的明确保证，他们这样做才具有总统能够赋予他们的完整的法律权威"）; Jane Mayer, "Outsourcing Torture," *The New Yorker* (Feb. 14, 2005)（对于美国中央情报局反恐行动负责人所做的报告证词，他告诉国会委员会，"有一个

'911 之前的',还有一个 '911 之后的',911 之后动真格的了")。

12. 参见,例如 Amanda Ripley, "Redefining Torture," *Time* (June 13, 2004)(援引副总统迪克·切尼 [Dick Cheney] 911 之后的采访,他说去使用我们掌握的任何手段,从根本上实现我们的目标,这将对我们是重要的)。

13. 参见,例如 Michael Isikoff, et al., "Torture's Path," *Newsweek* (Dec. 27, 2004/Jan. 3, 2005); R. Jeffrey Smith and Dan Eggen, "Gonzales Helped Set the Course for Detainees," *The Washingtion Post* (Jan. 5, 2005), at A1; Tim Golden, "After Terror, A Secret Rewriting of Millitary Law," *The New York Times* (Oct. 24, 2004), at A1。

14. 记者马克·丹娜(Mark Danner)获得一份由红十字国际委员会所做 2007 年报告("红十字委员会报告")的秘密副本,详细记叙了美国监管下的 14 名"高价值拘留者"的待遇。参见 Mark Danner, "U. S. Torture: Voices from the Black Sites," *New York Review of Books* (April 9, 2009)。红十字国际委员会的全面报告可提供在纽约书评网址: http://www.nvbooks.com/icre-report.pdf。同样,在 2009 年 4 月 16 日,司法部发布由布什政府法律顾问办公室(OLC)的律师准备先前四个机密备忘录。这些备忘录在美国公民自由联盟的网站可提供,这已经起诉强迫他们披露。http://www.aclu.org/safefree/general/olc_memos.html。

15. 参见 Memo from Assistant Attorney General Jay S. Bybee to John Rizzo, Acting General Counsel of the Central Intelligence Agency (Aug. 1, 2002)。

16. ICRC Report, supra p. 30.

17. 一名在阿富汗作战中失去一条腿的在押人员,被迫站立,双臂铐在头上两周。他的审讯人员很快发现,他们可以移除这一假肢,以"对这个部位添加额外的压力"。他被剥光了衣服被迫站着并被穿上尿布。有时在尿布没有更换时,他不得不自己小便和大便。参见 Danner, 前文, 引用红十字国际委员会的报告。布什政府酷刑制度的公开讨论往往侧重于水刑,并且重点来回都是它是否是酷刑的论点。(例如,一名在芝加哥的保守电台谈话节目的主持人,把自己置于这个技术之下,坚称它被停止之前持续了六秒或七秒,并报告,"它的方式比我想象的更坏……并且我不想这样说:绝对的酷刑。")参见 Ryan Pollyea, "Mancow Waterboarded, Admits It's Torture," *NBC Chicago* (May 22, 2009), http://www.nbcchicago.com/news/local/Mancow-Takes-on-Waterboarding-and-Loses.html。虽然弄清楚水刑本身是否构成酷刑是有用的，但不能忽视这样一个事实，美国审讯人员一致使用这些技术，累计的效果要远比单独使用的效果更糟糕。

18. 参见 Scott Shane and Mark Mazzetti, "In Adopting Harsh Tactics, No Look at Past Use," *The New York Times* (April 21, 2009); Scott Horton, "Six Questions for Jane Mayer, Author of The Dark Side," *Harpers* (July 14, 2008)。

19. 参见 Executive Summary, *Senate Armed Services Committee Inquiry Into the Treatment of Detainees in U.S.Custody*, available at http://levin.Senate.gov/newsroom/supporting/2008/Detainees.121108.pdf。第一页的总结得出的结论，"对美国监管下的被拘留者的虐待，不能简单地归因于自行其是的'几个害群之马'的行动。事实是，美国政府的高级官员对如何使用挑战性技术征求信息，重新界定法律以创造其合法性，并授权他们对被拘留者使用"。

20. 一个引述被广泛报道，从首席律师到美国中情局反恐中心，而且还在参议院军事委员会的报告中被引用（参见 Executive Summary, *supra*, p. Ⅹⅶ）。这个律师指出，酷刑的定义是"基本上易受感知。如果在押人员死亡，你就错了"。

21. 参见 Executive Summary, *supra*, p. ⅩⅪ, for this history。

22. 参见 Memorandum from Jay S. Bybee, Assistant Attorney General, to Alberto R. Gonzales, Counsel to the President, and William J. Haynes Ⅱ, General Counsel of the Department of Defense (Jan. 22, 2002), in Greenberg and Dratel (2005)。有关国际条约是 the Geneva Convention Ⅲ Relative to the Treatment of Prisoners of War (Aug.12, 1949), 75 U.N.T.S 135, 6 U.S.T.3517, 以及包含在所谓常见的第三条的保护，这适用于用以保护战争受害者的所有日内瓦四公约覆盖的所有背景。

23. Memorandum for the President, from Albert R. Gonzales (Jan. 25, 2002), in Greenberg and Dratel (2005)。据在国务院的消息人士透露，当鲍威尔（Powell）阅读了由司法部律师事先准备好的分析时，他"大发雷霆"。参见 John Barry, et al., "The Roots of Torture," *Newsweek* (May 24, 2004)。对于国务卿鲍威尔反应的额外报告，参见 R. Jeffrey Smith and Dan Eggen, "Gonzales Helped Set the Course for Detainees," *The Washington Post* (Jan.5, 2005), at A1。鲍威尔的异议简洁地呈现在阿尔伯托·冈萨雷斯备忘录中。参见 Memorandum from Colin L. Powell, Secretary of State, to

Counsel to the President (Jan. 26, 2002), in Greenberg and Dratel (2005)。

24. 参见 Memorandum from Jay S. Bybee, Assistant Attorney General, to Alberto R. Gonzales, Counsel to the President (Aug. 1, 2002), in Greenberg and Dratel (2005)。

25. 总统的新闻发布会（2006年9月15日），提供在：〈http：//www.whitehouse.gov/news/releases/2006/09/20060915-2.html〉，未经编辑的评论报道在 Richard Leiby, "Down a Dark Road: Movie Uses Afghan's Death to Ask Tough Questions About U.S. and Torture," *The Washington Post* (April 27, 2007), at C01。

26. 援引 Scott Horton, "Reasonable Minds Can Differ" *Harpers* (Jan. 31, 2008), available at 〈http：//www.harpers.org/archive/2008/01/hbc-90002285〉。

27. 参见 Luban (2007), ch. 5 ("The Torture Lawyers of Washington"); and Bruff (2009), pp. 237—39。

28. Convention Against Torture and Other Cruel, Inhuman or Degrading Treatment or Punishment, G. A. Res. 39/46, 39 U. N. GAOR, Supp. (No. 51), U. N. Doc. A/39/51 (1984), Art. 2 (2) （"没有特殊情况，无论是战争状态……或任何其他公共紧急状态，均不得援引为施行酷刑的理由"）。

29. 18 U. S. C § 113。

30. 18 U. S. C§§2340—2340A。当法律顾问办公室（OLC）的分析泄露显示，政府律师使用联邦健康福利法规作为一个类比，支持剧痛的定义只是作为相当于伴随器官衰竭死亡的疼痛，这个法规的"剧痛"语言就变得臭名昭著。福利法规其实定义"紧急"而不是"剧痛"，参见 42 U. S. C. § 1395w-22 (d) (3) (B)。反过来，紧急被定义在可供选择的事物，作为一种牵涉剧痛或一种与器官衰竭或死亡相关联的疼痛的情况。前任法律顾问办公室主管杰克·戈德史密斯（Jack Goldsmith），还有许多其他人，批评这种推理。参见 Goldsmith (2007), pp. 144—50。法律顾问办公室随后明确否定其依赖于本法规。参见 Memorandum from Daniel Levin, Acting Assistant Attorney General, to James B. Comey, Deputy Attorney General (Dec. 30, 2004), available at http：//www.usdoj.gov/loc/18usc23402340a2.htm。

31. 参见 Executive Order of George W. Bush (Feb. 7, 2002); Executive Order of George W. Bush (July 20, 2007), <http：//www.whitehouse.gov/news/releases/2007/07/200707020-4.html> (reaffirming "unlawful combatant" de-

termination)。

32. 参见 Memorandum from Jay S. Bybee, Assistant Attorney General, to Alberto R. Gonzales, Counsel to the President (Aug. 1, 2002), in Greenberg and Dratel (2005)。

33. 对于一个权威的分析,参见分为两部分的关于总司令权力的长篇论文,Barron and Lederman (2008),由曾重返奥巴马政府法律顾问办公室的两个前律师撰写。

34. David Luban,"Natural Law as Professional Ethics: A Reading of Fuller," in Luban (2007), 107—8.

35. Fiss (1982); Schön (1983).

36. 参见 D'Amato (1983), pp. 1—3,对于在数学术语中给出的法律确定性定义的例子,又见 the proposal by U. S. Circuit Judge Frank Easterbrook,引自 Levinson (1987), p. 375:

> 只有当(a)我们已经决定关键的地方,而最近反对重申它的人或(b) 100 个中的 99 个执业律师将会 99% 确信这个立场是站不住脚的,而其他 1% 将是 60% 肯定它是站不住脚的,此时某事是轻浮的。

37. ABA Standing Comm. On Prof'l Ethics, Formal Op. 85—352 (July 7, 1985).

38. Treasury Dept. Circular 230, 31 C.F.R., Subtitle A, Part 10, §10.34 (a), (d) (1). 本规则使用"在是非曲直上维持现实的可能性"的语言。

39. 马克·萨奇曼(Mark Suchman)报告一个发现,美国律师协会诉讼组对大型律师事务所律师的伦理研究是,同僚们"经常讨论就一个行动将如何出现在报纸上,或呈现给法官或陪审团而言的道德。"至少同僚使用这种启发式。萨奇曼报告宣称,合作伙伴根本不趋向于去看道德问题,而且分析由仅考虑声誉和策略的调查者使用的个案研究。Suchman (1998), pp 844—45.

40. Fried (2004), p. 1232.

41. 引用 McLean and Elkind (2003), pp. 142—43.

42. Luban (1988), pp. 58—66.

43. 对于刑事辩护律师根本没有尊重法律的义务这样一个强大的辩护观念,参见 Smith (2003)。史密斯认为,刑事辩护律师只是被审慎地(她说"务实地")要求尊重法律的界限,这是一个站不住脚的立场。然而,一个律师没有一个真正不谨慎的义务去尊重法律的信念，将限定法律体系内其他行动者的信念，包括检察官和法官也没有义务尊重法律。如果刑事辩护律师认为信念同时要求被检察官和法官遵守，那么会有一个现实的矛盾。然而，史斯密的结论是刑事辩护律师应该"进行尽可能接近那条线的宣传，并应当真正测试这条线"，同上，p，90，这在检察官、辩护律师和法官合理劳动分工的基础上是可支持的，他们共同瞄准多个相互竞争的结果。

44. Model Rules，Rule 3.1，cmt.［3］（"根据这个规则，律师的义务是，服从联邦或州宪法赋予刑事案件中的被告人在提出主张或争议时获得律师帮助的权利，否则将被这个规则禁止"）。最高法院已经认为，律师没有宪法职责在上诉时提出潜在可断言的每一个有争议的法律问题，即使客户坚持认为该主张应当被简要告知和争辩。*Jones v. Barnes*，463 U.S 745（1983）。然而，如果律师因为客户的上诉在法律上是轻浮的，寻求法院许可其从客户代理中撤回，那么律师必须提请法庭注意按理说可能支持上诉的任何事情。*Anders v. California*，386 U.S.738（1967），*Smith v. Robbins*，528 U.S.259（2000）认为是非强制性的。通过陈述联邦宪法要求律师"尽力支持其客户的上诉"，琼斯（Jones）一案中的法院试图区分安德斯（Anders），但对客户上诉的部分有效支持排除了无力的辩论，以集中精力于那些具有更高成功可能性的辩论。然而，为了这里辩论的目的，重要的一点是，琼斯和安德斯涉及客户挑战其律师对轻浮的判断，而不是法院或律师当局对轻佻辩论的断言所施加的限制。

45. Restatement§110（2）（"刑事诉讼中被告人的律师……可能过于保护程序而要求公诉人建立一向必要的因素"）。导致国家证明责任的刑事辩护律师的权利甚至责任，来自被告人所享有的几个宪法权利，包括无罪推定和国家证明其案件排除合理怀疑的证据要求，*In re Winship*，397 U.S.358（1972），*Mullaney v. Wilbur*，421 U.S.684（1975），以及陪审团查明国家案例的所有因素排除一个合理怀疑的正当程序要求，*Apprendi v. New Jersey*，530 U.S.466（2000）。

46. Freedman and Smith（2002），§§2.03，2.04.

47. Simon（1998），pp.173—79.

48. 参见 the analysis in Hazard（2005），chs. 2 and 3。

49. 参见 Model Rules，Rule 2.1（advisor）和 Rule 3.1（advocate）。

50. 参见，例如 *FDIC v. O'Melveny & Myers*，969F.2d 744（9th Cir.1992），rev'd，512 U.S.79（1994），*aff'd in relevant respects on remand*，61 F.3d 17（9 th Cir.1995）.

51. 比较 17 C.F.R. §205.3（b）（2）—（3）（在非诉讼方面代表发行人的报告职责）与 17 C.F.R. §205.3.（b）（7）（ii）（没有职责去报告律师在哪里保持"维护符合他代表发行人一个貌似有理的辩护的职业义务……在任何调查或有关材料破坏证据的司法或行政程序中"）。

52. 参见，例如 *Klein v. Boyd*，Fed. Sec. Rep. ¶90，136（3d Cir. 1998），辞职授予全体法官重审（转载见 Hazard［2005］，p. 191）。

53.《示范规则》提出"律师不得建议或帮助客户，从事律师知道是犯罪或欺诈的行为。"Model Rules，Rule 1.2（d）（额外的强调）。这里的知识要求可能会导致律师相信，允许他们根据无法支持的解释性判断去建议客户。这个想法将是，如果对解释根本上存在任何合理性，那么律师不知道它是轻浮的，并且因此客户的行动没有足够的法律依据。更进一步，注意《示范规则》的制定不是从委托人行为非法的角度谈，而是从事"犯罪或欺诈"的行为。这种语言可能诱使律师认为，他们可以建议客户依照有关管辖权的法律，从事未被定义为犯罪或民事欺诈的行为。《示范规则》许可但不要求律师拒绝从事律师"认为是非法的"的行为。Model Code，DR 7—101（B）（2）.虽然律师有时会忘记纪律规则的有限范围，它们只是律师道德健全的法律实践的愿景，它们在申诉程序中是具有法律效力的，但是它们并不超越普遍适用的禁止行为的法律规则，它们由法院强制执行，尽管律师纪律规则显然允许它。参见 Koniak（1992）。因此，如果州的律师纪律规则允许律师建议客户从事非法的（但不是犯罪或欺诈的）行为，如果委托人的非法行为暴露了客户的法律责任，那么律师会因为客户的非法行为而冒被追究法律责任的风险。参见，例如 *FDIC v.O'Melveny ＆ Myers*，969 F.2d 744（9th Cir.1992），rev'd，512 U.S.79（1994），*aff'd in relevant respects on remand*，61 F.3d 17（9th Cir.1995）。

《美国法律重述》是用来考虑普遍适用的法律的，它不允许律师根据无法支持的解释性判决，参与规避建议客户。参照代理法和合同法，它指出"律师保留可能不被与委托人的合同或来自客户的指令覆盖的权力，在律师合理地认为是非法的代理中，拒绝执行、建议或帮助未来或正在进行的行为。"Restatement §23（1）（额外的强调）。

54. 参见 Coffee（2003）；Coffee（2004）；Coffee（2006）。

55. Gilson（1984）。

56. 参见，例如 Luban（2007），pp.32—40；Gillers（2005），pp.360—96；Rhode（2000a），pp.81—105；Frankel（1975）。

注 释

57. 参见，例如 *Washington State Physicians Insurance & Exchange v. Fisons Corp.*，858 P. 2d 1054（Wash. 1993）。

58. 我曾经在无数场合听到这个故事，但一直无法确定其真实性。它在此被提出是作为关于好律师的民间传说，而不是作为一个历史上的准确事件。

59. Michigan Bar Association Ethics Op. CI-1164（1987）.

60. Mitchell（1987）.

61. 参见 Rhode，（2000a），p. 97。

62. Hart and Sacks（1994），pp. 143—50. 哈特和萨克都在谈论把一个单一目的归因于一项立法，但他们法律过程的材料已被理解为体现更一般的观点，法律应当被理解为一种有目的的活动。正如大卫·鲁班（Dvid Luban）在一个有见地的讨论中所显示的，朗·富勒（Lon Fuller）是另一个强调法律的目的性质的法律理论家。参见 Luban（2007），pp. 108—9。在法律的具体语境之外，阿拉斯代尔·麦金太尔（Alasdair MacIntyre）凭借实践的概念，如"通过善内在于这种活动形式，在社会上建立合作的人类活动任何连贯的和复杂的形式，在努力实现那些优秀标准的过程中，实现那些标准对活动的那种形式是合适的且部分明确的"。MacIntyre（1984），p. 187. 我在此捍卫的解释理论，实质上是感激任何实践的目的和目标导向的想法——这是怎么一回事，可以说——是一个内在于实践的稍后通知义务的来源，因为它将与不倾注内在于活动形式的善行来从事任何活动的主张不相干。同上，pp. 190—91。参见 Bingham（2007），p. 78（认为法治的一方面是，官员必须为了这些权力被赋予的目的，行使已被授予他们的权力）。

63. Weinrib（1988），pp. 953—54.（从罗伯托·昂格尔［Roberto Unger］借用这一分析，他当然是一个对法律形式主义观点的批评者）。对内部或内在合理性的观点，罗尔斯（Rawls）宣称，关于客观性如何是推理原则一个属性的重要和一般的东西，不是可被用作一个尺度的"外部的"东西：

> 我们断言一个判断并认为它是正确的，因为我们假设我们已正确地适用实践推理的有关原则和标准。这与数学家的回复类似，当数学家被问及为什么他们认为有无穷多的素数，他们的回答是：任何数学家都知道证据。能够给出证据或者阐明判断的充分理由，已经是对那些合理的和理性的人信念的最好解释。

Rawls（1993），p. 120.

64. Joseph Raz, "The Politics of the Rule of Law," in Raz（1994）; Raz

(1979)，pp. 213—14.

65. 在此，我很感激史提芬·施瓦茨（Steven Schwarcz）在资产证券化和构建金融交易方面的工作。参见 Schwarcz（1994）；Schwarcz（2002）。

66. 参见 Siegel（2001），p. 316（使用这个想法，管辖地法令对写出法令文本的意义是"所有关于"的便利）。

67. Stone（2002），p. 192.

68. Wendel（2005a）.

69. 参见 Kennedy（1976）。

70. Farber（1992）；Eskridge and Frickey（1990）.

71. Posteman（1987）；Fiss（1982）.

72. Fiss（1982），p. 744.

73. 这一段的讨论来自关于哈特法律实践概念的两篇周密而有用的论文。哈特的规则实践概念，参见 Shapiro（2001）；Zipursky（2001）。

74. Hart（1994），p. 57.

75. Zipursky（2001），p. 225.

76. Dworkin（1977），p. 51.

77. Shapiro（2006），p. 1166.

78. Jules Coleman, "Incorporationism, Conventionality, and the Practical Difference Thesis," in Coleman（2001），pp. 110—11.

79. Hart（1994），p. 56（"如果一个社会规则要存在一些一般标准，至少必须把讨论的行为看做被团体作为一个整体所应遵循的一般标准"）。

80. 哈特（Hart）写到："必要的是，应该对某些行为模式作为一个共同的标准，有一个关键的反思性态度，而且这应该在批评（包括自我批评）、遵从的要求中，以及在这样的批评和要求是合理的认知中显示它自己，所有这些在'应该'、'必须'和'应当'、'对'和'错'的规范性术语中发现它们的特性表达。"同上，p. 57。他后来回到这样的观点，一个规范的合法性与被其他的规范作为一个合理批评的标准有密切关系："规则存在的地方，偏离它们的不仅仅是关于敌对的反应将随之而来或法庭将对那些违反它们的人适用制裁的一个预测根据，而且是这种反应和制裁适用的一个原因或理由。"同上，p. 48。

弗莱德·肖尔（Fred Schauer）曾经引用布瑞恩·辛普森（Brian Simpson）的洞察力，哈特（Hart）应该已经谈到一个"承认的实践"，是在维特根斯坦（Wittgensteinian）的意义上理解的"实践"，而不是一个承认规则。Simpson（1986）. 我把这个引用及其重要性的领会，归功于肖尔在克拉科夫

(Krakow) IVR 世界大会全体会议上的演讲。参见 Schauer（2007）。对于这个演讲的书面版本，然而不引用辛普森。（哈特规则实践概念的讨论可能在问题和答案中已经出现。）我认为肖尔和辛普森是绝对正确的，作为被维特根斯坦和阿拉斯代尔·麦金太尔（Alasdair MacIntyre）发展的实践观念，除了解决社会事实可以创造义务的理论问题，对理解什么是法律推理和论证是至关重要的。

81. Hart（1994），p. 89.

82. 同上，p. 116（如果承认规则是要根本存在，它必须从内在观点被认为是正确的司法裁决的一个公共的、共同的标准，而不是作为每个法官只服从其部分的东西）。

83. 同上，pp. 100—101。

84. Shapiro（2001），p. 155.

85. 哈特（Hart）把出于义务行为与因为某人觉得被迫的行为区别开来。Hart（1994），pp. 82—83，88—89. 唯恐经历不作为的结果，在枪口下放弃某人的钱包，揭示了一种被迫行为的感觉。相比之下，当某人出于义务行为时，人的行为的解释参考规范标准，而不仅是避免伤害的愿望。

86. 同上，p. 57。

87. Hart（1994），p. 83.

88. 同上，p. 116。哈特（Hart）认为"如果承认规则是要根本存在，它必须从内在观点被认为是正确司法裁决的一个公共的、共同的标准，而不是作为每个法官只服从其中一部分的东西。"而且从那以后他进一步认为，承认规则对根本上存在一个法律体系是必要的，参见同上，p. 100。很明显，法官承认法律是作出判决的一个理由本身，这是合法性概念的核心。

89. 同上，p. 116。

90. 参见 Zipursky（2001），p. 228。

91. Shapiro（2007），p. 8. 对于德沃金（Dworkin）的"谱系（pedigree）"术语，参见 Ronald Dworkin, "The Model of Rules I," in Dworkin（1977），p. 17。

92. Zipursky（2001），p. 235.

93. H. L. A. Hart, "Postscript," in Hart（1994），p. 265.

94. 与泰德·施尼尔（Ted Schneyer）和莎拉克雷文（Sarah Cravens）对这个问题的讨论是相当有帮助的。我非常肯定他们还是不同意我的观点，但至少我认为我已避免犯一些他们警告我不要犯的错误。

95. 参见 Pepper (1986), pp. 627—28。

96. Model Rules, Rule 1.2 (d).

97. Hart (1994), p. 116.

98. Pepper (1995), pp. 1567, 1570—71. 行为规则和决策规则的专门术语来自 Dan-Cohen (1984)。

99. Pepper (1986), p. 629；参见 Pepper (1995), pp. 1564—71。

100. Simon (2006).

101. Pepper (1995), p. 1570.

102. Edelman (2002), p. 192 (italics in original)；参阅 Edelman (2004), p. 238; Edelman (2005)。

103. Edelman (2002), pp. 196—97. 埃德尔曼引用律师、管理人员（比如人力资源人员和均等就业机会［EEO］合规官员）、顾问和其他专家，既有内部组织又有外部组织，如"合规专业人士"。Edelman (2004), p. 239. 这些专业人士担当"法律观点必须通过他们通往组织的过滤器"（"filters through who legal ideas must pass on their way to organizations"）。同上。

104. Edelman (2002), p. 198.

105. 同上。

106. Edelman (2004), p. 242.

107. Edelman (2002), p. 202（"行业将继续采取强有力的法律原则，并向他们灌输管理价值，以便他们具有更符合效率、控制和利润的传统管理特权的一个意义。"）

108. 同上，p. 201. 法律的内生性允许在组织领域变得制度化的非正义模式，被纳入公共法律规则和行为模式，并由其合法化。

109. 同上，pp. 199—200。

110. *Faragher v. City of Boca Raton*, 118 S. Ct. 1115 (1998).

111. Cover (1983), p. 42.

结语

1. Friedman (1985), p. 639.

2. 同上，pp. 94—97。

3. Galanter (2005).

4. Shklar (1964), p. 17.

5. David Luban, "Tales of Terror: Lessons for Lawyers from the 'War on Terrorism,'" Keynote Presentation at Third International Legal Ethics

Conference, Gold Coast, Australia.
  6. Gordon (1998b), p. 321.
  7. Gordon (2009), pp. 1173—74.
  8. 一个很大的贡献是 Regan (2004)。
  9. Kronman (1993).
  10. Markovits (2008).

参考书目

Citations to primary legal sources conform to the standards of *A Uniform System of Citation*, the so-called Bluebook published by the law reviews of Harvard. Yale, Columbia, and Penn, except for references to frequently cited sources for the law governing lawyers. The 2003 version of the American Bar Association's *Model Rules of Professional Conduct*, with the most current amendments, it cited as "Model Rules, Rule xx," the ABA's now superseded Model *Code of Professional Responsibility* it cited as "Model Code, Canon [or EC, or DR] xx," and the American Law Institute's *Restatement (Third) of the Law Governing Lawyers*, officially published in 2001, is cited as "Restatement § xx."

In addition to the traditional sources cited here, I was assisted from time to time by the emerging medium of legal weblogs, or blogs. Although posting on blogs does not generally rise to the level of "real" scholarship, at least one exception should be made for the tireless and extremely high-quality legal commentary posted by Marty Lederman at the "Balkinization" blog (http://balkin.blogspot.com/). My understanding of the law of warfare, executive power, and the specific legal issues surrounding torture and the treatment of detainees was greatly enhanced by these posts. Of course, I do not agree with Lederman on all points, but he should be acknowledged as having essentially produced a major work of scholarship, in electronic form, on the state of post-9/11 national security law in the United States, from which I learned a considerable amount while working on the ethical issues pertaining to the torture memos.

*

Abel, Richard L. (1989) *American Lawyers* (New York: Oxford University Press).

Alexander, Larry and Emily Sherwin. (2001) *The Rule of Rules: Morality, Rules, and the Dilemmas of Law* (Durham, N.C.: Duke University Press).

Alexander, Larry and Frederick Schauer. (1997) "On Extrajudicial Constitutional Interpretation." *Harvard Law Review* 110: 1359—87.

Applbaum, Arthur Isak. (1999) *Ethics for Adversaries* (Princeton, N.J.: Princeton University Press).

Arrow, Kenneth. (1973) "Social Responsibility and Economic Efficiency." *Public Policy* 21: 303—17.

Audi, Robert. (1997) *Moral Knowledge and Ethical Character* (New York: Oxford University Press).

Baird, Douglas G., Robert H. Gertner, and Randall C. Picker. (1994) *Camer Theory and the Law.* (Cambridge, Mass.: Harvard University Press).

Baird, Douglas G. and Robert K. Rasmussen. (2002) "Four (or Five) Easy Lessons from Enron." *Vanderbilt Law Review* 55: 1787—812.

Barceló, John J., III and Roger C. Cramton, eds. (1999) *Lawyers' Practice and Ideals: A Comparative View* (The Hague: Kluwer Law International).

Barron, David J. and Martin S. Lederman. (2008) "The Commander in Chief at the Lowest Ebb" Parts I and II. *Harvard Law Review* 121: 689—804.

Barry, Brian. (1995) *Justice as Impartiality* (New York: Oxford University Press).

Beauchamp, Tom L. and James F. Childress. (1994) *Principles of Biomedical Ethics* (4 th ed.) (New York: Oxford University Press).

Berlin, Isaiah. (1990) *The Crooked Timber of Humanity* (Henry Hardy, ed. Princeton, N.J.: Princeton University Press).

—— (1997) *The Proper Study of Mandkind* (Henry Hardy and Roger Hausheer, eds. New York: Farrar, Straus and Giroux).

Bingham, Thomas (Baron of Cornhill). (2007) "The Rule of Law." *Cambridge Law Journal* 66: 67—85.

Blackburn, Simon. (1998) *Ruling Passions: A Theory of Practical Reasoning* (New York: Oxford University Press).

Blumberg, Abraham. (1967) "The Practice of Law as a Confidence Game." *Law and Society Review* 1: 15—39.

Bolt, Robert. (1966) *A Man fro All Seasons* (New York: Vintage Books).

Boon, Andrew and Jennifer Levin. (1999) *The Ethics and Conduct of Lawyers in England and Wales*. (Oxford: Hart Publishing).

Brink, David O. (1994) "Moral Conflict and Its Structure" *Philosophical Review* 103: 215—47.

Bruff, Harold H. (2009) *Bad Advice: Bush's Lawyers in the War on Terror* (Lawrence, Kan.: University Press of Kansas).

Byron, Michael. (1998) "Satisficing and Optimality." *Ethics* 109: 67—93.

Calabresi, Guido and A Douglas Melamed. (1972) "Property Rules, Liability Rules, and Inalienability: One View of the Cathedral." *Harvard Law Review* 85: 1089—128.

Christiano, Thomas. (2004) "The Authority of Democracy." *Journal of Political Philosophy* 12: 266—90.

Clayton, Cornell W. (1992) *The Politics of Justice: The Attorney General and the Making of Legal Policy* (Armonk, N. Y.: M. E. Sharpe).

Coffee, John C., Jr (2003) "The Attorney as Gatekeeper: An Agenda for the SEC." *Columbia Law Review* 103: 1293—316.

——. (2004) "What Caused Enron? A Capsule Social and Economic History of the 1990s." *Cornell Law Review* 89: 269—309.

——. (2006) *Gatekeepers: The Professions and Corporate Governance* (New York: Oxford University Press).

Cohen, Joshua. (1994) "Pluralism and Proceduralism." *Chicago-Kent Law Review* 69: 589—618.

——. (2003) "Procedure and Substance in Deliberative Democracy," in *Philosophy And Democracy* (Thomas Cristiano, ed.) (New York: Oxford University Press).

Coleman, Jules. (1982) "Negative and Positive Positivism." *Journal of Legal Studies* 11: 139—64.

———. (1996) "Authority and Reason," in George (1996).

———, ed. (2001) *Hart's Postscript: Essays on the Postscript to* The Concept of Law. (New York: Oxford University Press).

Coleman, Jules and Scott Shapiro, eds. (2002) *The Oxford Handbook of Jurisprudence and Legal Philosophy*. (New York: Oxford University Press).

Copp, David, ed. (2006) *The Oxford Handbook of Ethical Theory* (New York: Oxford University Press).

Cover, Robert M. (1983) "The Supreme Court 1982 Term- Foreword: *Nomos* and Narrative." *Harvard Law Review* 97: 4—68.

Cramton, Roger C. (2002) "Enron and the Corporate Lawyer: A Primer on Legal and Ethical Issues." *Business Lawyer* 58: 143—88.

Cramton, Roger C. and Lori P. Kowles. (1998) "Professional Secrecy and Its Exceptions: *Spaulding v. Zimmerman* Revisited." *Minnesota Law Review* 83: 63—127.

D'Amato, Anthony. (1983) "Legal Uncertainty." *California Law Review* 71: 1—55.

Dan-Cohen, Meir. (1984) "Decision Rules and Conduct Rules: On Acoustic Separation in Criminal Law." *Harvard Law Review* 97: 625—77.

Daniels, Norman. (1979) "Wide Reflective Equilibrium and Theory Acceptance in Ethics." *Journal of Philosophy* 76: 256—82.

Dare, Tim (2004) "Mere-Zeal, Hyper-Zeal and the Ethical Obligations of Lawyers." *Legal Ethics* 7: 24—38.

———. (2009) *The Counsel of Rogues?: A Defense of the Standard Conception of the Lawyer's Role* (Aldershot: Ashgate).

Darwall, Steven, Allan Gibbard, and Peter Railtion. (1990) "Toward *Fin de siècle* Ethics: Some Trends." *Philosophical Review* 101: 115—89.

Dauer, Edward A. and Arthur Alan Leff. (1977) "Correspondence: The Lawyer as Friend." *Yale Law Journal* 86: 573—84.

Dershowitz, Alan M (1996) *Reasonable Doubts: The Criminal Justice Sys-*

tem and the O. J. Simpson Case (New York: Touchstone).

Doris, John M. (2002) Lack of Character: Personality and Moral Behavior (New York: Cambridge University Press).

Dudziak Mary L. (2000) Cold War Civil Rights: Race and the Image of American Democracy (Princeton, N. J.: Princeton University Press).

Dworkin, Ronald. (1977) Taking Rights Seriously. (Cambridge, Mass.: Harvard University Press).

——. (1985) A Matter of Principle (Cambridge, Mass.: Harvard University Press).

——. (1986) Law's Empire. (Cambridge, Mass.: Harvard University Press).

——. (1996) Freedom's Law. (Cambridge, Mass.: Harvard University Press).

Edelman, Lauren B. (2002) "Legality and the Endogeneity of Law," in Robert A. Kagan, et al., eds., Legality and Community: On the Intellectual Legacy of Philip Selznick (Lanham, Md.: Rowman & Littlefield).

Edelman. Lauren B. (2004) "The Legal Lives of Private Organizations," in Sarat (2004).

——. (2005) "The Endogeneity of Law: Civil Rights at Work," in Laura Beth Nielsen and Robert L. Nelson, eds., Handbook on Employment Discrimination Research: Rights and Realities (Dordrecht: Springer).

Edelman, Lauren B. and Mark C. Suchman. (1997) "The Legal Environments of Organizations." Annual Review of Sociology 23: 479—515.

Endicott, Timothy A. O. (2000) Vagueness in Law (New York: Oxford University Press).

Eskridge, William N. and Philip P. Frickey. (1990) "Statutory Interpretation as Practical Reasoning." Stanford Law Review 42: 321—84.

Eskridge, William, N., Jr. (1994) Dynamic Statutory Interpretation (Cambridge, Mass.: Harvard University Press).

Farber, Daniel A (1992) "The Inevitability of Practical Reason: Statutes, Formalism, and the Rule of Law." Vanderbilt Law Review 45: 533—48.

Felman, Heidi Li. (1996) "Codes and Virtues: Can Good Lawyers Be Good Ethical Deliberators?" Southern California Law Review 69: 885—948.

Finnis, John. (1980) *Natural Law and Natural Rights*. (New York: Oxford University Press).

Fischel, Daniel R. (1998) "Lawyers and Confidentiality." *University of Chicago Law Review* 1—33.

Fiss. Owen M. (1982) "Objectivity and Interpretation." *Stanford Law Review* 34: 739—63.

Fletcher, George p. (1993) *Loyalty* (New York: Oxford University Press).

Flood, John A. (1983) *Barristers' Clerks: The Law's Middlemen*. (Manchester, UK: Manchester University Press).

Floyd, Timothy W. and John Gallagher (2008). "Legal Ethics, Narrative, and Professional Identity: The Story of David Spaulding." *Mercer Law Review* 59: 941—61.

Forst, Rainer, (2002) *Contexts of Justice: Political Philosophy Beyond Liberalism and Communitarianism* (John M. M. Farrell, trans.) (Berkeley: University of California Press).

Frankel, Marvin E. (1975) "The Search for Truth: An Umpireal View." *University of Pennsylvania Law Review* 123: 1031—59.

Frankfurt, Harry. (2005) On *Bullshit* (Princeton, N.J.: Princeton University Press).

Freedman, Monroe H. (1975) *Lawyers' Ethics in an Adversary System*. (Indianapolis Bobbs-Merrill).

——. (1995) "The Lawyer's Moral Obligation of Justification." *Texas Law Review* 74: 111—18.

Freedman, Monroe H. and Abbe Smith. (2002) *Understanding Lawyers' Ethics*. (Newark, N.J.: Matthew Bender & Co., 2d ed.).

Freeman, Samuel, ed. (2003) *The Cambridge Companion to Rawls* (New York: Cambridge University Press).

Fried, Charles. (1976) "The Lawyer as Friend: The Moral Foundations of the Lawyerclient Relation." *Yale Law Journal* 85: 1060—89.

——. (2004) "A meditation on the First Principles of Judicial Ethics." *Hofstral Law Review* 32: 1227—44.

Friedman, Lawrence M. (1985) *A History of American Law* (New York:

Touchstone). (2d ed.).

Fuller, Lon L. (1958) "Positivism and Fidelity to Law: A Reply to Professor Hart." *Harvard Law Review* 71: 630—72.

——. (1969) *The Morality of Law* (New Haven: Yale University Press) (rev'd ed.).

Galaner, Marc. (1998) "The Faces of Mistrust: The Image of Lawyers in Public Opinion, Jokes, and Political Discourse." *University of Cincinnati Law Review* 66: 805—46.

——. (2005) *Lowering the Bar: Lawyer Jokes and Legal Culture* (Madison, Wis: University of Wisconsin Press).

Galston, William A (2002) *Liberal Pluralism* (New York: Cambridge University Press).

George, Robert P., ed. (1996) *The Autonomy of Law: Essays on Legal Positivism* (New York: Oxford University Press).

Gewirth, Alan, (1986) "Professional *Ethics*: The Separatist Thesis." *Ethics* 96: 282—300.

Gillers, Stephen. (2005) *Regulation of Lawyers: Problems of Law and Ethics* (New York: Aspen Publishers, 7th ed.).

——. (2009) *Regulation of Lawyers: Problems of Law and Ethics* (New York: Aspen Publishers, 8th ed.).

Gilson, Ronald J. (1984) "Value Creation by Business Lawyers: Legal Skills and Asset Pricing." *Yale Law Journal* 94: 239—313.

Goldman, Alan H. (1980) *The Moral Foundations of Professional Ethics* (Savage, Md.: Rowman & Littlefield).

Goldsmith, Jack. (2007) *The Terror Presidency* (New York: Norton).

Gordon, Robert W. (1998a) "The Ethical Worlds of Large-Firm Litigators: Preliminary Observations." *Fordham Law Review* 67: 709—38.

——. (1998b) "A Collective Failure of Nerve: The Bar's Response to *Kaye, Scholer.*" *Law and Social Inquiry* 25: 315—22.

——. (2003) "A New Role for Lawyers?: The Corporate Counsel After Enron." *Connecticut Law Review* 35: 1185—216.

——. (2009) "The Citizen-Lawyers—A Brief Informal History of a Myth with some Basis in Reality." *William $ Mary Law Review* 50:

1169—206.

Gordon, Robert W. and William H. Simon. (1992) "The Redemption of Professionalism?" in Nelson, Trubek, and Solomon (1992).

Gowans, Christopher. (1994) *Innocence Lost: An Examination of Inescapable Moral Wrongdoing* (New York: Oxford University Press).

Graber, Mark A. (2006) *Dred Scott and the Problem of Constitutional Evil* (New York: Cambridge University Press).

Gray, John. (1996) *Isaiah Berlin* (Princeton, N.J.: Princeton University Press).

Greenawalt, Kent. (1987) *Conflicts of Law and Morality.* (New York: Oxford University Press).

Greenawalt, Kent. (1996) "Too Thin and Too Rich: Distinguishing Features of Legal Positivism," in George (1996).

Greenberg, Karen J. and Joshua L. Dratel. (2005) *The Torture Papers: The Road to Abu Ghraib* (New York: Cambridge University Press).

Gutmann, Amy and Dennis Thompson. (1996) *Democracy and Disagreement* (Cambridge, Mass: Harvard University Press).

Hampshire, Stuart. (1983) *Morality and Conflict* (Cambridge, Mass: Harvard University Press).

—— (1989) *Innocence and Experience* (Cambridge, Mass.: Harvard University Press).

Hart, H. L. A. (1995) "Are There Any Natural Rights?" *Philosophical Review* 64: 175—91.

—— (1958) "Positivism and the Separation of Law and Morals." *Harvard Law Review* 71: 593—629.

—— (1982) *Essays on Bentham: Studies in Jurisprudence and Political Theory.* (New York: Oxford University Press).

—— (1994) *The Concept of Law.* (New York: Oxford University Press, 2d ed.).

Hart, Henry M., Jr. and Albert M. Sacks. (1994) *The Legal Process: Basic Problems in the Making and Application of Law* (William N. Eskridge, Jr. and Philip P. Frickey eds.) (Westbury, N. Y.: Foundation Press).

Hazard, Geoffrey C., Jr. and Angelo Dondi. (2004) *Legal Ethics: A Com-*

parative Study (Stanford, cal.: Stanford University Press).

Hazard, Geoffrey C., Jr., and W. William Hodes. (2001) *The Law of Lawyering*. (Gaithersburg, Md.: Aspen Law and Business, 3d ed.).

Hazard, Geoffrey C., Jr., et al. (2005) *The Law and Ethics of Lawyering*. (New York: Foundation Press, 4 th ed.).

Heinz, John P. and Edward O. Laumann. (1982) *Chicago Lawyers: The Social Structure of the Bar* (Chicago: Northwestern University Press) (rev'd ed.).

Hobbes, Thomas. (1994) *Leviathan*. (Edwin Curley, ed. Indianapolis: Hackett Publishing Co.).

Hodes, W. William. (1999) "The Professional Duty to Horseshed Witnesses—Zealously, Within the Bounds of the Law." *Texas Tech Law Review* 30: 1343—66.

Hohfeld, Wesley N. (1923) "Some Fundamental Legal Conceptions as Applied in Judicial Reasoning." *Yale Law Journal* 23: 16—59

Holmes, Oliver Wendell, Jr. (1897) "The Path of the Law." *Harvard Law Review* 10: 455—78

Hurd, Heidi M. (1991) "Challenging Authority." *Yale Law Journal* 1611—77

——. (1995) "Interpreting Authorities," in Marmor (1995).

Hutchinson, Allan C. (1999) *Legal Ethics and Professional Responsibility* (Toronto: Irwin Law).

Johnston, David. (1994) *The Idea of a Liberal Theory* (Princeton, N.J.: Princeton University Press).

Jonsen, Albert R. and Stephen Toulmin. (1988) The Abuse of Casuistry: *A History of Moral Reasoning* (Berkeley: University of California Press).

Kagan, Robert A. (2001) *Adversarial Legalism: The American Way of Law* (Cambridge, Mass: Harvard University Press).

Kennedy, Duncan. (1976) "Form and Substance in Private Law Adjudication." *Harvard Law Review* 89: 1685—778.

——. (1997) *A Critique of Adjudication {fin de siècle}* (Cambridge, Mass.: Harvard University Press).

King, Martin Luther, Jr. (1963) "Letter from Birmingham Jail," in Hugo Adam Bedau, ed., *Civil Disobedience in Focus* (New York: Routledge

1991).

Koniak, Susan P. (1992) "The Law Between the Bar and the State." *North Carolina Law Review* 70: 1389—487

——. (2003) "When the Hurlyburly's Done: The Bar's Struggle with the SEC." *Columbia Law Review* 103: 1236—80

Korsgaard, Christine M (1996a) *Creating the Kingdom of Ends* (Cambridge: Cambridge University Press).

——. (1996b) *The Sources of Normativity* (New York: Cambridge University Press).

——. (2003) "Realism and Constructivism in Twentieth-Century Moral Philosophy." *Journal of Philosophical Research* 99—121

Kronman, Anthony T. (1993) *The Lost Lawyer: Failing Ideals of the Legal Profession* (Cambridge, Mass.: Harvard University Press).

Kruse, Katherine R. (2006) "Fortress in the Sand: The Plural Values of Client-Centered Representation." *Clinical Law Review* 12: 369—440 (2006).

Langevoort, Donald C. (1993) "Where Were the Lawyers? A Behavioral Inquiry into Lawyers' Responsibility for Clients' Fraud." *Vanderbilt Law Review* 46: 75—119.

Larmore, Charles E. (1987) *Patterns of Moral Complexity* (New York: Cambridge University Press).

Lasser, Mitchel de S.-O.-l'E. (2004) *Judicial Deliberations: A Comparative Analysis of Judicial Transparency and Legitimacy* (New York: Oxford University Press).

Leubsdorf, John. (2001) *Man in His Original Dignity: Legal Ethics in France.* (Aldershot: Ashgate).

Levi, Edward H. (1949) *An Introduction to Legal Reasoning* (Chicago: University of Chicago Press).

Levinson, Sanford. (1987) "Frivolous Cases: Do Lawyers Really Know Anything at All?" *Osgoode Hall Law Review* 24: 353—78.

——. (1993) "Identifying the Jewish Lawyer: Reflections on the Construction of Professional Identity." *Cardozo Law Review* 14: 1577—612.

Lichtblau, Eric. (2008) Bush's Law: *The Remaking of American Justice* (New York: Pantheon Books).

Llewellyn, Karl N. (1930) *The Bramble Bush: On Our Law and Its Study* (New York: Oceana).

Luban, David. (1984) "The Sources of Legal Ethics: A German-American Comparison of Lawyers' Professional Duties." *Rabels Zeitschrift für ausländisches und internationales Privatrecht* 48: 245—88.

Luban, David. (1986) "The Lysistratian Prerogative: A Reply to Stephen Pepper." *American Bar Foundation Research Journal* 1986: 637—49.

———. (1988) *Lawyers and Justice: An Ethical Study* (Princeton, N.J.: Princeton University Press).

———. (1990) "Freedom and Constraint in Legal Ethics: Some Mid-Course Corrections to *Lawyers and Justice*." *Maryland Law Review* 49: 424—62.

———. (1996) "Legal Ideals and Moral Obligations: A Comment on Simon." *William and Mary Law Review* 38: 255—67.

———. (1997) "The Band Man and the Good Lawyer: A Centennial Essay on Holmes's *The Path of the Law*." *New York University Law Review* 72: 1547—83.

———. (2007) *Legal Ethics and Human Dignity* (New York: Cambridge University Press).

———. (2008) "The Inevitability of Conscience: A Response to My Critics." *Cornell Law Review* 93: 1437—65

———, ed. (1983) *The Good Lawyer: Lawyers' Roles and Lawyers' Ethics* (Totowa, N.J.: Rowman & Allanheld).

Lyons, David. (1977) "Principles, Positivism, and Legal Theory." *Yale Law Journal* 87: 415—35

———. (1984) *Ethics and the Rule of Law* (New York: Cambridge University Press).

MacCormick, Neil. (2007) *Institutions of Law: An Essay in Legal Theory* (Oxford: Oxford University Press).

MacIntyre, Alasdair. (1984) *After Virtue* (Notre Dame, Ind.: University of Notre Dame Press, 2d ed.).

Mann, Kenneth. (1985) *Defending White-Collar Crime* (New Haven: Yale University Press).

Markovits, Daniel. (2003) "Legal Ethics from the Lawyer's Point of View."

Yale Journal of Law and the Humanities 15: 209—93.

———. (2006) "Adversary Advocacy and the Authority of Adjudication." *Fordham Law Review* 75: 1367—95.

———. (2008) *A Modern Legal Ethics: Adversary Advocacy in a Democratic Age* (Princeton, N.J.: Princeton University Press).

McLean, Bethany and Peter Elkind. (2003) *The Smartest Guys in the Room: The Amazing Rise and Scandalous Fall of Enron* (New York: Portfolio).

Merryman, John Henry. (1985) *The Civil Law Tradition* (Stanford, Cal.: Stanford University Press, 2d ed.).

Michelman, Frank. (1988) "Law's Republic." *Yale Law Journal* 97: 1493—537.

Mitchell, Joh. (1987) "Reasonalble Doubts Are Where You Find Them: A Response To Professor Subin's Position on the Criminal Lawyer's 'Different Mission'." *Georgetown Journal of Legal Ethics* 1: 339—61.

Moon, J. Donald. (1994) *Constructing Community: Moral Pluralism and Tragic Conflicts* (Princeton, N.J.: Princeton University Press).

Moore, Michael S. (1985) "A Natural Law Theory of Interpretation." *Southern California Law Review* 58: 277—398.

———. (1989) "Authority, Law, and Razian Reasons." *Southern California Law Review* 62: 827—96.

Moss, Randolph D. (2000) "Executive Branch Legal Interpretation: A Perspective from the Office of Legal Counsel." *Administrative Law Review* 52: 1303—30.

Mosteller, Robert P. (2007) "The Duke Lacrosse Case, Innocence, and False Identifications: A Fundamental Failure to 'Do Justice'." *Fordham Law Review* 76: 1337—412.

Murphy, Liam B. (2000) *Moral Demands in Nonideal Theory* (New York: Oxford University Press).

Nagel, Thomas. (1979) *Motal Questions.* (Princeton, N.J.: Princeton University Press).

———. (1986) *The View from Nowhere* (New York: Oxford University Press).

Nelson, Robert L. (1998) "The Discovery Process as a Circle of Blame: Institutional, Professional, and Socio-Economic Factors that Contribute to

Unreasonable, Inefficient, and Amoral Behavior in Corporate Litigation." *Fordham Law Review* 67: 773—808.

Nelson, Robert L., David M. Trubek, and Rayman L. Solomon. (1992) *Lawyers' Ideals/Lawyers' Practices: Transformations in the American Legal Profession* (Ithca, N. Y.: Cornell University Press).

Nozick, Robert. (1974) *Anarchy, State, and Utopia* (New York: Basic Books).

Nussbaum, Martha C. (1992) "Human Functioning and Social Justice: In Defense of Aristotelian Essentialism." *Political Theory* 20: 202—46.

——. (1999) *Sex and Social Justice* (New York: Oxford University Press).

Ogletree, Charles, Jr. (1993) "Beyond Justifications: Seeking Motivations to Sustain Public Defenders." *Harvard Law Review* 106: 1239—94.

Patterson, Dennis, ed. (1996) *A Companion to Philosophy of Law and Legal Theory*. (Malden, Mass.: Blackwell).

Pepper, Stephen L. (1986) "The Lawyer's Amoral Ethical Role: A Defense, A Problem, And Some Possibilities." *American Bar Foundation Research Journal* 1986: 613—35.

——. (1995) "Counseling t the Limits of the Law: An Essay in the Jurisprudence and Ethics of Lawyering." *Yale Law Journal* 104: 1545—610.

——. (1998) "Why Confidentiality?" *Law and Social Inquiry* 23: 331—37.

——. (1999) "Lawyers' Ethics in the Gap Between Law and Justice." *South Texas Law Review* 40: 181—205.

Phillips, Michael. (1985) "Reflections on the Transition from Ideal to Non-Ideal Theory." *Noûs* 19: 551—70.

Pileggi, Nicholas. (1985) Wiseguy: *Life in a Mafia Family* (New York: Simon & Schuster).

Pogge, Thomas. (2007) *John Rawls: His Life and Theory of Justice* (Oxford: Oxford University Press).

Postema, Gerald J. (1980) "Moral Responsibility in Professional Ethics." *New York University Law Review* 55: 63—89.

——. (1987) "Protestant' Interpretation and Social Practices." *Law and Philosophy* 6: 283—319.

Postema, Grald J. (2002) "Philosophy of the Common Law," in Coleman and Shapiro (2002).

Powers, William C., Jr. (2002) "Report of the Special Investigative Committee of the Board of Directors of Enron Corp."

Rawls, Johm. (1955) "Two Concepts of Rules." *Philosophical Review* 64: 3—32.

——. (1971) *A Theory of Justice*. (Cambridge, Mass.: Harvard University Press).

——. (1993) *Political Liberalism*. (New York: Columbia University Press) (paperback edition).

Raz, Joseph. (1979) *The Authority of Law*. (New York: Oxford University Press).

——. (1985) "Authority and Justification." *Philosophy and Public Affairs* 14: 3—29.

——. (1986) *The Morality of Freedom*. (New York: Oxford University Press).

——. (1994) *Ethics in the Public Domain*. (New York: Oxford University Press).

——. (2006) "The Problem of Authority: Revisiting the Service Conception." *Minnesota Law Review* 90: 1003—44.

——. (2009) *Between Authority and Interpretation* (Oxford: Oxford University Press).

——. ed. (1990) *Authority*. (New York: New York University Press).

Regan, Milton C., Jr. (2004) *Eat What You Kill: The Fall of a Wall Street Lawyer* (Ann Arbor: University of Michigan Press).

Rhode, Deborah L. (1994) *Professional Responsibility: Ethics By the Pervasive Method* (New York: Aspen Publishers).

——. (2000a) *In the Interests of Justice: Reforming the Legal Profession*. (New York: Oxford University Press).

——. ed. (2000b) *Ethics in Practice: Lawyers' Roles, Responsibilities, and Regulation*. (New York: Oxford University Press).

Ross, W. D (1930) *The Right and the Good* (Indianapolis: Hackett Publishing Co., reprint edition).

Sarat, Austin. (1998b) "Enactments of Professionalism: A Study of Judges' and Lawyers' Account of Ethics and Civility in Litigation." *Fordham Law Review* 67: 809—35.

——, ed. (2004) *The Blackwell Companion to Law and Society* (Malden, Mass.: Blackwell).

Sarat, Austin and Stuart Scheingold, eds. (1998) *Cause Lawyering: Political Commitments and Professional Responsibilities.* (New York: Oxford University Press).

Sarat, Austin and William L. F. Felsteiner (1995) *Divorce Lawyers and Their Clients* (New York: Oxford University Press).

Scanlon, T. M (1998) *What We Owe to Each Other.* (Cambridge, Mass.: Harvard University Press).

——. (2003) "Rawls on Justification," in Freeman (2003).

Schaure, Frederick. (1994) "Critical Notice." *Canadian Journal of Philosophy* 24: 495—509.

——. (2007) "Is There a Concept of Law?" Plenary Lecture at IVR World Congress Of Philosophy of Law, reprinted in *Law and Legal Cultures in the 21st Century: Diversity and Unity* (Tomasz Gizbert-Studnicki and Jerzy Stelmach, eds.) (Warsaw: Oficyna).

Scheffler, Samuel, ed. (1988) *Consequentialism and Its Critics* (New York: Oxford University Press).

Schmidtz, David. (1992). "Rationality Within Reason." *Journal of Philosophy* 89: 445—66.

Schneewind, J. B. (1998) *The Invention of Autonomy: A History of Modern Moral Philosophy* (New York: Cambridge University Press).

Schneyer, Ted. (1984) "Moral Philosophy's Standard Misconception of legal Ethies." *Wisconsin Law Review* 1984: 1529—72.

——. (1991) "Professional Discipline for Law Firms?", *Cornell Law Review* 77: 1—46.

Schön, Donald, (1983) *The Reflective Practitioner: How Professionals Think in Action* (New York: Basic Books).

Schwarcz, Steven L. (1994) "The Alchemy of Asset Securitization." *Stanford Journal of Law, Business, and Finance* 1: 133—54.

——. (2002) "Enron and the Use and Abuse of Special Purpose Entities in Corporate Structures." *University of Cincinnati Law Review* 70: 1309—18.

Schwartz, Murray L. (1978) "The Professionalism and Accountability of Lawyers." *California Law Review* 66: 669—98.

——. (1983) "The Zeal of the Civil Advocate," in Luban (1983).

Shaffer, Thomas L. (1985) *American Legal Ethics: Text, Readings, and Discussion Topics* (New York: Matthew Bender).

——. (1987a) "The Legal Ethics of Radical Individualism." *Texas Law Review* 65: 963—91.

——. (1987b) "Legal Ethics and the Good Client." *Catholic University Law Review* 36: 319—30.

——. (1990) "Legal Ethics After Babel." *Capital University Law Review* 19: 989—1007.

Shaffer, Thomas L. and Robert F. Cochran. (1994) *Lawyers, Clients, and Moral Responsibility.* (Minneapolis: West Publishing Co.).

Shapiro, Scott J. (2001) "On Hart's Way Out," in Coleman (2001).

——. (2006) "What Is the Internal Point of View?" *Fordham Law Review* 75: 1157—70.

——. (2007) "The 'Hart-Dworkin' Debate: A Short Guide for the Perplexed," in Arthur Ripstein, ed., *Ronald Dworkin* (New York: Cambridge University Press).

Shklar, Judith N. (1964) *Legalism.* (Cambridge, Mass.: Harvard University Press).

Siegel, Jonathan R. (2001) "What Statutory Drafting Errors Teach Us About Statutory Interpretation." *George Washington Law Review* 69: 303—66.

Simmons, A. John. (1979) *Moral Principles and Political Obligations.* (Princeton, N. J.: Princeton University Press).

——. (2008) *Political Philosophy.* (New York: Oxford University Press).

Simon, William H. (1978) "The Ideology of Advocacy: Procedural Justice and Professional Ethics." *Wisconsin Law Review* 1978: 29—144.

——. (1988) "Ethical Discretion in Lawyering." *Harvard Law Review* 101:

1083—145.

Simon, Willian H. (1996) "Should Lawyers Obey the Law?" *William & Mary Law Review* 38: 217—54.

——. (1998) *The Practice of Justice: A Theory of Lawyers' Ethics*. (Cambridge, Mass: Harvard University Press).

——. (2001) "Moral Pluck: Legal Ethics in Popular Culture." *Columbia Law Review* 101: 421—47.

——. (2006) "Toyota Jurisprudence: Legal Theory and Rolling Rule Regimes," in Gráinne de Búrca and Joanne Scott, eds., *Law and New Governance in the EU and the US* (Oxford: Hart Publishers).

Simpson, A. W. B. (1986) "The Common Law and Legal Theory," in William Twining, Ed., *Legal Theory and Common Law* (Oxford: Blackwell).

Smith, Abbe. (2000) "Defending Defending: The Case for Unmitigated Zeal on Behalf of People Who Do Terrible Things." *Hofstra Law Review* 28: 925—61.

——. (2003) "The Difference in Criminal Defense and the Difference it Makes." *Washington University Journal of Law and Policy* 11: 83—140.

Smith, M. B. E (1973) "Is There a Prima Facie Obligation to Obey the Law?" *Yale Law Journal* 82: 950—76.

——. (1990) "Should Lawyers Listen to Philosophers About Legal Ethics?" *Law and Philosophy* 9: 67—93.

Soper, Philip. (1977) "Legal Theory and the Obligation of a Judge: The Hart/Dworkin Dispute." *Michigan Law Review* 75: 473—518.

Spaulding Norman W. (2003) "Reinterpreting Professional Identity." *Colorado Law Review* 74: 1—104.

Stone, Martin J. (1995) "Focusing the Law: What Legal Interpretation is Not," in Marmor (1995).

——. (2001) "The Significance of Doing and Suffering," in Gerald J. Postema, ed., *Philosophy and the Law of Torts* (Cambridge: Cambridge University Press).

——. (2002) "Formalism," in Coleman and Shapiro (2002).

Suchman, Mark C. (1998) "Working Without a Net: The Sociology of Legal

Ethics in Corporate Litigation." *Fordham Law Review* 67: 837—74.

Swartz, Mimi and Sherron Watkins (2003). *Power Failure: The Inside Story of the Collapse of Enron.* (New York: Doubleday).

Terrell, Timothy P. (2003) "Toward Duty-Based Lawyering?: Rethinking the Dangers Of Lawyer Civil Disobedience in the Current Era of Regulaion." *Alabama Law Review* 54: 831—52.

Thompson, Dennis. (1987) *Political Ethics and Public Office* (Cambridge, Mass.: Harvard University Press).

Thompson, E. P. (1975) *Whigs and Hunters: The Origin of the Black Act* (New York: Pantheon Books).

Tigar, Michael. (1995) "Defending." *Texas Law Review* 74: 101—10.

Tyler, Tom R. (2006) *Why People Obey the Law.* (Princeton, N. J.: Princeton University Press).

Waldron, Jeremy. (1989) "legislation and Moral Neutrality", in Goodin and Reeve (1989).

——. (1994) "Vagueness in Law and Language: Some Philosophical Issues." Califonia Law Review 82: 523—40.

——. (1996) "Kant's Legal Positivism." *Harvard Law Review* 109: 1535—66.

——. (1999a) Law and Disagreement. (New York: Oxford University Press).

——. (1999b) "All We Like Sheep." *Canadian Journal of Law and Jurisprudence* 12: 169—86.

Wallace, R. Jay, et al. (2004) Reason and Value: *Themes from the Moral Philosophy of Joseph Raz* (New York: Oxford University Press).

Wallach, Evan. (2007) "Drop By Drop: Forgetting the History of Water Torture in U. S. Courts." *Columbia Journal of Transnational Law* 45: 468—506.

Waluchow, W. J. (1994) *Inclusive Legal Positivism.* (New York: Oxford University Press).

Walzer, Michael. (1973) "Political Action: The Problem of Dirty Hands." *Philosophy and Public Affairs* 1: 160—80.

——. (1981) "Philosophy and Democracy." *Political Theory* 9: 379—99.

Wasserstrom, Richard. (1983) "The Obligation to Obey the Law." *UCLA*

Law Review 10: 780—807.

——. (1975) "Lawyers as Professionals: Some Moral Issues." *Human Rights* 5: 1—24.

Webb, Duncan. (2000) *Ethics, Professional Responsibility and the Lawyer*. (Wellington, New Zealand: Butterworths).

Weber, Max. (1946) "Politics as a Vocation," in *From Max Weber: Essays in Sociology* (H. H. Gerth and C. Wright Mills, eds.) (New York: Oxford University Press).

Weinrib, Ernest J. (1988) "Legal Formalism: On the Immanent Rationality of Law." *Yale Law Journal* 97: 949—1016.

Wendel, W. Bradley. (2001) "Professional Roles and Moral Agency." *Georgetown Law Journal* 89: 667—718.

——. (2004) "Civil Obedience." *Columbia Law Review* 104: 383—425.

——. (2005a) "Professionalism as Interpretation." *Northwestern University Law Review* 99: 1167—233.

——. (2005b) "Legal Ethics and the Separation of Law and Morals." *Cornell Law Review* 91: 67—128.

——. (2006b) "Lawyers, Citizens, and the Internal Point of View." *Fordham Law Review* 75: 1473—99.

——. (2008a) "Legal Ethics as 'Political Moralism' or the Morality of Politics." *Cornell Law Review* 93: 1413—36.

——. (2008b) "Executive Branch Lawyers in a Time of Terror." *Dalhousie Law Journal* 31: 247—65.

——. (2009) "The Torture Memos and the Demands of Legality." *Legal Ethics* 12: 107—23 (book review).

Wexler, Stephen. (1970) "Practicing Law for Poor People." *Yale Law Journal* 79: 1049—68.

Willkins. David B. (1990) "Legal Realism for Lawyers." *Harvard Law Review* 104: 468—524.

——. (1995) "Race, Ethics, and the First Amendment: Should a Black Lawyer Represent the Ku Klux Klan?" *George Washington Law Review* 63: 1030—70.

——. (1998) "Identities and Roles: Race, Recognition, and Professional

Responsibility." *Maryland Law Review* 57: 1502—94.

Williams, Bernard. (1981) *Moral Luck*. (New York: Cambridge University Press).

——. (1985) *Ethics and the Limits of Philosophy* (Cambridge, Mass.: Harvard University Press).

——. (1995) "Professional Morality and Its Dispositions," in Bernard Williams, *Making Sense of Humanity* (New York: Cambridge University Press).

——. (2005) *In the Beginning Was the Deed* (Geoffrey Hawthorn, ed.) (Princeton, N.J.: Princeton University Press).

Wolff, R. P. (1990) "The Conflict Between Authority and Autonomy," in Raz (1990).

Wolfram, Charles W. (1986) *Modern Legal Ethics*. (Minneapolis: West Publishing Co.).

Wong, David B. (2006) *Natural Moralities: A Defense of Pluralistic Relativism* (New York: Oxford University Press).

Woolley, Alice. (1996) "Integrity in Zealousness: Comparing the Standard Conceptions of the Canadian and American Lawyer." *Canadian Journal of Law and Juris-prudence* 9: 61—100.

——. (2009) "Regulating Dignity: A Review of *Legal Ethics and Human Dignity*," *Legal Ethics* 11: 261—72.

Yoo, John. (2006) *War by Other Means: An Insider's Account of the War on Terror* (New York: Atlantic Monthly Press).

Zacharias, Fred C. (1989) "Rethinking Confidentiality." *Iowa Law Review* 74: 351—441.

Zimbardo, Philip. (2007) *The Lucifer Effect: Understanding How Good People Turn Evil* (New York: Random House).

Zipursky, Benjamin C. (2001) "The Model of Social Facts," in Coleman (2001).

Zitrin, Richard and Carol M. Langford. (1999) *The Moral Compass of the American Lawyer* (New York: Ballantine).

索引*

Abu Ghraib (prison) 阿布扎比（监狱），180
Abu Zubaydah 阿布祖贝达，179—180
agency 代理，legal 法律，52，56，59，86n，89，126—127，168
agency 代理，moral 道德的，86—87，141，156
American Bar Association 美国律师协会（ABA）：Model Code of Professional Responsibility 职业责任示范规则，38，78，81；Model Rules of Professional Conduct 职业行为示范规则 38，78，127
anarchism 无政府主义，philosophical 哲学的，106，123
applbaum，Arthur 阿普尔鲍姆·亚瑟，149—151，159—161
attorney-client privilege 律师—客户特权，52，58，193，242n，256—257n
authority 权威，107—112；of law 法律的，9，112—113，176，197，practical 实践的，109；theoretical 理论的，108—109
autonomy 自治，31—37，40，44，105，141

bad man theory of law 法律的暴徒理论。See Holmes，Jr.，Oliver Wendell 参见霍姆斯，小奥利弗·温德尔
Berlin，Isaiah 柏林·以赛亚，55—56
Bibb，Daniel (Manhattan prosecutor) 比布·丹尼尔（曼哈顿起诉人），

---

* 索引中页码为本书页边码，即原版书页码。——译者注

118—120

black lung case 黑肺案，67—71，171，173—174

bounds of the law 法律的界限，83—84

Brougham Lord 布鲁厄姆·洛德，37

Brown v. Board of Education 布朗诉教育委员会，84—85，206

bullshit 胡说，53n

burdens of judgment 判断的负担。
　　See Rawls, John Bush, George W. 参见罗尔斯，约翰·布什，乔治·华盛顿，100，135，181—182，209

cab rank rule 驿站规则，143—144，150，152

Cardozo, Benjamin 卡多佐·本杰明，71

cause lawyers 义务律师，154—155，

cheating 作弊，28，164

circumstances of politics 政治环境，9，89—90，96，115

citizenship 公民，7，23，43，117

civil disobedience 非暴力反抗，124—125

civil rights litigation 民事权利的诉讼，84，129，152

clients 客户：counseling 咨询服务，42，50，54，74—75，82，136—143；interests of 的利益，2，6，8，31，49，59，65，176，199；selection 选择，124，143—155；

colorable legal positions 似是而非的法律立场，117，129，185

communities 社团，10，43，89，113，142，196；
interpretive 解释的，196—197

compliance with law 遵守法律，42，63—64，82—84，201，203—204

confidentiality, duty of 保密的职责，73，170

conscientious objection 良心反抗，124—125

coordination problem 协调问题，94，112—113，116，196

counseling 咨询。*See* clients 参见客户

Cover, Robert 科弗·罗伯特，206

craft 工艺，14，184

criminal defense 刑事辩护，40，42，58n，66—67，82，129，131，151—152，163—164，187—188，192—193，234—235n，236n

Dalkon Shield 达尔孔·希尔德。See product liability case 参见产品责任案件

Dare, Tim 戴尔·提姆, 79—80, 157—158, 173

Darrow, Clarence 达罗·克拉伦斯, 191

deception 骗局, 191—193

Demjanjuk, John 德米扬鲁克·约翰 (Ivan the Terrible "恐怖伊凡"), 145, 147, 152

democracy 民主, 88, 90—91, 167; 审慎的 deliberative, 90

Dershowitz, Alan 德肖维茨·艾伦, 37, 144—145

dignity 尊严, 40—43, 89, 156

dirty hands 脏手, 12, 159, 169—173

disagreement 分歧, 36, 48, 54, 89, 93, 101—102, 196; empirical 经验主义的, 54, 57—58, 97—98, 120; normative 规范的, 10, 54—55, 88, 92—96

discovery (civil procedure) 显示证据（民事诉讼）, 24—25, 57—58, 72—73, 75—77, 193

discretion 自由裁量权, 11, 122, 143

Dred Scott case 德雷德·斯科特案, 103

Dworkin, Ronald 德沃金·罗纳德, 46—48, 133—134, 199

Edelman, Lauren 埃德曼·劳伦, 203—205

endogeneity of law 法律内生性, 203—205

enforcement of law 法律实施, 200—203

Enron Corporation 安然公司, 2, 64, 134—135, 166—167, 178, 186—187, 194—195

entitlements 授权, 2, 6, 8, 45, 49—52, 59, 65, 69, 79, 86, 89, 114—115, 176, 199, 203; procedural 程序的, 45, 51, 58, 74, 127—128, 193

Environmental Protection Agency (EPA) 环境保护署, 200—202

equality 平等, 43, 89, 98, 114, 156

fairness 公平, procedural 程序的, 6, 96, 99—101, 209

Finnis, John 菲尼斯·约翰, 112—113, 115

Freedman, Monroe 弗里德曼·门罗, 147—148

Fried, Charles 弗里德·查尔斯, 19, 38—40, 146, 186
friendship 友善, 38—40, 136—137
frivolous legal positions 轻浮的法律立场, 70, 117, 129, 167, 186
Fuller, Lon 富勒·朗, 43, 123, 213n, 248n

gatekeepers 把关人, lawyers as 律师作为, 34, 190
Geneva Conventions 日内瓦公约, 180—184
Gillers, Stephen 吉勒斯·史蒂芬, 118
Gonzales, Alberto 冈萨雷斯·艾伯特, 179, 181
Griffin, Anthony 格里芬·安东尼, 148—151, 153—155, 173
Grotian problematic 格劳秀斯问题, 89
Guantánamo Bay 关塔那摩湾, 146, 179, 181, 209

Hampshire, Stuart 汉普郡·斯图尔特, 158—159
Hart, H. L. A. 哈特, 60—64, 197—200, 202;
    internal point of view 内在观点, 61—63, 177, 198, 200, 202; rule of recognition 承认规则, 47, 197—200
hidden bodies case 隐藏尸体案, 30, 174
Hobbes, Thomas 霍布斯·托马斯, 93, 114, 168
Hodes, William 霍兹·威廉, 82—84
Holmes, Jr., Oliver Wendell 霍姆斯, 小奥利弗·温德尔, 61; Holmesian bad man stance 霍姆斯式暴徒立场, 60—61, 201—202, 129—130n
humiliation 羞辱, 25—26, 56, 75

inclusive and exclusive positivism 包容性和排他性实证主义, 140, 250—152n
incorporation of morality by law 通过法律的道德融合, 140, 251n
incorporationist solution 社区主义解决方式, 159—169
indeterminacy of law 法律的不确定性, 12—14, 53—54, 67—68, 176—177, 182, 194, 209
institutions, moral properties of 制度的道德属性, 22—23, 43, 158—159, 208
integrity 诚信, 163—164
internal point of view 内在观点, *See* Hart, H. L. A 参见哈特

Internal Revenue Service（IRS）美国国内税务局，65

interpretation of law 法律解释，47—48，194—197；
　colorable legal positions 似是而非的法律立场，117，129，185；formalism 形式主义，46，187；frivolous legal positions 轻浮的法律立场，70，117，129，167，186；good faith basis 诚信基础，65，187；immanent rationality 内在的合理性，194—195，265n，interpretive communities 诠释社区，196—197；objectivity 客观性，176，216—217n；plausibility judgments 可信性判断，70—71，185—186，194—195；purposivism 目的论，177，194—196，264—265n

Jackson, Andrew 杰克逊·安德鲁，60，64
Jim Crow laws 吉姆·克劳法，103—104，117，124
Jurisgenesis 法源，130，206
justice 正义，9，44—47，208；procedural 程序性的，45；substantive 实质性的，45—49，87，91，128

Kaye Scholer（savings and loan）case 凯伊·斯考勒（储蓄和贷款）案，80
Kennedy 肯尼迪·邓肯，Duncan，131—133
King, Jr., Martin Luther 金·小马丁·路德，124
Koniak, Susan 考尼克·苏珊，80
Korsgaard, Christine 柯斯迦尔德·克里斯汀，162—163
Ku Klux Klan 3K党，148—149，151—152，154—155，173

Lake Pleasant bodies 雷克·普莱真特尸体。*See* hidden bodies case 参见隐藏尸体案
last lawyer in town problem 城镇问题的最后律师，37，125
lawyer jokes 律师的笑话，18，208，218—219n
legal advising 法律咨询。*See* client counseling 参见客户咨询
legitimacy 合法性，2，4，9，55—56，60，87—88，91，100—101，130—131，156—157，171
liberalism 自由主义，31—32
litigation 诉讼，13，50，54，58，67，80，191，193，216n
loopholes 漏洞，8，51，66

loyalty 忠诚，38—40，210
Luban，David 鲁班·大卫，27，33—34，40—43，117—118，145—146n，156，209
lying 说谎，164

Machiavelli，Nicolo 马基雅维利·妮可，168—169
MacPherson v. Buick 麦克弗森诉别克，71
Markovits，Daniel 马克维茨·丹尼尔，130，164—168
mere zeal vs. hyper zeal 纯粹的热情与超级的热情，79—80
merit 优点，legal 法律，44，47，51，128，193
Milgram experiment 米尔格拉姆实验，119
mistakes 错误，72—74，134
moral remainders 道德残余，12，153—154，171—172
More，Thomas 莫尔·托马斯，132
Mukasey，Michael 穆凯西·迈克尔，182

natural law 自然法，245n
Nazi laws 纳粹的法律，96—97，102，117，123
Neutrality，Principle of 中立性原则，6，29，49，86—87，153，160
Nonaccountability，Principle of 非问责制原则，6，12，29—30
normal justification thesis 正常理由的论文。See Raz，Joseph 参见雷滋·约瑟
nullification 无效，3，47，59
nussbaum，Martha 努斯鲍姆·玛莎，237—238n

obligation to obey the law 遵守法律的义务，105—107，115
Office of Legal Counsel（OLC）法律顾问办公室，139，181，186
oligarchy of lawyers 律师的寡头政治，34
ordinary morality 普通道德，1—2，7，20，22，25—26，43，86—87，118，122，156，161，171—173

Partisanship，Principle of 党派性原则，6，8，29—31，38，49，79—80，86
Pépin，Jacques 佩平·杰克斯，108—109
Pepper，Stephen 佩珀·史蒂芬，31—35，44，141，200—202

Plessy v. Ferguson 普莱西诉费格森, 84, 103, 206

pluralism, ethical 道德的多元化, 5, 54—56, 88, 90, 92, 116, 137

poker game alibi 扑克游戏的托词, 192—193

positivism, legal 法律实证主义, 250—251n; inclusive and exclusive 包容性和排他性, 140, 250—252n

Postema, Gerald 波坦玛·杰拉尔德, 161

power 权力, 2, 8, 60, 208

practices 实践, 63—64, 157—158, 197—198, 225n, 264—265n, 266n

principles, legal 法律原则, 47

product liability case 产品责任案件, 24—26, 42, 57—58, 75—77, 97—98

prosecutors 起诉人, 81—82, 118

public interest 公共利益, 2, 9, 209

Rawls, John: burdens of judgment 罗尔斯·约翰：判断的负担, 55, 92, 113;

comprehensive doctrines 综合学说, 88, 93, 104; freestanding conception of values 价值的独立概念, 7, 23, 26, 33—34, 156, 215n; overlapping consensus 重叠共识, 5; public reason 公共理性, 5, 90

Raz, Joseph 拉兹·约瑟, 21, 107—112, 115—116; normal justification thesis 标准的正当化命题, 108, 116; on authority 关于权威, 108—112

realism, legal 法律现实主义, 53, 61

reasons: agent-neutral and agent-relative 理由：中立代理和相对代理, 160—161; content-independent 内容无关的, 96, 110—111; dependent 依靠的, 111; exclusionary 排斥的, 111—112, 158, 244n; first and second order 第一和第二阶, 21—22; legal 法律 71, 176—177, 195

reflective equilibrium 反思的平衡, 15

respect for citizens 对公民的尊重, 43, 98, 114—115, 203, 208—209

respect for law 对法律的尊重, 3, 5, 10—11, 88—89, 107, 117, 203

Rhode, Deborah 罗德·黛博拉, 133—134

roles 角色, 19—21, 86—87, 157, 163, 169—170;

role-differentiated morality 角色分化的道德, 7, 20, 41, 43, 160; transparency of 透明度, 7, 21, 26, 156

rule of law 法治, 18, 23, 36, 49, 91—92, 128, 157, 194, 215n

Sarbanes-Oxley Act 萨班斯-奥克斯利法案，189

Securities and Exchange Commission（SEC）证券交易委员会（SEC），189

settlement 解决，4，36，129，196，204

Shaffer，Thomas 谢弗·托马斯，136—137，140—142

Shklar，Judith 施克莱·朱迪思，209

Simon，William 西蒙·威廉，11—12，27，39，44—48，73，133—134，147，152，192n

Simpson，O. J. 辛普森，144—145

Spaulding v. Zimmerman 斯波尔丁诉齐默尔曼，72—75，138—1399，170，173—174

Standard Conception of legal ethics 法律伦理的标准概念，6，29，44—46，49，126，157，160，164，215n

Stanford prison experiment 斯坦福监狱实验，119

statute of limitations case 诉讼时效案件，27—28，45，57，67，86，126—129，141，171

Stimson，Charles "Cully," 史汀生·查尔斯"卡利"，146

supererogation 额外的工作，141—142

tax shelters 避税手段，65

Thompson，E. P. 汤普森，60

Tigar，Michael 泰格·迈克尔，145，147—148

torture 酷刑，1，167，177，183；torture memos 酷刑备忘录，1，15，181，186

unjust laws 非正义的法律，88，103—105，115，124，160

value pluralism 价值多元化。See pluralism，ethical 参见多元化、道德的

Waldron，Jeremy 沃尔德伦·杰瑞米，9，90

waterboarding 水刑，15，182，217n，260n

Weber，Max 韦伯·马克斯，168—169

welfare benefits case 福利待遇情况，133—134

Wilkins, David 威尔金斯·大卫, 173
Williams, Bernard 威廉姆斯·伯纳德, 156—157
windfalls 意外收获, 73—76
wiseguys 表演者, 22
witness coaching 作证辅导, 84
Wolff, R. P. 沃尔夫, 105—106, 108

Yoo, John 柳·约翰, 3, 209

Zabella v. Pakel 伊莎贝诉派克奥, *See* statute of limitations case 参见诉讼时效案件
zealous advocacy 积极辩护, 8, 16, 77—81, 134

Lawyers and Fidelity to Law
by W. Bradley Wendel
ISBN 978-0-691-13719-3

Copyright © 2010 by Princeton University Press.

All Rights Reserved. No part of this book may be reproduced or transmitted in any form or by any means, electronic or mechanical, including photocopying, recording or by any information storage and retrieval system, without permission in writing from the Publisher.

Simplified Chinese version © 2013 by China Renmin University Press.

图书在版编目（CIP）数据

法律人与法律忠诚/［美］温德尔著；尹超译．—北京：中国人民大学出版社，2014.1
（法学译丛·法治诚信系列）
"十二五"国家重点图书出版规划
ISBN 978-7-300-18790-7

Ⅰ.①法… Ⅱ.①温… ②尹… Ⅲ.①法律工作者—职业道德-研究 Ⅳ.①D916.17

中国版本图书馆CIP数据核字（2014）第015111号

"十二五"国家重点图书出版规划
法学译丛·法治诚信系列
主　编　曹义孙
副主编　李士林　缪建民
法律人与法律忠诚
［美］W·布拉德利·温德尔　（W. Bradley Wendel）　著
尹超　译
Falüren yu Falü Zhongcheng

出版发行	中国人民大学出版社			
社　　址	北京中关村大街31号	邮政编码	100080	
电　　话	010-62511242（总编室）	010-62511770（质管部）		
	010-82501766（邮购部）	010-62514148（门市部）		
	010-62515195（发行公司）	010-62515275（盗版举报）		
网　　址	http://www.crup.com.cn			
	http://www.ttrnet.com（人大教研网）			
经　　销	新华书店			
印　　刷	北京民族印务有限责任公司			
规　　格	170 mm×250 mm　16开本	版　次	2014年3月第1版	
印　　张	17.75 插页2	印　次	2014年3月第1次印刷	
字　　数	316 000	定　价	49.00元	

版权所有　侵权必究　印装差错　负责调换